人人都可以成为早教师

不管您是宝爸、宝妈,还是宝宝的爷爷、奶奶、外公、外婆,以及宝宝的育婴师或其他照料人
拥有此书,宝宝早教知识全面掌握、一点就通
与宝宝日常生活中的良性互动,就是最好的早教
让所有的父母都能对宝宝进行良好的早期教育
让每一个宝宝的家庭都成为最温馨的早教乐园

0~3岁婴幼儿早教实用方案大全

李芝红 主编

图书在版编目（CIP）数据

0~3岁婴幼儿早教实用方案大全/李芝红主编．—北京：知识产权出版社，2019.1
ISBN 978-7-5130-5958-9

Ⅰ.①0… Ⅱ.①李… Ⅲ.①婴幼儿—早期教育 Ⅳ.①G61

中国版本图书馆CIP数据核字（2018）第270658号

内容提要

本书主要是根据婴幼儿各年龄段的特点进行符合该年龄段的关键期教育，内容丰富、通俗易懂、全面实用。包括0~3岁宝宝各年龄（月龄）段的身体发育、成长小信号、心理发育、敏感期提示、智能发育特点、智能发育评价、教养要点、能力训练和亲子游戏等，其中能力训练和亲子游戏近千个。不仅从大脑发育、智力开发、身心健康、情商培养、性格培养，而且从习惯、品质的养成教育等方面，给予婴幼儿科学、适当的教育，以促使婴幼儿全面发展和个性发展，为将来人生的发展奠定坚实的基础。

责任编辑：李海波   责任印制：刘译文

0~3岁婴幼儿早教实用方案大全
0~3 SUI YINGYOUER ZAOJIAO SHIYONG FANG'AN DAQUAN

李芝红　主编

出版发行：	知识产权出版社 有限责任公司	网　址：	http://www.ipph.cn
电　话：	010—82004826		http://www.laichushu.com
社　址：	北京市海淀区气象路50号院	邮　编：	100081
责编电话：	010—82000860 转 8582	责编邮箱：	lihaibo@cnipr.com
发行电话：	010—82000860 转 8101	发行传真：	010—82000893
印　刷：	北京嘉恒彩色印刷有限责任公司	经　销：	各大网上书店、新华书店及相关专业书店
开　本：	720mm×1000mm 1/16	印　张：	17.5
版　次：	2019年1月第1版	印　次：	2019年1月第1次印刷
字　数：	286千字	定　价：	45.00元

ISBN 978-7-5130-5958-9

出版权专有　侵权必究
如有印装质量问题，本社负责调换。

前言
PREFACE

0~3岁婴幼儿阶段是人的大脑发育、语言习得、个性形成、习惯养成的关键时期，是日后运动、智力、情感、社会交往等各方面能力发展的奠定期。

0~3岁婴幼儿早教是为了支持和促进婴幼儿发展，包括感知觉的发展、运动的发展、认知和语言的发展、情绪和依恋关系的发展、社交能力的发展，以培养身心健康的聪明宝宝，为宝宝走向完美人生迈出坚实的第一步。

家庭是婴幼儿最好的早教乐园，家庭早教旨在为婴幼儿营造一个安全可靠、丰富适宜的抚育环境，尽可能多的与婴幼儿进行目光交流、情感交流、语言交流、动作与游戏交流，使婴幼儿健康成长，并终身受益。

本书主要是根据婴幼儿各年龄段的特点进行符合该年龄段的关键期教育，内容丰富、通俗易懂、全面实用。包括0~3岁宝宝各年龄（月龄）段的身体发育、成长小信号、心理发育、敏感期提示、智能发育特点、智能发育评价、教养要点、能力训练和亲子游戏等，其中能力训练和亲子游戏近千个。不仅从大脑发育、智力开发、身心健康、情商培养、性格培养，而且从习惯、品质的养成教育等方面，给予婴幼儿科学、适当的教育，以促使婴幼儿全面发展和个性发展，为将来人生的发展奠定坚实的基础。

关于游戏

　　一个人的性格、语言能力、协调能力、创造能力等都是在婴幼儿期形成的，而这些能力的形成与发展恰恰是通过父母与宝宝之间的亲密游戏来实现的。因为爱游戏是孩子的天性，而玩游戏也是一种成长的力量。对小孩子来说，最高兴的事莫过于游戏了。尤其是早教，可以说是从娱乐和游戏开始，在玩的过程中学习各种知识技能，从而促进孩子各方面的发展。因此，每一位家长应该做一个有游戏意识的家长，为孩子提供游戏玩具和材料以及活动空间，并要保障游戏过程中的安全。在和孩子一起玩游戏时要全情投入，不能敷衍了事，既要做孩子的游戏伙伴，也要见机行事，引导孩子的游戏，但又不能"喧宾夺主"，更不要随便中断或干扰孩子的游戏。要尊重他们的意愿，听从他们的指挥，总之，要让孩子积极参与，并做游戏的小主人。

　　让宝宝出类拔萃的并不是提前教他们文化知识，而是游戏！游戏！再游戏！

目录 CONTENTS

CHAPTER 1　0~1个月宝宝早教方案

第1节　0~1个月宝宝成长发育 / 002

　宝宝身体发育对照表 / 002

　宝宝成长小信号 / 002

　宝宝心理发育 / 002

　宝宝敏感期提示 / 003

　宝宝智能发育特点 / 003

　宝宝智能发育评价 / 003

　宝宝教养要点 / 004

第2节　0~1个月宝宝能力训练 / 004

第3节　0~1个月宝宝亲子游戏 / 005

　认知能力训练游戏 / 005

　语言能力训练游戏 / 007

　动作能力训练游戏 / 009

　社交和自理能力训练游戏 / 010

CHAPTER 2　1~2个月宝宝早教方案

第1节　1~2个月宝宝成长发育 / 014

　宝宝身体发育对照表 / 014

　宝宝成长小信号 / 014

　宝宝心理发育 / 014

　宝宝敏感期提示 / 015

　宝宝智能发育特点 / 015

　宝宝智能发育评价 / 015

　宝宝教养要点 / 016

第2节　1~2个月宝宝能力训练 / 016

第3节　1~2个月宝宝亲子游戏 / 018

　认知能力训练游戏 / 018

　语言能力训练游戏 / 019

　动作能力训练游戏 / 021

　社交和自理能力训练游戏 / 023

CHAPTER 3　2~3个月宝宝早教方案

第1节　2~3个月宝宝成长发育 / 026
　宝宝身体发育对照表 / 026
　宝宝成长小信号 / 026
　宝宝心理发育 / 026
　宝宝敏感期提示 / 027
　宝宝智能发育特点 / 027
　宝宝智能发育评价 / 027
　宝宝教养要点 / 028
第2节　2~3个月宝宝能力训练 / 028
第3节　2~3个月宝宝亲子游戏 / 030
　认知能力训练游戏 / 030
　语言能力训练游戏 / 032
　动作能力训练游戏 / 034
　社交和自理能力训练游戏 / 036

CHAPTER 4　3~4个月宝宝早教方案

第1节　3~4个月宝宝成长发育 / 039
　宝宝身体发育对照表 / 039
　宝宝成长小信号 / 039
　宝宝心理发育 / 039
　宝宝敏感期提示 / 040
　宝宝智能发育特点 / 040
　宝宝智能发育评价 / 040
　宝宝教养要点 / 041
第2节　3~4个月宝宝能力训练 / 041
第3节　3~4个月宝宝亲子游戏 / 043
　认知能力训练游戏 / 043
　语言能力训练游戏 / 045
　动作能力训练游戏 / 046
　社交和自理能力训练游戏 / 048

CHAPTER 5　4~5个月宝宝早教方案

第1节　4~5个月宝宝成长发育 / 052
　宝宝身体发育对照表 / 052
　宝宝成长小信号 / 052
　宝宝心理发育 / 052
　宝宝敏感期提示 / 053
　宝宝智能发育特点 / 053
　宝宝智能发育评价 / 053
　宝宝教养要点 / 054
第2节　4~5个月宝宝能力训练 / 054
第3节　4~5个月宝宝亲子游戏 / 056
　认知能力训练游戏 / 056
　语言能力训练游戏 / 058
　动作能力训练游戏 / 059
　社交和自理能力训练游戏 / 061

目 录

CHAPTER 6　5~6个月宝宝早教方案

第1节　5~6个月宝宝成长发育 / 065
　宝宝身体发育对照表 / 065
　宝宝成长小信号 / 065
　宝宝心理发育 / 065
　宝宝敏感期提示 / 066
　宝宝智能发育特点 / 066
　宝宝智能发育评价 / 066
　宝宝教养要点 / 067
第2节　5~6个月宝宝能力训练 / 067
第3节　5~6个月宝宝亲子游戏 / 069
　认知能力训练游戏 / 069
　语言能力训练游戏 / 071
　动作能力训练游戏 / 072
　社交和自理能力训练游戏 / 074

CHAPTER 7　6~7个月宝宝早教方案

第1节　6~7个月宝宝成长发育 / 078
　宝宝身体发育对照表 / 078
　宝宝成长小信号 / 078
　宝宝心理发育 / 078
　宝宝敏感期提示 / 079
　宝宝智能发育特点 / 079
　宝宝智能发育评价 / 079
　宝宝教养要点 / 080
第2节　6~7个月宝宝能力训练 / 080
第3节　6~7个月宝宝亲子游戏 / 082
　认知能力训练游戏 / 082
　语言能力训练游戏 / 083
　动作能力训练游戏 / 085
　社交和自理能力训练游戏 / 087

CHAPTER 8　7~8个月宝宝早教方案

第1节　7~8个月宝宝成长发育 / 090
　宝宝身体发育对照表 / 090
　宝宝成长小信号 / 090
　宝宝心理发育 / 090
　宝宝敏感期提示 / 091
　宝宝智能发育特点 / 091
　宝宝智能发育评价 / 091
　宝宝教养要点 / 092
第2节　7~8个月宝宝能力训练 / 092
第3节　7~8个月宝宝亲子游戏 / 094
　认知能力训练游戏 / 094
　语言能力训练游戏 / 096
　动作能力训练游戏 / 098
　社交和自理能力训练游戏 / 100

CHAPTER 9　8~9个月宝宝早教方案

第 1 节　8~9 个月宝宝成长发育 / 103
 宝宝身体发育对照表 / 103
 宝宝成长小信号 / 103
 宝宝心理发育 / 103
 宝宝敏感期提示 / 104
 宝宝智能发育特点 / 104
 宝宝智能发育评价 / 104
 宝宝教养要点 / 105
第 2 节　8~9 个月宝宝能力训练 / 105
第 3 节　8~9 个月宝宝亲子游戏 / 107
 认知能力训练游戏 / 107
 语言能力训练游戏 / 108
 动作能力训练游戏 / 110
 社交和自理能力训练游戏 / 112

CHAPTER 10　9~10 个月宝宝早教方案

第 1 节　9~10 个月宝宝成长发育 / 115
 宝宝身体发育对照表 / 115
 宝宝成长小信号 / 115
 宝宝心理发育 / 115
 宝宝敏感期提示 / 116
 宝宝智能发育特点 / 116
 宝宝智能发育评价 / 116
 宝宝教养要点 / 117
第 2 节　9~10 个月宝宝能力训练 / 117
第 3 节　9~10 个月宝宝亲子游戏 / 119
 认知能力训练游戏 / 119
 语言能力训练游戏 / 121
 动作能力训练游戏 / 122
 社交和自理能力训练游戏 / 124

CHAPTER 11　10~11 个月宝宝早教方案

第 1 节　10~11 个月宝宝成长发育 / 128
 宝宝身体发育对照表 / 128
 宝宝成长小信号 / 128
 宝宝心理发育 / 128
 宝宝敏感期提示 / 129
 宝宝智能发育特点 / 129
 宝宝智能发育评价 / 129
 宝宝教养要点 / 130
第 2 节　10~11 个月宝宝能力训练 / 130
第 3 节　10~11 个月宝宝亲子游戏 / 132
 认知能力训练游戏 / 132
 语言能力训练游戏 / 134
 动作能力训练游戏 / 135
 社交和自理能力训练游戏 / 137

CHAPTER 12　11~12个月宝宝早教方案

第1节　11~12个月宝宝成长发育 / 140

　宝宝身体发育对照表 / 140

　宝宝成长小信号 / 140

　宝宝心理发育 / 140

　宝宝敏感期提示 / 141

　宝宝智能发育特点 / 141

　宝宝智能发育评价 / 141

　宝宝教养要点 / 142

第2节　11~12个月宝宝能力训练 / 142

第3节　11~12个月宝宝亲子游戏 / 144

　认知能力训练游戏 / 144

　语言能力训练游戏 / 146

　动作能力训练游戏 / 147

　社交和自理能力训练游戏 / 149

CHAPTER 13　1岁1~3个月宝宝早教方案

第1节　1岁1~3个月宝宝成长发育 / 152

　宝宝身体发育对照表 / 152

　宝宝成长小信号 / 152

　宝宝心理发育 / 152

　宝宝敏感期提示 / 153

　宝宝智能发育特点 / 153

　宝宝智能发育评价 / 154

　宝宝教养要点 / 154

第2节　1岁1~3个月宝宝能力训练 / 155

第3节　1岁1~3个月宝宝亲子游戏 / 157

　认知能力训练游戏 / 157

　语言能力训练游戏 / 159

　动作能力训练游戏 / 161

　社交和自理能力训练游戏 / 163

CHAPTER 14　1岁4~6个月宝宝早教方案

第1节　1岁4~6个月宝宝成长发育 / 167

　宝宝身体发育对照表 / 167

　宝宝成长小信号 / 167

　宝宝心理发育 / 167

　宝宝敏感期提示 / 168

　宝宝智能发育特点 / 168

　宝宝智能发育评价 / 169

　宝宝教养要点 / 169

第2节　1岁4~6个月宝宝能力训练 / 170

第3节　1岁4~6个月宝宝亲子游戏 / 171

　认知能力训练游戏 / 171

　语言能力训练游戏 / 174

　动作能力训练游戏 / 176

　社交和自理能力训练游戏 / 178

CHAPTER 15　1岁7~9个月宝宝早教方案

第1节　1岁7~9个月宝宝成长发育 / 181
　　宝宝身体发育对照表 / 181
　　宝宝成长小信号 / 181
　　宝宝心理发育 / 181
　　宝宝敏感期提示 / 182
　　宝宝智能发育特点 / 182
　　宝宝智能发育评价 / 182
　　宝宝教养要点 / 183
第2节　1岁7~9个月宝宝能力训练 / 184
第3节　1岁7~9个月宝宝亲子游戏 / 185
　　认知能力训练游戏 / 185
　　语言能力训练游戏 / 187
　　动作能力训练游戏 / 189
　　社交和自理能力训练游戏 / 191

CHAPTER 16　1岁10~12个月宝宝早教方案

第1节　1岁10~12个月宝宝成长发育 / 195
　　宝宝身体发育对照表 / 195
　　宝宝成长小信号 / 195
　　宝宝心理发育 / 195
　　宝宝敏感期提示 / 196
　　宝宝智能发育特点 / 196
　　宝宝智能发育评价 / 196
　　宝宝教养要点 / 197
第2节　1岁10~12个月宝宝能力训练 / 197
第3节　1岁10~12个月宝宝亲子游戏 / 199
　　认知能力训练游戏 / 199
　　语言能力训练游戏 / 201
　　动作能力训练游戏 / 203
　　社交和自理能力训练游戏 / 205

CHAPTER 17　2岁1~3个月宝宝早教方案

第1节　2岁1~3个月宝宝成长发育 / 209
　　宝宝身体发育对照表 / 209
　　宝宝成长小信号 / 209
　　宝宝心理发育 / 209
　　宝宝敏感期提示 / 210
　　宝宝智能发育特点 / 210
　　宝宝智能发育评价 / 211
　　宝宝教养要点 / 211
第2节　2岁1~3个月宝宝能力训练 / 212
第3节　2岁1~3个月宝宝亲子游戏 / 213
　　认知能力训练游戏 / 213
　　语言能力训练游戏 / 215
　　动作能力训练游戏 / 217
　　社交和自理能力训练游戏 / 219

CHAPTER 18　2岁4~6个月宝宝早教方案

第1节　2岁4~6个月宝宝成长发育 / 223
　　宝宝身体发育对照表 / 223
　　宝宝成长小信号 / 223
　　宝宝心理发育 / 223
　　宝宝敏感期提示 / 224
　　宝宝智能发育特点 / 224
　　宝宝智能发育评价 / 225
　　宝宝教养要点 / 225
第2节　2岁4~6个月宝宝能力训练 / 226
第3节　2岁4~6个月宝宝亲子游戏 / 227
　　认知能力训练游戏 / 227
　　语言能力训练游戏 / 229
　　动作能力训练游戏 / 231
　　社交和自理能力训练游戏 / 233

CHAPTER 19　2岁7~9个月宝宝早教方案

第1节　2岁7~9个月宝宝成长发育 / 237
　　宝宝身体发育对照表 / 237
　　宝宝成长小信号 / 237
　　宝宝心理发育 / 237
　　宝宝敏感期提示 / 238
　　宝宝智能发育特点 / 238
　　宝宝智能发育评价 / 238
　　宝宝教养要点 / 239
第2节　2岁7~9个月宝宝能力训练 / 239
第3节　2岁7~9个月宝宝亲子游戏 / 241
　　认知能力训练游戏 / 241
　　语言能力训练游戏 / 243
　　动作能力训练游戏 / 246
　　社交和自理能力训练游戏 / 248

CHAPTER 20　2岁10~12个月宝宝早教方案

第1节　2岁10~12个月宝宝成长发育 / 252
　　宝宝身体发育对照表 / 252
　　宝宝成长小信号 / 252
　　宝宝心理发育 / 252
　　宝宝敏感期提示 / 253
　　宝宝智能发育特点 / 253
　　宝宝智能发育评价 / 253
　　宝宝教养要点 / 254
第2节　2岁10~12个月宝宝能力训练 / 254
第3节　2岁10~12个月宝宝亲子游戏 / 256
　　认知能力训练游戏 / 256
　　语言能力训练游戏 / 258
　　动作能力训练游戏 / 260
　　社交和自理能力训练游戏 / 262

参考文献 / 265

CHAPTER 1

0~1个月宝宝早教方案

第1节 0~1个月宝宝成长发育

宝宝身体发育对照表

发育指标		男童			女童		
		下限值	平均值	上限值	下限值	平均值	上限值
出生时	体重（千克）	2.54	3.30	4.06	2.48	3.20	3.92
	身高（厘米）	47.0	50.4	53.8	46.6	49.8	53.0
	头围（厘米）	31.9	34.3	36.7	31.5	33.9	36.3
满月时	体重（千克）	3.84	5.10	6.36	3.67	4.81	5.95
	身高（厘米）	52.3	56.9	61.5	51.7	56.1	60.5
	头围（厘米）	35.5	38.1	40.7	35.0	37.4	39.8

宝宝成长小信号

1. 囟门：宝宝出生时头顶有两块没有骨质的"天窗"，医学上称为"囟门"。胎儿在分娩过程中，由于受产道挤压，出生后顶枕部可见突起的产瘤，有的还可见骨缝重叠，这是因为宝宝头部骨骼还没有长合。这些变化只要不过于明显，都属于正常现象。

2. 反射行为：健康的宝宝从出生那一刻起，经过刺激就会做出一些反射动作，这些反射通常是无意识的，如眼部反射、拥抱反射、觅食反射、握持反射、踏步反射、置放反射等。有些反射会持续不断地用到暮年，有些却会渐渐消失。在宝宝出生后检查新生儿的早期反射可以评估宝宝的成熟性，筛查是否有神经系统方面的异常或者大脑障碍。

宝宝心理发育

1. 母爱是无与伦比的精神营养素，宝宝在心理上已经懂得母爱，最喜欢的是妈妈温柔的声音和笑脸。喜欢妈妈抱着吃奶、听到妈妈的心跳声，当妈妈轻轻呼唤宝宝的名字时，他会转过脸来看妈妈，这是因为宝宝在子宫里时就听懂了妈妈的声音。

2.能分辨出人的语言，喜欢听有节律的声音，喜欢父母看着他的眼睛与他说话，有时他会很理解似的对你微笑。宝宝越早学会"逗笑"就越聪明，这是宝宝的视、听、触觉与运动建立神经网络联系的综合过程。

3.轻柔的抚摸会使他感到舒服和安全，让他的手脚随意活动，使他的感知能力和运动能力得到充分发育。

宝宝敏感期提示

1.什么是敏感期：敏感期又叫关键期或临界期，简单地说就是形成某种反应或学习某种行为的大好时机。儿童出于自身发展的内在需求，在某个时间段突然对某种特定的事物或事情产生浓厚的兴趣，甚至表现出一种狂热的状态，并不断重复实践。在敏感期内施教，事半功倍，能迅速促进儿童心智的发展。

2.敏感期开始：感官敏感期为0~6个月，可延伸到6岁。该阶段宝宝通过多种感官，如视觉、听觉、味觉、嗅觉和触觉等去探索认识周围的客观世界，这是认知能力的基础。如果缺乏相应的训练，就会降低宝宝的感官能力，不利于认知能力的发展。

宝宝智能发育特点

1.视觉：一出生即有视觉，2~3小时醒一会儿，最佳视觉距离为19厘米。

2.听觉：一出生即有听觉，听到声音有反应。1个月左右能分辨人的言语声和周围环境的非言语声，但到3个月左右才会感受不同方位的声音并转头。

3.触觉：一出生即有触觉，对温度、湿度、物体的质地和疼痛有感受力，喜欢抱或轻拍的触觉安慰。

4.嗅觉：嗅觉中枢与末梢发育成熟，对乳味有特殊的敏感性。

5.味觉：一出生即能辨别酸、甜、苦、辣等味，对甜味特别喜欢。

宝宝智能发育评价

1.大运动能力：拉着手腕，宝宝可以坐起，头可以竖直片刻（2秒左右）。俯卧，双手交叉在胸前，抬头能左右转头（刚出生时头完全下垂）。

2.精细动作能力：手的抓握反射，比如触碰手掌，宝宝会紧握拳头（握10秒以上）。

3.适应能力：对声音刺激有反应，应尝试建立条件反射。

4.反应能力：眼球会追着移动的红球过中线（稍有移动即可）。听到声音有反应。

5.语言能力：和宝宝对视说话，宝宝快乐时会发出细小的喉音。

6.社交行为：眼睛会跟踪走动的人。用手挠宝宝的胸脯，能发出微笑。

宝宝教养要点

1. 和宝宝进行充分的皮肤接触，多搂抱、多抚摸。
2. 以微笑和丰富的表情看着宝宝，时刻不忘和宝宝对话。
3. 让宝宝看图片，给他讲故事，进行发音练习。
4. 给他唱歌，听一些舒缓音乐。
5. 尽量让宝宝触摸不同物品。
6. 学逗笑，练抬头及左右翻身。
7. 坚持母乳喂养。保证充足睡眠。
8. 实行"三早"：早开奶，早接触，早吸吮。
9. 精心呵护宝宝的肚脐，预防脐炎、脐茸和皮肤脓疱疮。

第2节 0~1个月宝宝能力训练

1.视力集中训练：在宝宝卧位的上方，挂一些宝宝感兴趣的、会动的物体，如彩色的气球等，每次挂一件，最好选一些红色的、绿色的或能发出响声的玩具，碰一碰这些玩具，吸引宝宝视力集中到这些玩具上，每次玩几分钟，每日玩数次。不玩时应将玩具取下来。

2.视力定向训练：离宝宝眼睛20~25厘米处，将可发声的彩色玩具边摇（发出响声）边慢慢地移动，吸引宝宝的视线随玩具移动。也可与宝宝面对面，一边呼唤他的名字，一边移动脸，宝宝会随着声音而移动视线，以此促进宝宝视听、识别和记忆的健康发展。

3.促进视觉发育：不要将宝宝放在一个相对暗的环境里，否则不利于视觉发育,应让宝宝在自然的环境中感受天黑、天亮,这样会刺激宝宝眼睛的感光性,促进其视觉发育。

4. 模仿能力训练:宝宝出生后,4个小时就已经有模仿能力了,主要是模仿伸舌、张嘴或者是在嘴里动舌头等动作。在宝宝情绪很好、很稳定的时候,和宝宝对视,可慢慢地伸出舌头,每隔20秒做一次,重复6~8次。如果宝宝一直注视,就会模仿成人的样子,将舌头伸到口边或口外,有的还会模仿多种脸部动作和表情,如哭、微笑等。

5. 听觉发育训练:不应怕声音吵会惊着宝宝而让其处在一个非常安静的环境里,否则不利于听觉发育,应给宝宝一个有声环境,如走路声、刷洗声、说话声等。还可以买些带声响的玩具,如拨浪鼓、八音盒、会响的鸭子等。抱孩子的时候最好采用左手抱的姿势,让他靠近你的心脏,听到你的心跳声,这样可以训练宝宝的听力。

6. 转头训练:将宝宝抱在身上,让他的脸向着前方,另一个人在宝宝的背后忽左忽右地伸头、摇铃或呼唤宝宝的名字,逗引他左右转头,以增强颈部肌肉的控制力。

7. 手的抓握训练:让宝宝玩自己的小手,妈妈将自己的食指或一个拨浪鼓柄塞入宝宝的手中,锻炼宝宝手的抓握能力。

8. 逗引宝宝发音和笑:妈妈面对着宝宝,使他能看见你的口形,用亲切温柔的声音,试着对他发单韵母 a(啊)、o(喔)、e(鹅)、u(呜)的音,逗引宝宝笑一笑,玩一会儿,来刺激他的发声。

第3节 0~1个月宝宝亲子游戏

认知能力训练游戏

游戏1:看黑白图形

目的:刺激视觉,促进视觉能力

方法：准备好 15 厘米 ×20 厘米的男、女脸（爸爸、妈妈照片为好）形状或竖条、斜条、棋盘状、果形等多种黑白图形，在床栏的侧面离宝宝眼睛 20 厘米处挂上。先看妈妈的照片，看熟之后，可以换爸爸的照片，并观察和记录宝宝集中精神观看一幅图形的时间，一般新图形会使宝宝注视 7~13 秒，看过的图形注视时间缩短到 3~4 秒。其他的图片也可以挂在墙上，竖抱着宝宝观看，并记录宝宝注视的时间。

游戏 2：追踪玩具

目的：开发宝宝右脑观察能力，训练眼睛的灵活性

方法：让宝宝仰卧在床上，将一个大一点儿的玩具放在宝宝眼睛的正上方，举到宝宝的视线之内（30 厘米左右）。把玩具晃动一下，然后缓慢向左移动再向右移动，这时可看到宝宝的眼珠在随着玩具移动，如宝宝的视线不追踪玩具，可将玩具再向宝宝眼前移动几厘米，每天进行 1~2 次，每次 1~2 分钟即可。

游戏 3：测一测听力

目的：促进听觉能力，检查宝宝听觉是否有障碍

方法：准备拨浪鼓或其他带声响的玩具，在宝宝的头部后方弄响，连续 3 次，重复 3 次（左右方同样进行），如宝宝的头随着响声左右转动，则说明听力正常。注意声音不要太大，以免使宝宝受到惊吓。

游戏 4：听优美的音乐

目的：训练宝宝对声音的反应能力和注意力，促进听力发育

方法：每天在宝宝吃饱了、精神状态好的时候，定时为宝宝播放优美、舒缓的音乐，每段音乐可重复播放几次，每次 10 分钟。

游戏 5：轻轻摩擦

目的：促进宝宝的触觉能力

方法：找一块柔软的布或粉扑，让宝宝躺在你的膝上或床上，轻轻摩擦他的腰部、胸部和背部各两三次，一边摩擦一边告诉宝宝身体各部位的名称。

游戏 6：感受不同触觉

目的：刺激触觉，以促进宝宝心智发育

方法：准备触觉不同的两种布料，如丝绒和麻纱，让宝宝坐在你的漆

上，告诉宝宝布料的触觉是"柔软"还是"毛糙"，边说边将布放在宝宝手中，使他握一会儿，再从宝宝手中取出布料，用布摩擦宝宝的手掌和脚掌心。一种面料做2~3次后，换另外一块布料同样做2~3次。

游戏7：抚摸妈妈脸

目的：发展宝宝的触觉，使宝宝感到安全和舒适

方法：把宝宝的手放在你的脸上，让他触摸你的鼻子、嘴、头发和眼睛等，同时告诉宝宝五官的名称，并轻轻抚摸他的手，同他说话，宝宝会很高兴。慢慢地，让宝宝从无意识抚摸到有意识抚摸。

游戏8：闻闻香不香

目的：促进宝宝的嗅觉能力

方法：把宝宝抱在怀里，把天然香料或香水放在宝宝的鼻子下方，来回移动2次，间隔10秒后，换一种香味再进行同样的动作，如宝宝脸部肌肉抽动，即证明宝宝的嗅觉很灵敏。

语言能力训练游戏

游戏1：模仿伸舌

目的：通过口的动作的模仿，增强宝宝的自信心

方法：对着宝宝的小脸先张开嘴，然后伸出舌头，咂咂嘴，让宝宝学着你的样子做动作，还可以教他咂舌发出细小的声音。渐渐地，他就会伸伸舌头咂咂嘴，发出响声来回应你。这时紧紧地抱一下宝宝，给他鼓励。慢慢增加难度发出"啊"等声音，看看宝宝是否跟着模仿。

游戏2：模仿张嘴

目的：可以测试宝宝对语言的反应

方法：妈妈对着宝宝张大嘴巴，让宝宝看着，不久，宝宝会跟着张嘴；妈妈用舌头在口腔内上下左右转动、咂舌，嘴巴张合发出声音等，宝宝会慢慢地跟着做。宝宝还会把嘴唇噘起来拒绝某些东西。宝宝的全身器官当中以嘴唇最为灵敏，因为宝宝要通过吸吮来求生存。

游戏3：说悄悄话

目的：建立重要的语言连接，刺激并促进宝宝的语言发展

方法：当宝宝躺在摇篮里或在你的怀抱中时，把你正在做的事情告诉

他，眼睛要看着他，让他明白你是在和他说话，并不时改变音调，可以用低音、高音、平直的声音，但一定要轻柔而有爱意，虽然宝宝不太明白话的意思，但是你现在重复得越多，以后他就越容易掌握语言。

游戏 4：妈妈爱宝宝

目的：让宝宝产生安全感

方法：妈妈在抱宝宝的时候，一边轻摇并亲吻宝宝，一边哼唱："宝宝乖，乖宝宝，妈妈抱，妈妈摇，妈妈爱你好宝宝。"在换尿布的时候，也可以哼唱这首歌并亲亲宝宝的小鼻子、脚趾或手指等。

游戏 5：哭声回应

目的：激发宝宝的说话兴趣，促进语言能力

方法：宝宝啼哭的时候，你可以发出与他哭声相同或相似的声音，宝宝会停一下，先听听是谁的声音，然后会试着再发出哭声，几次回声应答之后，宝宝会喜欢这种游戏，渐渐地可以学会发出叫声而不再是哭声。

游戏 6：自主发音练习

目的：训练宝宝的语言及模仿能力

方法：当宝宝偶尔自己张嘴发出叫声时，你可以把嘴张得更大一些，用"啊"字来代替叫声以诱导宝宝对答，并渐渐引导宝宝发出第一个元音"啊"或"噢""咿""哎"等，这就是宝宝的自主发音，是以后有意发音的起步。无论发出哪一个音都要及时给予肯定，继续诱导并用回声对此给予巩固和强化。

游戏 7：不同的声音

目的：训练宝宝的想象力和词汇联想的能力

方法：准备一些不同的动物玩具，如小猫、小狗、小鸟等，一件一件地拿着玩具边晃动边学着这种动物的语调和宝宝说话，让他多听不同的声音。还可以让宝宝摸一摸或抓一抓这些玩具。

游戏 8：一起唱歌

目的：提高宝宝对语言和交往的兴趣

方法：在宝宝高兴的时候，妈妈对着宝宝发出声音："咿咿——咿咿——咿咿咿——咿咿咿咿咿。"放慢速度反复地对着宝宝说，诱导宝宝也发出声音。宝宝会偶尔发出一个音，不管宝宝发出来的是什么声音，妈妈都要附和着宝宝的曲调与宝宝一起"唱歌"。

CHAPTER 1　0~1个月宝宝早教方案

🚗 动作能力训练游戏

游戏1：小手摇又摆

目的：让宝宝感受手的运动及身体的变化，促进大脑的潜能开发

方法：让宝宝仰卧，轻轻举起宝宝的一只手，在宝宝眼前晃动几下，引起宝宝对手的注意，然后将两只手举起，轻轻摆动，让宝宝的视线追随手的运动，并唱着儿歌："小手小手摇一摇，小手小手摆一摆，小手小手藏起来。"唱到"藏起来"时，将手放下。

游戏2：伸展运动

目的：运动宝宝的肢体，促进身体协调能力的发展

方法：在为宝宝洗澡或换尿布的时候，可以帮助他伸展一下身体，只须将关节稍微弯曲，他就会反射性地伸展肢体，除关节外，轻触膝盖外侧、身体、手等，也会使宝宝有反射性的伸展。可以编一首儿歌，边唱儿歌边做伸展运动，注意不要用力拉扯。

游戏3：手舞足蹈

目的：鼓励宝宝的探索精神，训练宝宝的听力

方法：在宝宝的床边挂一些小玩具，如色彩鲜艳的小铃铛、八音盒等，当宝宝身体移动时，这些玩具会发出响声，宝宝高兴时会手舞足蹈，这时最好能让宝宝的手脚和床有偶尔的接触和碰撞，或使宝宝的手脚偶尔也能碰响玩具。不玩时要将玩具收起来。

游戏4：竖抱看景物

目的：锻炼宝宝的颈部肌肉，使之能托起头部的重量

方法：竖着抱起宝宝，让宝宝身体与成人平行，左手托着宝宝的臀部，右手托着宝宝的头部，否则宝宝的颈部无力，不能支持头的重量，就会向后仰。可抱着宝宝在房间到处看，告诉宝宝四周挂着的东西。如果天气暖和可以抱着宝宝在户外待一会儿，吸收新鲜空气，看看户外的景物。每天竖抱时故意短暂松开右手，看看宝宝头部能挺直多久。

游戏5：俯卧抬头

目的：锻炼宝宝的颈部肌肉，使之能托起头部的重量

方法：将宝宝平卧在你的腹部，逗引抬头，反复几次，时间不宜过长。

到宝宝7~10天学会听声转头后，在宝宝空腹时，让宝宝俯卧在床上，两手放在头两侧，对着宝宝呼喊宝宝的乳名，或用能摇响的玩具逗引，使其将头抬起片刻。到满月时，俯卧抬头下巴可离床3厘米左右。时间不宜过长，几分钟即可。

游戏6：握笔杆

目的：锻炼宝宝的手部力量，有助于提高宝宝的手眼协调能力

方法：新生儿生来就有握物的本领。满月后宝宝的手已经可以张开并抓住东西，用一支笔杆触及他的手心，他会张开手指把笔握住，当他抓住笔杆后，过2~3秒他抓笔杆的手会松，但你一动，他又会抓紧。有的宝宝可以仅凭握住你的手指而被你提到半坐位或整个身体完全离开小床。也可以让宝宝抓一些质地不同的玩具或小布条、纸棒等，锻炼他的触觉，经常对手心、手掌不断按摩，会增加宝宝皮肤对外界刺激的感受能力。

游戏7：宝宝吃手

目的：满足宝宝的觅食本能

方法：将宝宝的手洗干净，宝宝双手相交，就能吃手指，表示宝宝的手能自由伸展，如果伸不开手掌就会吃拳头，这是生物觅食本能。千万不要将宝宝的手脚包裹起来，也不要怕宝宝吃手或用手抓脸而将宝宝的手包起来。要允许宝宝的手自由活动，因为手口练习是以后手眼协调的一个过渡，是发展手部技巧的必经过程。

游戏8：左右翻转腿

目的：有助于宝宝大脑逐渐地调整控制运动的能力

方法：将宝宝平放在柔软的地方，握住宝宝的同侧脚踝和大腿盘向另一条腿，这时宝宝的小屁股和身体会跟着动。然后回到初始姿势，换另一条腿向相反的方向重复做，边做边和宝宝说话或给宝宝唱歌。

 社交和自理能力训练游戏

游戏1：爱笑的宝宝

目的：有助于宝宝养成开朗活泼的性格，促进情感表达能力的发展

方法：抱着宝宝或将宝宝放在舒适的地方，用指头轻轻地挠挠宝宝的身体和小脸并做出各种夸张的表情，或用愉快的声音逗宝宝开心。逗笑是一种

条件反射，由成人的逗弄引起宝宝的快乐情绪而出现的笑容是有意识的动作。与新生儿在睡前出现的笑容不同，新生儿在睡前面部肌肉放松而出现的笑是无意识的动作。宝宝被逗笑即能够建立条件反射，说明宝宝能够学习了，所以越早被逗笑的宝宝就越聪明。大多数宝宝在出生后2~3周才会被逗笑，如果前10天能被逗笑，宝宝的智能会发展得快些。另外，适当地笑还有利于健康。

游戏2：我们跳舞吧

目的：增强宝宝对音乐的敏感性，是一项很好的亲子活动

方法：宝宝仰面躺下，播放宝宝喜欢的乐曲，轻轻握住宝宝的两只手腕，随节奏摆动，再抓住他的脚踝，随着节奏摆动，最后将他的双手或双脚合在一起随着音乐节奏摆动。不要忘记自己的笑容。

游戏3：脸谱妈妈

目的：训练宝宝的观察力，有利于培养亲子关系

方法：做一个或买一个脸谱，上面有逼真的人或物，妈妈戴在脸上，眼睛部分露出来，看着宝宝并观察宝宝的反应。

游戏4：睡眠与觉醒

目的：可以客观地推断宝宝大脑的成熟程度

方法：出生第一周宝宝每天几乎睡18~20小时，觉醒时间很短。因为此时宝宝大脑成熟的部位相对较少，遇到过多的刺激会发生保护性抑制，当抑制扩散开来，宝宝就会睡着。妈妈可以利用吃饱之后的打嗝时间练习竖抱，洗澡之前抚触宝宝，换尿布时同他说话，并做"嘴巴模仿"游戏。如果宝宝哭，可以抱起来看四周的景物，或者做俯卧抬头。大概到第三周，宝宝的睡眠和觉醒有了规律，一般睡眠减少2小时，觉醒时间增多，就可以安排比较固定的项目了。另外，白天尽量多做一些护理和活动，晚上除了哺喂外尽量少做其他活动，使宝宝适应昼夜规律，让父母得到休息。

游戏5：哭声观察

目的：了解宝宝哭声的含义

方法：观察宝宝在啼哭时的各种表现并做记录，掌握宝宝哭的规律，但发现宝宝有异常哭闹时，应尽早就医，以免耽误病情。一般有规律的哭闹可见：（1）宝宝闭着眼睛，嘴左右觅食或吸吮手指，双脚紧蹬，哭声会随

着呼吸有节奏地高高低低,说明宝宝是饥饿或口渴,应给宝宝喂奶或喂水。(2)哭声持续不断悲悲切切的,而且会流泪,可能为尿不湿、衣着太紧或身体不舒服,可给宝宝宽衣、更换尿布等。(3)哭而无泪或注视着成人,脸仅有哭的表情"哼哼"直叫,是想成人抱。可抱抱宝宝,但不要让宝宝养成非抱不可的习惯,可逗逗宝宝或用玩具等转移他的注意力,让他自己玩。如果在睡前闹觉,常常各种抚慰不奏效,待宝宝哭累了,会慢慢睡去。(4)如宝宝是因为生病或身体不适啼哭,可抱抱宝宝,轻拍宝宝,和他说说话,安慰他。但如果突然大哭,声音刺耳、急迫,这时要引起注意,必要时应立即就医。

游戏6:快乐的时光

目的:有利于建立成人和宝宝之间的亲密关系

方法:每天换尿布的时间加在一起可是一段不短的时间,在给宝宝换尿布的时候,如果宝宝是觉醒的状态,可以一边换尿布一边给宝宝唱歌、逗笑,还可以做出各种表情或鬼脸,让宝宝觉得更加有趣。另外,夏天天气热给宝宝换尿布时,可让宝宝光着屁股晾一会儿,等小屁股干爽之后再裹上尿布,对预防宝宝的"红屁股"很有好处。

游戏7:亲亲抱抱

目的:训练宝宝与人相处的适应能力

方法:经常抱起宝宝替他洗澡、穿衣服、逗引宝宝笑等,特别是爸爸也要参与,多亲亲抱抱宝宝,多逗逗宝宝,从小得到爸爸照顾的宝宝适应能力会提高。宝宝需要适应不同人的不同照料方式。

游戏8:尝试用小勺

目的:训练宝宝舌咽的协调

方法:在宝宝快到1个月的时候,可以尝试给宝宝用小勺喂点儿东西,可用小勺子压住宝宝的舌头让宝宝吞咽。多次尝试之后,宝宝就不会将口内的东西顶出来。一定要教会宝宝用勺子吃东西,为以后喂辅食做准备,不要为了省事而只使用奶瓶喂。

CHAPTER

2

1~2个月宝宝早教方案

第1节 1~2个月宝宝成长发育

宝宝身体发育对照表

发育指标		男童			女童		
		下限值	平均值	上限值	下限值	平均值	上限值
2个月	体重（千克）	4.72	6.16	7.60	4.44	5.74	7.04
	身高（厘米）	55.6	60.4	65.2	54.6	59.2	63.8
	头围（厘米）	37.1	39.7	42.3	36.5	38.9	41.3

宝宝成长小信号

1. 囟门：胎儿出生时前囟为1.5~2.0厘米，随着年龄的增长，6个月后逐渐骨化缩小，一般在6~18个月闭合。出生时后囟很小，1~2个月时有的就已经闭合。

2. 生长发育：2个月的宝宝，对周围环境的适应能力渐渐增强了，条件反射的建立也增多了。不仅能注视进入视线的物体，还可以追随物体转移视线，注视的时间也渐渐延长了。头开始较灵活地转动，身体开始伸直，腿更为伸展，对身体的控制能力正在逐渐增强。此时的宝宝对声音很敏感，会倾听声音，只要有人对他说话，就会刺激他的神经细胞。重复这类的互动有助于增强现有的脑部连接，同时建立新的连接。

宝宝心理发育

1. 喜欢听柔和的声音，喜欢看妈妈慈爱的笑脸。要让宝宝充分感受母爱，以使宝宝的心理健康地发展。

2. 吃饱后被竖抱在妈妈的怀中，轻轻地拍拍他的后背，有时会打几个嗝出来，这时他会有一种满足感。

3. 开始有了自己的情绪，会笑，会有天真快乐的表现。当他睡醒后，喜欢有人在身边照料他、逗引他、爱抚他，与他交谈、玩耍，他才会感到安全、舒适和愉快。

宝宝敏感期提示

1. 敏感期的重要性：敏感期是自然赋予儿童的一种生命助力。在敏感期得到充分发展的儿童，头脑清楚，思维开阔，学习能力非常强。如果儿童敏感期的内在需求受到阻碍而无法发展，就会丧失学习的最佳时机。日后想要发展某方面，就会困难得多，需要付出更多的心力和时间，效果也不是最好的。敏感期来临时，儿童会不需要特定的理由而对某种行为产生强烈的兴趣，不厌其烦地重复，直到突然爆发出来某种新的动机为止。此时，要有相应的活动来配合或培养他们，使这种能力真正发展起来。

2. 敏感期延续：继续感官敏感期，注意视觉训练、听觉训练、嗅觉训练、味觉训练和触觉训练，坚持下去，随着宝宝的成长，精细的感官分辨和感官记忆就会发展成为感知觉，宝宝就能很容易识别颜色、形状、方位和不同的物体，并能发现彼此的关系，提高认知能力。

宝宝智能发育特点

1. 视觉：目光开始逐步固定、集中。会眨眼，手掌贴近眼时会有眨眼反射，会注视周围的一切。仰卧时拿塑料球或毛线球在宝宝眼前30厘米处左右晃动，宝宝会追视并转头。

2. 听觉：对人的声音感兴趣，能分辨妈妈等亲人的声音，喜欢悦耳的声音，喜欢周围人和他说话，没人理他会哭闹。

3. 触觉：触觉是以反射动作为主，这些反应都是为了觅食或自我保护。

4. 嗅觉：喜欢母乳和有甜味的东西，拒绝苦、酸、咸味的东西。

宝宝智能发育评价

1. 大运动能力：拉腕坐起时，头可竖立片刻；俯卧时头可抬离床面一定距离，离开床的角度为45°，但不能持久。

2. 精细动作能力：手脚会来回伸缩，但仍呈卷曲状，不能伸直，拨浪鼓等玩具在手中能握持片刻，仰卧会看小手（5秒左右）。

3. 适应能力：两只眼睛的转动还不够协调，对光亮和黑暗环境都有反应，会跟踪明亮会动的物体或大玩具。用勺喂水，吸吮吞咽好。

4. 语言能力：能发 a、o、e 等音。

5. 社交行为：喜欢和人说话，逗引会笑，没人理会哭，在睡眠中有时会笑，有时也会无意识地哭。

宝宝教养要点

1. 进行丰富的感觉刺激（抚摸、对话、对视、看物等）。

2. 适当按摩，可开始给宝宝做被动操至 6 个月左右。

3. 逗引宝宝发音、看自己的小手。

4. 让宝宝触摸各种玩具并练习抓握。

5. 继续练习俯卧抬头和竖抱抬头，每天至少 2 次。

6. 合理喂养，坚持母乳喂养，预防肥胖症。

7. 训练规律的生活习惯，观察哭声。

8. 进行户外活动，坚持日光浴（弱阳光）、空气浴和水浴。

第2节 1~2个月宝宝能力训练

1. 嗅觉训练：胎儿在 7 个月时就有闻气味的能力，出生后对香味、酸味等很敏感。可以拿醋瓶盖给他闻一闻，他会表示"不喜欢"。还可以在成人进餐时让宝宝闻闻饭菜的香味。

2. 触觉训练：从 2 个月起开始给宝宝做"婴儿被动体操"。被动操是成人握着宝宝的四肢及躯干带动他一起做。经常做被动操可以提高宝宝肌肉的收缩能力，改善宝宝血液循环和促进动作的发展。

3. 坚持"行走"练习：2 个月的宝宝步行反射是原始反射之一。如果得不到巩固和强化，就会在 30~40 天后消失。如果每天坚持练习 2~3 次，每次 10 步左右，这种本领就会一直保持。经过每天的强化练习，宝宝在 10 个月前后就能独立行走。早期站立行走，视野比躺着扩大，认知能力大大加强、加快。但是早产儿和佝偻病患儿不宜进行"行走"练习。

4. 语言能力训练：在宝宝出生的第一年要不失时机地多和他"对话"，促使宝宝语言的发展。2个月的宝宝会略略地发笑，要锻炼宝宝的笑与条件反射，当宝宝醒来时，妈妈可以轻轻抚摸或者亲吻宝宝的鼻子或者脸蛋，并笑着对宝宝说："宝宝笑一个。"也可以用语言或者带响的玩具逗引宝宝，或轻轻挠他的肚皮，引他挥手蹬脚，高兴的时候还会自发地咿咿呀呀讲话，这时要应答他，与他"交谈"，使他情绪得以激发。否则没人搭理，久而久之，他就会失去讲话的兴趣。

5. 适当地"抱"和"逗"：不要怕惯坏了宝宝而不愿意抱他，否则对宝宝的身心健康和生长发育是非常不利的。为了培养宝宝的情感和思维，特别是在宝宝哭闹着要求抱时，不要挫伤他的心理，要多抱抱他，因为常被抱和逗的宝宝，表现得更活泼可爱，而且对周围事物的反应也更加敏锐，这对宝宝今后的智商发育有一定影响，还能加强母子情感交流。早期母子关系的建立会带给宝宝信赖感和安全感，是日后宝宝良好性格发展的基础。

6. 看手和玩手：2个月左右，宝宝特别喜欢看自己的小手，还会玩、吸吮自己的小手，这是宝宝心理发展的必经阶段。从满1个月开始，就可以给宝宝的小手上拴块红色布条（要注意不玩时解下来），或者戴一个有声响的手铃，吸引宝宝的注意力，引导他顺利看手、玩手和吸吮小手，促进其大脑相关区域的发育。成人不要给宝宝戴小手套或限制宝宝看、玩、咬、啃自己的小手，这些动作都是宝宝探索和满足心理需求的方式。

7. 开始体能训练：在第2个月，要为宝宝提供运动身体每一部分的机会，如每天俯卧片刻，或悬吊鲜艳能动的玩具给宝宝看、触摸、抓握。还可给他做操，帮助增加宝宝腹肌的收缩力。宝宝抚触适合0~3个月的宝宝做，被动操适合2~6个月宝宝做。每天做2次左右，刚开始每次做5分钟，以后逐步增加到10~20分钟。

8. 感受不一样的"浴"：水浴是2个月的宝宝天生就喜欢的运动，洗澡不仅能清洁皮肤、预防感冒，更重要的也更容易忽略的是洗澡是对皮肤的按摩，给宝宝擦身体本身就是很好的触觉训练。阳光浴和空气浴也是宝宝健康不可缺少的。天气好的时候，一定要抱宝宝外出接受微风吹拂、阳光沐浴。但是，不可让宝宝接受暴晒。时间一般开始每日3~5分钟，以后逐渐增加。

第3节 1~2个月宝宝亲子游戏

认知能力训练游戏

游戏1：感受、适应暗光

目的：刺激视觉，锻炼宝宝对暗光的适应能力

方法：白天给宝宝喂奶时，将窗帘拉上，让房间逐渐变暗。夜间喂奶时不要开灯，用不同颜色的布包住手电筒，在不同光线下喂奶，或在最暗的灯光下换尿布。让宝宝在妈妈温暖的怀抱中感受暗光，训练宝宝对暗光的适应能力。

游戏2：视觉训练

目的：培养宝宝的视分辨和视选择能力

方法：将颜色鲜艳的玩具拿到宝宝面前，待引起他注视后再慢慢移动玩具，吸引宝宝的眼睛跟着玩具移动，提高他的注意力。还可在室内墙壁上挂上色泽鲜艳的图画，如人物（穿着鲜艳的妇女和儿童）、动物、水果、交通工具、花草树木等，画面要单一且重点突出，可竖抱着宝宝，边看边和他说话，慢慢地宝宝可能会对某幅图产生特别的偏爱，以后每当抱着他走到某幅他喜欢的图画前，他就会眉飞色舞、手舞足蹈，喜欢多看一会儿，离开时会叫着不愿意你抱他走开。

游戏3：奇妙的音乐

目的：锻炼宝宝对声音的辨别能力

方法：准备一些适合宝宝欣赏的古典音乐，与宝宝一起躺下听音乐，或将宝宝放在腿上，告诉他乐声像什么，是像风、像雨、像流水还是像飞机、汽车的声音等。

游戏4：不同的声音

目的：训练宝宝的听觉辨别力

方法：将各种发声体如摇铃棒、八音盒、钟表等放在宝宝视线内让他听,并告诉他物体的名称,待其注意后,再慢慢让宝宝追声源,当他辨出声源后,再变换不同的方向。

游戏 5:铃铛响叮当

目的:培养宝宝的听觉记忆力和节奏感

方法:用毛线将铃铛穿起,把铃铛系在宝宝的手腕和脚踝上,让宝宝仰卧,手脚随意活动,反复唱儿歌给宝宝听,一边唱一边弄响铃铛,观察宝宝是否注意自己的手脚。不玩时应将铃铛拿下来。

游戏 6:妈妈来了

目的:测试宝宝颈部转动的能力

方法:当宝宝饥饿啼哭时,妈妈在另一间屋子说"来了来了",宝宝的哭声会停止,开始等待。当妈妈推门进来时,宝宝听到声音会马上转头去看,如果宝宝听到轻轻的、熟悉的脚步声,也会停止哭,等待有人推门进来。但进来的是爸爸,宝宝又会大声哭叫,呼唤妈妈快来。如果是吃奶粉的宝宝,听到给自己冲奶粉的声音,也能耐心地等待。

游戏 7:吹气

目的:让宝宝安静

方法:有时宝宝需要安慰时,可以向他的脚吹气,从脚面到脚底、脚心轻轻地吹气或哈气,一些宝宝能放松下来。

游戏 8:好闻的味道

目的:有效刺激宝宝的嗅觉能力

方法:准备三种香袋(如薄荷香味、杏仁香味和甘草香味等),妈妈抱着宝宝,让宝宝靠在自己怀里,将香袋放在宝宝鼻下左右移动,如果宝宝表情发生变化,可以说:"好闻的味道,宝宝喜欢吗?"妈妈自己也闻一下,然后表情丰富地对宝宝说:"呀,真好闻!""这是薄荷。"各种香味各做一次。

语言能力训练游戏

游戏 1:爸爸的歌声

目的:爸爸的声音比妈妈的声音安静,会给宝宝带来别样的快乐感受

方法:爸爸抱着宝宝,让宝宝头靠着爸爸的下颌,等宝宝再大一些,则让宝宝靠着爸爸的肩膀听爸爸唱歌。也可以在宝宝临睡前给他唱《摇篮曲》

之类的歌曲，通过爸爸浑厚的声调唱出这类歌曲，效果会很不同。还可自创一些歌曲唱给宝宝听。宝宝会很喜欢听。

游戏 2：和宝宝说说话

目的：有利于宝宝的听力发育

方法：在宝宝满 1 个月以后，会自己发出"啊""哦""呜""噢"等声音的时候，要仔细倾听，并及时回应："哦，宝宝想说话了，是啊！对啊！就是这样说话呀！"

游戏 3：给宝宝唱歌

目的：锻炼发音能力，提高宝宝的"说话"热情

方法：可自编一些简单的小曲调，如"咿咿——咿咿——咿"等，反复唱给宝宝听，引导宝宝学着发出"咿"的声音，如宝宝能发出一个音，要及时鼓励他，亲亲他。也可将宝宝自己发出的声音录下来给他听，这对宝宝的智能发育是有帮助的。

游戏 4：诱导发音

目的：测试宝宝的发音能力，看宝宝能发出什么声音

方法：当宝宝睡醒了，躺在床上不感到饥饿时，他会自己叫唤"啊不""啊不"，成人在一旁同他叫"啊不""啊不"。宝宝会停一会儿，听成人说，然后自己再说。有时可以录下宝宝的声音，在他睡醒时播放。他喜欢自己的声音，会跟着录音说。宝宝每次说的声音不会完全相同，因为他还未学会控制自己的声音，他随意张嘴，随意发音。要经过几个月的练习，才能有意发出要发的声音，这时才能学习说话。

游戏 5：宝宝笑了

目的：让宝宝笑出声音，为以后的语言发展奠定基础

方法：可以做鬼脸或发出怪声逗宝宝笑，也可拿一个玩具，如小猫、小狗、大象等，慢慢移到宝宝面前，突然叫一声就藏起来，然后哈哈大笑，引逗宝宝也跟着笑。观察哪种方法最有效，然后反复用这种方法，直到宝宝形成条件反射，这样就能比较容易逗宝宝笑出声音。

游戏 6：宝宝爱读书

目的：坚持给宝宝读书对宝宝语言能力会有非常好的影响

方法：经常读一些简单的韵文故事，配以简单明快的插图，让宝宝边看边听，以后逐步读一些复杂的韵文，插图也可复杂些。

CHAPTER 2　1~2个月宝宝早教方案

游戏 7：宝宝学说话

目的：促进宝宝理解语言，丰富宝宝的情感交往

方法：经常用亲切温柔的声音与宝宝交谈，注意你的口形和面部表情，使宝宝能模仿发出 a、o、e 等元音，或能够应答发音。有时发出"ku、ku"声，或让宝宝模仿做吐舌动作，做微笑、大笑、悲伤、愤怒等夸张表情。让宝宝能够发声，应注意不要操之过急。

游戏 8：小鸟啾啾

目的：促进宝宝的视觉、听觉和语言能力

方法：妈妈抱着宝宝看着他的眼睛，将食指放在宝宝眼前慢慢晃动以引起他的注意。当吸引他的注意力时，摇动食指慢慢向左边移动并观察他的眼睛是否跟着移动，再移到右边，观察宝宝的眼睛是否也跟着移动。妈妈一边移动自己的食指，一边对宝宝说："小鸟，小鸟啾啾。小鸟，小鸟飞走了。"

 动作能力训练游戏

游戏 1：亲亲我的宝贝

目的：锻炼宝宝俯卧抬头的能力，同时培养宝宝的快乐情绪

方法：妈妈双手扶着宝宝的背部，面对面地让宝宝抬头和妈妈亲亲脸，反复多次。开始妈妈可以离宝宝的脸稍近一些，让宝宝不必费力就可以亲到妈妈的脸，然后加大难度，让宝宝主动靠近妈妈去亲妈妈的脸。还可做出不同的表情，让宝宝觉得更加有趣。

游戏 2：俯卧抬头

目的：锻炼宝宝颈部、背部的肌肉力量

方法：让宝宝俯卧，两臂屈曲到胸前方，头转至正中，手拿色彩鲜艳有声响的玩具在前面逗引，说："宝宝，看这里。"诱使宝宝努力抬头看玩具，并把玩具推到他能拿到的地方。宝宝看到玩具会把头抬起并且把手放到前方，此时把玩具放到他的手上让他拿一会儿，他会很高兴地拿着玩具，不过他的手还拿不住，如果成人也趴在宝宝的对面，帮他扶起玩具，他就会尽量抬高头来看着玩具，还会用手把自己撑得高一些。每次训练从 30 秒开始，逐渐延长，每天练习 3~4 次，每次俯卧时间不宜超过 2 分钟，并要在清醒、空腹的情况下进行。

游戏 3：手指打开闭拢

目的：锻炼手指灵活能力，让宝宝了解手指伸合产生的变化

方法：轻轻地触碰宝宝的手臂，然后慢慢地帮助他打开手指，闭拢，再打开。边做边说话、唱歌，握着宝宝的手指时，最好是一根一根打开，再一根一根并拢，还可以一边数数一边做，动作要轻柔。

游戏 4：拉腕坐起

目的：锻炼宝宝头部力量和上肢力量

方法：拉住宝宝的手腕把他提起，这个动作是宝宝先天就会的，当你把他提起来时，他会紧紧抓住你的手指。可以从仰卧位变成拉腕坐起，然后变成拉腕站立，最后是拉腕抱。做这个动作时宝宝的头部会有后仰的感觉，可以提高宝宝的脑功能、上肢力量以及躯干的力量。注意动作要轻柔舒缓。

游戏 5：铃铛响了

目的：发展宝宝大脑对肢体运动的控制能力，使宝宝从全身的无意识活动变成有意识的单个肢体的运动

方法：让宝宝仰卧在床上，播放一首优美轻快的音乐，在宝宝的手腕或脚踝上系上一个小铃铛，当宝宝无意识地动手或脚弄响小铃铛时，会觉得很惊奇。几次尝试之后，宝宝会有意摇响小铃铛。不玩时应取下铃铛。

游戏 6：小手真漂亮

目的：训练宝宝手的动作能力

方法：给宝宝做一个漂亮的手镯戴在手上，在宝宝的另一只手腕上系个红色的蝴蝶结丝带，拿到宝宝眼前让他看，观察宝宝是否注视自己的手，并能将两只手互相接触，眼睛同时看到两只手。不玩时应将手镯和丝带拿下来。

游戏 7：拿住玩具

目的：训练宝宝手口协调能力

方法：准备几个能啃咬的小玩具，给宝宝一个洗干净的玩具，宝宝拿住就会放入口中，让宝宝拿着尝一尝、玩一玩，有时宝宝会无意识地松手把东西掉到床上或地上。观察宝宝拿住一个东西后能玩多久，是否不同大小和不同形状的玩具，宝宝拿住的时间也有所不同。

游戏 8：玩具的声音

目的：促进宝宝的情绪发展和社交、精细动作的能力

方法：准备不同质地、不同大小的动物玩具，在宝宝面前一边晃动玩具一边说："嗨，宝宝，你好吗？"在晃动玩具说话时，你要根据不同的动物玩具变换说话的声音和语调，这时宝宝会感到很高兴，以给宝宝倾听不同声音的机会。

社交和自理能力训练游戏

游戏 1：碰碰头

目的：有助于培养宝宝的社交能力

方法：将宝宝放在膝盖上，一边注视宝宝，一边念"嘭——嘭——嘭"，念最后一个"嘭"时音调高一些，将你的头微微向前轻轻碰触一下宝宝的小额头。边碰边和宝宝说话："宝宝的头真硬，碰得我的头好痛哦！"

游戏 2：逗宝宝笑

目的：找出引起宝宝大笑的原因，经常重复这些原因，使宝宝经常开怀大笑

方法：让宝宝开怀大笑、经常笑，可以采用以下方法：（1）成人做鬼脸或发出怪声逗宝宝笑。（2）拿一个动物玩具，慢慢移到宝宝面前，突然叫一声就藏起来，成人哈哈大笑，引诱宝宝也跟着笑。（3）拿一个手偶，在宝宝跟前鞠个躬，摸摸宝宝的肚子，然后成人哈哈大笑。（4）把宝宝举起，爸爸用头顶在宝宝的肚子上，哈哈大笑。看看哪一种方法有效，反复用这种方法形成条件反射，就能引起宝宝经常笑出声音。

游戏 3：感觉亲情

目的：让宝宝体验幸福的感受

方法：宝宝快要入睡了，本来由奶奶抱着，转手让妈妈抱，转手十分顺利，宝宝很快入睡。转手让爸爸抱，宝宝会睁眼看看，然后也能安然入睡。如果来了一位新阿姨，要接手抱宝宝入睡，宝宝会睁眼看看，哼哼几声，实在困了才入睡。宝宝在最习惯的被抱方式中最快入睡。因此，要让宝宝容易带，就要有固定的照料人、固定的环境和固定的生活规律，并且父母一起照顾的宝宝最幸福，也使宝宝能最早感受到亲情。

游戏 4：睡前的悄悄话

目的：促进宝宝的听觉、语言、情绪和社交能力

方法：在宝宝睡前一边抚摸他的头，一边说一些安慰的话，紧紧地搂着他，然后放下他，继续爱抚他，用充满爱意的词语安慰宝宝可使宝宝更容易入睡。你对宝宝说得越多，他就会越早步入牙牙学语阶段，更快地学会说话。

游戏 5：妈妈在这儿

目的：促进宝宝的情绪、社交、语言等综合能力，增进亲子感情

方法：妈妈在给宝宝喂奶以后，面对宝宝，轻轻地叫着宝宝的名字，妈妈突然用手捂住自己的脸，问宝宝："妈妈呢？"再将手拿开，对宝宝说："妈妈在这儿呢！"反复几次，逗宝宝高兴，这就是最初的藏猫猫游戏。

游戏 6：掀开被子

目的：测试宝宝能否主动让自己感到舒服的能力

方法：让宝宝睡在小床上，去掉包着宝宝的被子，只盖一条轻便的小毛毯，让他自由活动，看看宝宝是否能手脚并用掀掉盖着他的小毛毯。是完全掀开，还是露出小手或小脚，可以看出宝宝能使多大的力气，而且分辨出是上肢还是下肢的力气大一些。

游戏 7：我要睡觉了

目的：有助于宝宝养成昼夜规律

方法：晚上不开灯，让房间黑暗，如果宝宝醒来，需要哺乳或换尿布也只用暗光，成人不同宝宝说话，赶快哄宝宝睡下。有时宝宝只是哼哼几声，并不饥饿，就只替他翻身，松开被子让他睡舒服些，让宝宝连着睡，以适应暗的环境，形成入睡的条件反射。白天如果宝宝睡得太久，过了该喂奶的时候，就用凉毛巾给宝宝擦脸，让他醒来喂奶，并抱着他到处看看，让他白天有较多的活动，晚上多睡，渐渐就会形成习惯。

游戏 8：尝尝香不香

目的：发展宝宝的味觉和嗅觉能力，使宝宝以后在添加辅食时能够自觉接受这些味道

方法：让宝宝半卧在床上，成人用小勺将一种水果汁或蔬菜汁喂给宝宝，同时告诉宝宝这是什么水果、什么蔬菜，让宝宝尝尝味道即可。

CHAPTER

2~3个月宝宝早教方案

第1节 2~3个月宝宝成长发育

宝宝身体发育对照表

发育指标		男童			女童		
		下限值	平均值	上限值	下限值	平均值	上限值
3个月	体重（千克）	5.40	6.98	8.56	5.02	6.42	7.82
	身高（厘米）	58.4	63.0	67.6	57.2	61.6	66.0
	头围（厘米）	38.4	41.0	43.6	37.7	40.1	42.5

宝宝成长小信号

1.囟门：前囟仍未闭合，且基本没变化。但这个时期是颅骨缝闭合的重要阶段，骨缝和后囟已闭合。

2.生长发育：宝宝在3个月时脊椎出现第一个弯曲，即颈椎向前突起，这使他能自如地抬头、转头，听见说话声和铃声时，能明显地把头和身子转向声源。这个月龄的宝宝会比较明显表现出要人陪在身边的要求，喜欢成人逗他玩。宝宝的表情变得丰富、生动，经常微笑，尤其是有人逗引时更容易发笑。宝宝注视手部的时间增加，凝视手部可以训练宝宝的眼睛与手指的灵活性。

宝宝心理发育

1.这个月的宝宝对外界的好奇心与反应不断增多，会看自己的小手，能用眼睛追踪移动的物体，会有声有色地笑，开始用"咿呀"的发音与人对话。

2.这个月的宝宝脑细胞的发育处于突发生长期的第二个高峰前期。要有足够的母乳喂养，也要给予视、听、触觉神经系统的训练。

3.亲近母亲是宝宝3个月时出现的情感，到6~7个月时就越来越明显，以致拒绝生人到"怯生"的程度。这个时期的宝宝最需要人来陪伴。父母的动作、声音、目光、微笑、抚爱和接触，都会对宝宝心理造成很大影响，对宝宝未来身心的发育有着重要作用。

宝宝敏感期提示

1. 敏感期开始：口腔敏感期为 3~12 个月，宝宝"喜欢吃手""什么东西都往嘴里送"甚至"咬人"，这是宝宝开始用口感知味觉和触觉，用口感觉事物、认识事物，练习使用舌头和牙齿等。如果这一时期允许宝宝用口去探索他们想要探索的物品，那宝宝这一敏感期很快就会结束；如果阻止宝宝的"探索"行为，那宝宝这一敏感期就会持续很长一段时间。我们经常能看到许多 3~4 岁的宝宝还在吃手，或者偷偷把各种东西放到嘴里"尝一尝"的现象，就是因为宝宝的这一探索心理没有得到最大限度的满足。

2. 敏感期延续：继续感官敏感期，要经常进行视觉、听觉、嗅觉、味觉及触觉的训练。

宝宝智能发育特点

1. 视觉：头眼协调较好，最远视觉距离达 4~7 米，对黄色、红色敏感。
2. 听觉：对能够发出声音的玩具感兴趣，可让其自由触摸、敲打。
3. 触觉：喜欢从不同角度玩自己的小手，并且把玩具放进口里试探，可以把头抬起来支撑一会儿，喜欢竖着抱。
4. 语言：会咿咿呀呀发音，并发出有规律的语音，这是在与人交流。
5. 社会性发育：当宝宝因为饥饿而哭闹时，如果妈妈应答后，宝宝能稍微等待片刻。

宝宝智能发育评价

1. 大动作能力：双臂能同时外展，俯卧时上肢可支撑部分身体，胸部离开床面 45°，抱直后头比较稳，扶坐时，头能竖起但不够稳定，微微有些摇晃、前倾，能自己将头低下、竖起 90° 达数秒。能从仰卧位翻至侧卧位。

2. 精细动作能力：平躺会用小手抓自己的衣服，两手握拨浪鼓 30 秒，大腿在床面上可以伸直，髋部会外展，会用小腿踢东西，仰卧会看两只手在胸前的位置，并且在胸前直握。

3. 适应能力：把玩具放在醒目的地方，能很快注意到并追视 180°。

4.语言能力：有人逗他时，宝宝会四肢弹动，会发笑，并笑出声音，发出"啊""呀"的语音。如果胎教时曾经叫着宝宝的名字和他说话，那么此时有人叫他名字他能去寻找。

5.社交行为：表现出对妈妈的偏爱。宝宝俯卧抬头时把镜子置于面前，他会对镜注视、笑、发声。当听到有人与他讲话或有声响时，会认真听，并能发出咕咕的应和声，会用眼睛追随走来走去的人。

 宝宝教养要点

1. 丰富感觉学习内容，多看、多听、多触摸。
2. 给宝宝布置一个可以看、听、摸、玩的环境。
3. 给宝宝按摩，进行丰富的感觉刺激；多听音乐，给大脑添加"营养"。
4. 给宝宝讲故事、唱歌，对宝宝说话。
5. 让宝宝熟悉家人和自己，学认一个五官。用镜子逗引宝宝抬头。
6. 教宝宝练习拍打和够取玩具，增加手部精细动作的训练。
7. 醒后或喂奶一小时后，给他适当做些俯卧位锻炼，让宝宝学会翻身。
8. 坚持户外活动，适当进行日光浴。培养有规律的生活习惯。
9. 及时给宝宝清洗眼屎，以免得眼部疾病。
10. 注意听宝宝的哭声。观察排便是否正常。

第2节 2~3个月宝宝能力训练

1.目光移动训练：在以前进行训练的基础上，继续让宝宝未入睡时多观察小床旁的人和物，引导宝宝的视线在两件物品之间转移，或在宝宝盯住一个物品或人时，用声音或动作引导其目光转移，可以手执气球在宝宝面前移动，他的视线调整可达180°。

2.先动哪只手（脚）：用皮筋在床边吊上能发出声音的物品，另一头拴在宝宝的任意一只手腕上，先动皮筋使物品发出声音，开始时宝宝全身使劲摇动皮筋使物品发出声响，以后他会只动一只手腕就将物品摇响，过几天，皮筋可以拴在宝宝任意一只脚踝上，宝宝经过多次尝试也能让一只脚踝动就使物品发出声响，可见宝宝已知道手（脚）动和物品响声的关系。这种练习不仅能促进宝宝的注意力及智力，还能锻炼宝宝四肢的肌肉。切记：离开宝宝床铺时一定要解开皮筋，以免皮筋缠住宝宝手脚而出现意外。

3. 看不同的颜色：宝宝从睁开眼睛到看清世界所有色彩，要经过四个时期，即黑白期、色彩期、立体期和空间期。0~6个月，宝宝从"黑白期"过渡到彩色世界；6~12个月，宝宝对色彩的认识逐渐丰富；1~3岁，宝宝从二维视觉向三维视觉转化；3~6岁，宝宝的空间感越来越清晰。应抓住每个时期的特点给宝宝适当的色彩刺激，可促进视觉发育并进一步刺激其大脑发育，3个月左右是宝宝视觉发育的黑白期，应多给宝宝看黑白物品，为了给日后的视觉发育做铺垫，也可适当给他看一些红色、黄色和蓝色系的物品，从而起到刺激视觉的作用。

4. 培养宝宝的观察力：由于神经系统的发育，3个月时宝宝双手抓握能力出现了随意性的变化，能主动去抓自己想要的东西，这一切发育成果，都为进一步培养宝宝的观察力奠定了基础。如果在风和日丽的天气里，把宝宝抱出屋外看一看，这对宝宝的智力、心理发育具有重要意义。

5. 逗引宝宝发音：3个月的宝宝对成人的话语开始有反应，要训练他和成人搭话。为了提高宝宝的发音兴趣，可有意识地逗引他，多和他说话，让宝宝先听后讲，听得越多，讲得越早。要对着宝宝不厌其烦、有声调、温和地讲，讲话要简洁、重复，对宝宝发出的声音要给予不同的反应，如亲切和蔼的言语、命令式的声音、激动的喊叫等，并使宝宝能对不同的声音有不同的回应。发现宝宝发音中有和我们语言中发音相似的，要有意识地教他重复这几个音，使其发音由无意识变成有意识。

6. 继续训练抬头：方法可以和2个月时相同，要使宝宝俯卧时头部能稳定地挺立达45°~90°，让宝宝用前臂和肘支撑头部与上半身的重量，使胸部抬起，脸正视前方。另外，不要忘记用手抵住宝宝的足底，教宝宝练习爬行。

7. 让宝宝情绪愉快：宝宝天生就具有情绪反应能力，一出生便对哺乳、抱、摇有愉快的反应。2个月时宝宝的眼睛就能随光移动，开始有无自主意识的微笑。3个月时,宝宝哭闹在被抱起的瞬间会停止哭闹,并且已经开始认母。看到妈妈有时还会呼叫、手舞足蹈,只有经常和宝宝逗乐的父母才能引起宝宝这种想要亲近的意愿。因此,应尽量多和宝宝交流,给予爱抚,这样他会感到愉快而且有助于宝宝安全感的建立。

8.训练手的能力:宝宝现在能将两手握在一起放在眼前玩,但不能张开,此时应训练其触摸和抓握的能力。可轻轻地从指根到指尖抚摸他的手背,这时宝宝紧握的小手就会自然张开,并给他各种玩具,握住宝宝抓住玩具的手帮助他抓握,也可以把小手放在母亲的乳房上或奶瓶上,或将玩具悬挂起来逗他去触摸、抓握,以帮助他进行早期的感知活动。还可以经常将自己的拇指或食指放在宝宝的手心里,让他抓握并轻轻摇动他的手向他问好,碰碰他,看他是否抓握。

第3节 2~3个月宝宝亲子游戏

认知能力训练游戏

游戏1:看外面的世界

目的:发展宝宝的视觉能力,开阔眼界,进行日光浴和空气浴

方法:挑选一个好天气,把宝宝抱到室外,让他观察眼前出现的人和物,并缓慢清晰地反复描述给他听,时间从3~5分钟逐渐延长到15~20分钟。

游戏2:照镜子

目的:训练宝宝的视觉能力,促进大脑发育,同时发展自我意识

方法:妈妈将宝宝抱到镜子前,让他从镜子里看到自己的形象,宝宝已经认识妈妈,并不认识自己。宝宝对着镜子笑,用手摸,做各种动作。镜子中的宝宝也照样做,虽然宝宝不完全明白镜子中的"小人"就是自己,但是"小人"做的同宝宝一样,使宝宝很高兴。这时可告诉他:"这是宝宝,那是妈妈。"让他认识自己的形象,对培养他的视觉和触觉都有帮助。

CHAPTER 3　2~3个月宝宝早教方案

游戏3：追踪玩具

目的：锻炼宝宝的视觉能力

方法：让宝宝坐在婴儿椅上，把轻而小的动物玩具放在他的手中，把他的手拉向他的身体的正面，轻轻摇动，抓着他的手上下、左右缓慢移动，确认他的眼睛始终追踪着玩具。

游戏4：不同的响声

目的：观察不同物体落地发出的声音，引发宝宝对声音的好奇

方法：故意把不同的东西掉在地上，让宝宝听到不同的声音，对声音敏感的宝宝会发现有的东西很响，有的东西没声音，这时他会逐渐产生好奇，从而更注意观察，并积累经验。注意物品落地之前要提醒宝宝，以免使他受到惊吓。

游戏5：声音在哪里

目的：锻炼宝宝的听觉能力，训练其对声音节奏的感知能力

方法：让宝宝仰卧在床上，妈妈坐在他身边让他关注你的表情，然后用拇指和中指打一个响指或用嘴发出声音吸引他的注意力，再继续微笑着看着宝宝。然后有节奏地、轻轻地拍手吸引宝宝，拍手可进行三四次，在宝宝的身体两侧交替重复这样的动作，一侧2~3分钟，吸引宝宝把头转到有声响的一侧，眼睛也跟着转动。

游戏6：痒不痒

目的：促进宝宝的触觉

方法：握着宝宝的手掌，用毛笔、刷子或梳子在宝宝的手掌上轻轻描画。或在洗完澡后，让宝宝俯卧在床上，用手指在他的背上写简单的数字或英文字，并一边做动作，一边与他交谈，时间为1分钟以内即可，不宜过长。

游戏7：饭菜好香啊

目的：促进宝宝的嗅觉能力

方法：让宝宝坐在你的腿上或婴儿椅上，做菜时让他嗅各种菜的香味，并亲切地和他说话，如"这是什么味道呀！好香啊！好闻吗？"等，观察宝宝的表情变化，还可用各种香味较浓的水果来训练。

游戏8：认母投怀

目的：测试宝宝何时认识自己的妈妈

方法：由照料人抱着宝宝，看见妈妈回家，宝宝会着急地投入妈妈的怀抱。月子里的宝宝要靠嗅觉闻出妈妈的气味、靠听觉听出妈妈的声音、用模糊的视觉看出妈妈的轮廓。过了2个月，在这些综合印象里，又加上逐渐清晰的视觉轮廓，就能准确地认识自己的妈妈了。宝宝对妈妈的认识是全面的，不论妈妈换了一件什么样的衣服，妈妈是否戴上眼镜、口罩、帽子，换了围巾等，宝宝都能认识。妈妈在家时，不妨试试，更换打扮，尽量不出声，看宝宝是否能认出妈妈来。

语言能力训练游戏

游戏1：和布娃娃说话

目的：通过重复让宝宝听简单的日常问候语，培养宝宝的语言记忆能力和发音模仿能力

方法：准备一个能发音的智能玩具，如小布娃娃，让宝宝仰卧在你怀里，一只手拿着布娃娃在宝宝跟前轻轻晃动，然后跟他说："宝宝好，娃娃跟你打招呼呢，宝宝好！"重复几次之后将布娃娃靠近宝宝的脸庞，摁一下布娃娃，再和宝宝问好并拉着宝宝的小手摸布娃娃，也可换一些其他的话跟他打招呼，久而久之，有时宝宝也会开心地"回应"，嘴里发出声音，这时要鼓励他，给他一个吻或摸摸他的小脸蛋。

游戏2：打哇哇

目的：可作为发音的基本训练，使宝宝感受多种声音、语调，从而促进宝宝的语言能力

方法：有时宝宝哭个不停，可轻轻抱起他，用手指在他嘴上轻拍，让他发出"哇、哇、哇"的声音，也可将宝宝的手放在你的嘴上，发出"哇、哇、哇"声音。

游戏3：好听的儿歌

目的：让宝宝感受到音乐的美妙，从而促进语言的发展

方法：多积累一些儿歌，最好是三四字为一句且节奏明快、单一的儿歌，抱着宝宝，一边摇，一边给他唱儿歌，以刺激宝宝的语言能力，这个时期语言能力的重点是逗引宝宝发音，经常抱着宝宝说话、唱歌，刺激宝宝发出更多的音。

游戏 4：分辨声音

目的：让宝宝学会分辨声音，听声有所指

方法：父母分别在宝宝的小床两边，妈妈唱一首儿歌时，宝宝看着妈妈。爸爸唱同样一首儿歌时，宝宝会转头看着爸爸。父母二人唱歌不宜交替太快，一定要把一首歌唱完。唱歌时可以带表情动作，但不接触宝宝，使宝宝完全靠听觉来分辨。训练宝宝听声转头看着说话的人。如果宝宝还不会分辨父母的声音，可以分别学习。先让妈妈抱着宝宝边走边唱歌，让宝宝熟悉妈妈的声音。过一两天，爸爸抱着宝宝唱歌，让宝宝熟悉爸爸的声音，然后再做这个分辨声音的游戏。

游戏 5：发音对话

目的：诱导宝宝发音以及发音的多样性

方法：成人一边照料宝宝一边说话，就会激发宝宝说话的欲望，但是他还不会说。宝宝睡醒后会发音自娱，两三个月的宝宝经常发"咿咿""呀呀""嘿嘿""呃呃"等音，或者拉长元音"啊——"这时成人用夸张的口形同宝宝对话，会引出宝宝发声同成人对话，有时宝宝会大叫，让成人抱起，或者拿不到玩具要成人帮忙，有时玩得开心也会大声叫。要故意制造机会，让他用声音叫人帮忙，即语言的声音示意。

游戏 6：谁在叫

目的：发展宝宝听觉的方向感，并促进听觉分辨力的发展

方法：准备各种能发出声音的动物玩具，让宝宝坐在你的大腿上，背靠在你的胸部。将玩具放在宝宝的一侧身旁，距离其头部约 30 厘米的位置，让玩具发出某种动物的叫声，问宝宝："小猫（小狗）在哪里叫啊？"当宝宝找到声源时，夸夸宝宝或亲亲宝宝，将发出声音的玩具给宝宝玩一分钟。依次将发声玩具都发出声音让宝宝寻找到声源。

游戏 7：母子笑哈哈

目的：刺激宝宝发出大笑声，诱导发音

方法：妈妈用手轻挠宝宝的腹部，母子同笑；妈妈用双手托住宝宝的腋下，帮助宝宝弹跳，母子同笑；妈妈对宝宝做出各种有趣的面部表情，母子同笑；妈妈的面孔时隐时现，母子同笑。经常对宝宝进行引导发音，刺激宝宝的语言能力。

游戏 8：碰鼻子

目的：轻柔的触碰会给宝宝带来安全感，也能训练宝宝对语言的理解能力

方法：妈妈举起宝宝说："鼻子，鼻子，碰碰鼻子。"说到"碰"的时候，把宝宝稍放下一点儿，用你的鼻子碰碰宝宝的小鼻子。玩几次后，多说几个"碰"字，每次说到"碰"字的时候就碰一下宝宝的鼻子。

 动作能力训练游戏

游戏 1：宝宝抓球

目的：训练宝宝的握力以及追视能力

方法：先让宝宝趴着，然后把一个色彩鲜艳的球从宝宝的手可以抓到的地方慢慢滚过，刚开始从一侧滚到另一侧时，宝宝会专心地看，经过几次之后，他就会伸手去抓这个球。如果宝宝的手不会自己张开，还可以有意识地按摩一下他的小手或用嘴吻吻他的小手，这样宝宝渐渐就会有意识地做一些手部动作。

游戏 2：汽车嘀嘀嘀

目的：训练宝宝的抬头动作以及视觉能力

方法：准备一个彩色玩具汽车，将宝宝俯卧放在床上，两臂屈曲在胸前，在宝宝前面逗他抬头，按一下小汽车喇叭引起他的注意，然后将小汽车放在他的前面，在他的注视下，慢慢地从左到右移动汽车，边移动边发出"嘀嘀嘀"的声音，告诉他："汽车开走了，嘀嘀嘀。"注意控制汽车的速度，要在宝宝视线范围内移动，时间也不宜过长。

游戏 3：蹬蹬腿

目的：锻炼宝宝的腿部力量，为站立做准备

方法：用一块 35 厘米 ×30 厘米的厚纸板，四角钻孔，用粗橡皮筋系在宝宝的睡床或摇篮柱上宝宝伸脚可蹬到的位置，厚纸板每天贴上不同图案。让宝宝仰卧，在他伸脚时就会蹬到纸板，并发出响声。每天练习 5~8 次。

游戏 4：够玩具

目的：锻炼宝宝的手眼协调能力，发展触觉

方法：将有响声的玩具用皮筋或线绳半固定在摇篮上方宝宝伸手能够抓

到的地方，每次吊 2~3 个，隔天轮换，抓住宝宝的手臂让他伸手够取、击打玩具发出响声。

游戏 5：摸摸是什么

目的：训练宝宝用手触摸物品的能力，提高宝宝的触觉敏感度

方法：准备一些不同触感的东西，如硬的、软的、毛茸茸的等物品，和宝宝一起摸物品。轮流拿起每一个物品并且说："积木好硬，宝宝摸摸看""小狗毛茸茸的，好舒服，宝宝摸摸看"……拉着他的手摸一遍。宝宝手部触摸不同物品会产生不同的感觉。

游戏 6：肘撑俯卧

目的：训练宝宝的颈肌和抬头

方法：让宝宝俯卧，把宝宝一侧肘部放好，宝宝会主动把另一侧也放好，撑起整个胸部。把能移动的大镜子放在宝宝头顶上方，宝宝由于喜欢看镜中的自己，会努力把上身撑起来。这时他可以看到镜中的自己和身后的事物，会十分高兴。有时他还能伸出一只胳膊够取身旁的玩具，用一只手撑起上身。

游戏 7：学翻身

目的：为宝宝俯卧、坐立做准备

方法：宝宝吃饱后，抱起宝宝打嗝排气，然后把宝宝放在床上呈右侧侧卧姿势，用枕头垫好。宝宝睡在右侧便于排空，较少溢奶。因为幽门在胃的右侧，所以吃饱后靠右侧睡便于奶液从幽门排到十二指肠。宝宝侧卧睡着后会无意中翻成俯卧。有了这样的经验，慢慢地宝宝会从无意到有意侧卧翻成俯卧。如果宝宝俯卧或仰卧时诱导他翻成侧卧，可将玩具放在宝宝身体的一侧，宝宝会自己移动身体去够取玩具，用手略微推动宝宝的大腿或臀部，这样经过反复练习，宝宝就会很快学会翻身了。

游戏 8：自己玩手

目的：训练宝宝的手眼协调能力

方法：宝宝仰卧在床上，手腕可以戴上手镯和丝带铃铛等装饰物，成人在远处观看，宝宝会从看手到渐渐双手接近甚至接触，在手活动时偶然打响铃铛会使宝宝很高兴，他会进一步让手指交叉，用手掌搓弄手背，聚精会神地玩耍，高兴时会发出"啊不""啊咕"等声音。过 5~6 分钟就累了，开始大声叫唤，要求成人过来。

社交和自理能力训练游戏

游戏1：一起舞蹈

目的：激发宝宝的愉悦情绪，发展听觉、动觉和节奏感

方法：选择一曲轻柔而节奏舒缓的音乐，搂抱着宝宝，温柔而欢快地随着音乐跳舞，让宝宝充分感受到来自你温暖怀抱的爱抚。

游戏2：见人就笑

目的：让宝宝学会主动和人打招呼，培养其社交能力

方法：见人就笑，是社交场合必备的本领。经常抱宝宝到户外散步，成人同邻居们打招呼时，也让宝宝接触这些大人和小孩。人们都喜欢孩子，会逗他笑，宝宝也会报以微笑。应当趁宝宝怕生之前，让他认识邻居和亲属，经常用笑来同人打招呼，形成习惯。以后宝宝怕生时，这些人已是宝宝的熟人，怕生的范围就会减少。反之，从来不见人的宝宝，到陌生场合就会怕羞、躲闪，甚至哭闹。

游戏3：举高高

目的：训练宝宝的高空平衡能力

方法：爸爸双手扶着宝宝的腋下，把宝宝举高，停留一会儿，让宝宝的视野更宽广，或者爸爸举着宝宝朝前走几步，然后慢慢把宝宝放下来。也可举着宝宝一颠一颠地走，使宝宝体位变动或经历一些颠簸。当宝宝体位变动时，身体会自觉地保持平衡，使前庭神经系统得到锻炼，把宝宝放下来时，一会儿左边，一会儿右边，故意让宝宝体位有更多的改变，使宝宝有更多的锻炼机会。

游戏4：虫虫爬

目的：刺激宝宝的手心、脚心，提高触觉反应能力，促进智力的发展

方法：妈妈用食指当虫子，在宝宝的手心、脚心爬来爬去，同时可以播放一些宝宝喜欢的儿歌，妈妈可以跟着儿歌的节奏在宝宝的手心或脚心做一些摩擦运动。经常训练宝宝的触觉和皮肤觉，为培养宝宝良好的个性以及将来的交往能力奠定良好的性格基础。

游戏5：亲子抚触

目的：促进宝宝的触觉和肤觉的发展，培养良好的个性，促进母子感情

方法：妈妈将宝宝放在一个舒适的地方，从宝宝的手开始慢慢地摸遍宝宝的全身。还可将用手抚摸转化为亲吻、拥抱等皮肤接触。

游戏6：乖宝宝

目的：增强与宝宝的情感联络

方法：宝宝躺在床上或摇篮里时，应经常俯身面对宝宝，微笑着轻声呼唤他的名字，和他说着悄悄话，并让他的视线随着你的脸移动。爸爸和妈妈要多和宝宝进行情感交流，促进亲子感情。

游戏7：连续睡眠

目的：培养宝宝良好的生活规律

方法：这个月的宝宝能安睡整夜，夜间几乎完全不必喂奶了。白天睡眠已成规律，上午睡一次，中午和下午各睡一次。夜间睡眠时间延长，是暗适应和条件反射的结果。要注意有时偶尔一次半夜醒来哭闹几声，也要坚持拍拍让宝宝再入睡，否则会再形成半夜喂奶的条件反射。如果妈妈能果断一些，晚上醒来只给水喝，尽量不喂奶，就会减少许多麻烦。

游戏8：学开关

目的：让宝宝懂得相反的概念

方法：妈妈抱着宝宝在房间四处走动，边对宝宝说话边演示一组组相对的动作："关灯……开灯""开门……关门""把宝宝举起来……把宝宝放下去"。

CHAPTER

3~4个月宝宝早教方案

第1节 3~4个月宝宝成长发育

 宝宝身体发育对照表

发育指标		男童			女童		
		下限值	平均值	上限值	下限值	平均值	上限值
4个月	体重（千克）	5.94	7.56	9.18	5.51	7.01	8.51
	身高（厘米）	60.7	65.1	69.5	59.4	63.8	68.2
	头围（厘米）	39.7	42.1	44.5	38.8	41.2	43.6

 宝宝成长小信号

1. 囟门：前囟仍未闭合，后囟和骨缝已经闭合。

2. 生长发育：这个月龄的宝宝头部逐渐能挺直，俯卧时会使劲抬头。他的躯干肌肉功能也增强了，仰卧时总想侧转身，尽管很少成功。宝宝的身体越来越强壮，双手双脚表现出对称的姿势，有些脖子无法挺直的宝宝到了这一时期也可以完全挺直。另外，4个月的宝宝唾液腺发育趋向成熟，唾液分泌增加，唾液分泌较多的宝宝这一时期开始流口水。

宝宝心理发育

1. 4个月的宝宝已经有了行为意识，能够明显地意识到自己的行为可能导致某些影响的发生。如大声哭泣后妈妈会抱，有时他喜欢故意晃动玩具让其发出声音引起大家的注意等。

2. 开始有意识地观察东西，对不同的物体还会表现出不同的好恶差别，比如，喜欢红色的气球会伸手去扑，而喂药会扭头拒绝。

3. 4个月的宝宝已经能够识别经常玩的玩具，也能够区别亲人和陌生人，但记忆力比较短暂，只能保持几天。

宝宝敏感期提示

1. 敏感期开始：运动敏感期为4~18个月，两头可延伸到0~6岁。该阶段宝宝的运动能力所需的基本动作完成得很迅速，运动能力主要包括大动作和精细动作两种能力。加强运动练习不但能锻炼宝宝的运动技巧和能力，而且能培养宝宝专注、勇气、意志和解决问题的能力等非智力因素。

2. 敏感期延续：继续感官敏感期和口腔敏感期。

宝宝智能发育特点

1. 视觉：4个月的宝宝可以看到4~7米远的物体，眼球能上下左右移动，可注意一些小东西。当有人在房间里走动时他的眼睛会跟着转动。

2. 听觉：听力已和成人差不多，能分辨出父母及熟悉人的声音。在听音乐方面，不仅能听出音乐的节拍，还能听出音乐的调子。

3. 感觉：对周围的事物有较大的兴趣，喜欢和别人一起玩耍。能识别自己的母亲和熟悉的人以及经常玩的玩具。

4. 语言：当看到熟悉的人或玩具时能够发出咿咿呀呀像是说话的声音，有时还会以笑或发声的方式跟眼前的人与物"说话"。

5. 社会性发育：4个月大的宝宝已经表现出明显的嫉妒心理，当妈妈将注意力转向其他人时，宝宝通常会蹬腿和发出不满的叫声。

宝宝智能发育评价

1. 大动作能力：以玩具逗引，宝宝能左右翻滚。俯卧抬头90°，俯卧时轻轻按摩宝宝的背部宝宝可做出游泳的姿势，扶腋可站片刻。拉坐时头能挺直不向前倾。

2. 精细动作能力：摇动并注视拨浪鼓，两手一起鼓弄；会把玩具放入口中。

3. 适应能力：脸朝前竖抱宝宝，会伸手去击打悬吊的带响玩具。

4. 语言能力：大声笑，高声叫，咿呀作声，能分辨生气或温和的声音。挠痒痒使宝宝高兴，能无意发出2个辅音。

5. 社交行为：家里出现生人或到新环境，会注视、不笑或拒绝被抱；如果父母先将自己的脸用布蒙上，逗宝宝说："妈妈（爸爸）在哪儿呢？"宝宝会笑，并去拉布。

宝宝教养要点

1. 丰富环境信息,加强感官学习,促进感觉的综合健康发展。
2. 让宝宝尽量多看、多摸、多运动、多闻、多尝。
3. 丰富视听训练内容,如儿歌、童谣、音乐及母子舞蹈等。
4. 继续教宝宝翻身和够取玩具,并培养宝宝独立玩耍的能力。
5. 多和宝宝做游戏,给宝宝做健身操,增进亲子感情。
6. 给宝宝添加辅食,并遵循由稀到稠、由少到多的原则。
7. 选择合适的枕头,可配置睡袋。适当带宝宝到户外运动。
8. 养成良好的饮食习惯。

第2节 3~4个月宝宝能力训练

1. 寻找光源训练:打开电灯说"灯",开始时宝宝会盯住你的脸,不去注意电灯,多次开关以后,宝宝发现一亮一灭,目光向电灯转移,同时又听到"灯"的声音,渐渐形成了条件反射。每天练习几次,直到一说"灯",他就用眼睛看着灯。还可以抱着宝宝站在不同位置,看看宝宝是否还能找到灯。

2. 增强认知能力练习:(1)第一周:将一个布娃娃的一部分用浴巾遮挡,一边说"布娃娃到哪里去了?"一边做出寻找并高兴地找到的样子,吸引宝宝的注意。每天两三次。(2)第二周:重复第一周的游戏,增加遮盖的比例,最后用夸张的动作表示找到了。(3)第三周:将整个娃娃藏在浴巾下,但要显现出娃娃的轮廓,然后找出娃娃并重复游戏。(4)第四周:一边和宝宝说话一边离开,直到宝宝看不到你为止,然后再走近。这个过程中必须不断和宝宝说话。观察宝宝是否能快乐地和成人游戏。

3. 对音乐感知能力的训练:让宝宝听一些轻松、柔和、舒缓、高雅的音乐,或者模仿小猴、小狗、小马的叫声,让宝宝听大自然中风吹树叶、雨打芭蕉的声音，引起宝宝的兴趣。也可以有步骤地让宝宝欣赏音乐或反复听某一首乐曲，增加宝宝对音乐的记忆力和感受力。

4. 创造良好的语言氛围：要让宝宝有自言自语或与成人"交谈"的机会，使宝宝学会通过嗓子、舌头和嘴的合作发出声音，和他说话时要见到什么说什么，而且语言要规范简洁。虽然他不会重复你说的任何话语，但他会注意倾听，并会把你的话储存在大脑里，而且宝宝也越来越善于表达自己，甚至会用高兴尖叫或咯咯的笑声来表达自己的快乐。

5. 学习如何表达：4个月的宝宝已经能够对人和物发声，在看到自己熟悉的人或玩具时，能发出"咿咿呀呀"的声音，有时会以低音调的声音改变口腔气流，发出哼哼声和咆哮声，有时会以哭或出声的方式对人或物做出"说话"的社交活动，会用口唇发出辅音，有时会自言自语地说"啊不"或"啊咕"的语音，自发地连接两个不同的单音。这时来呼应让他多说几声，他会使劲大声喊叫，并有意把声音拉长或重复地叫，这时要鼓励他，使他能经常自己大声发音。

6. 体能训练重点：主要目标是手部、腰部及腹部，训练的内容侧重于手部精细运动能力的训练，在训练抓握能力、提高手部肌肉紧张和放松能力的同时，还可以用有吸引力的玩具，协助宝宝完成够取、拍打和触摸等动作，同时要增加大小肌肉运动能力的训练，锻炼宝宝的脊柱及腰部肌肉的力量，比如做翻身操等为他将来学坐做准备。还要坚持每天上午、下午分别给宝宝做一次被动操，促进宝宝全身肌肉和关节活动的发展。

7. 及时培养自立能力：宝宝自己动手的意识是很可贵的，如果这时阻止，将影响他学龄前及学龄期的动手能力，导致学习困难。如在喝水或吃奶时，把他的小手放在奶瓶上，让他触摸，帮助他开展早期的感知活动，从婴儿阶段起重视宝宝的自立能力的培养。

8. 培养良好的睡眠习惯：宝宝吃饱以后，可以轻轻地把他放入摇篮或床上，然后给他放音乐，也可以轻轻地给他唱摇篮曲，如果宝宝哭闹，不要抱起来，可以轻拍宝宝，或轻摇摇篮，培养宝宝独立睡觉。此时，当宝宝盖着衣服或小毯子时，他的双臂会上下活动，经常会用手抓住衣服或小毯子把自己的脸盖住，要避免宝宝憋闷。

第3节 3~4个月宝宝亲子游戏

 认知能力训练游戏

游戏1：红苹果

目的：增强宝宝远与近的空间感知能力，也能促进视力、注意力的发展

方法：准备一个洗净的红色苹果，一人抱着宝宝，另一人拿着苹果站到宝宝面前，对宝宝说："宝宝看看，大苹果。"等他注意到苹果以后，慢慢拿着苹果退到大约两米外，然后再走近，反复做几次。

游戏2：水果的香味

目的：促进宝宝的嗅觉发育

方法：准备有香甜味的两种水果，让宝宝坐着，把水果放在他鼻子下方左右移动，让他闻香味（每种水果做3次），观察宝宝的表情变化。

游戏3：观测天气

目的：增强宝宝对不同类型天气的记忆力，训练宝宝的感觉能力

方法：抱宝宝到窗边看看天空，并且告诉他今天的天气情况。还可以带他出门感受不同的天气，加深对天气状况的印象。

游戏4：学小动物叫

目的：学小动物叫，可使宝宝认识小动物的形态和叫声，对将来增强宝宝对事物的认识也有帮助

方法：准备一些彩色的动物卡片，包括小鸭子、小狗、小猫、小鸡、小羊等，把宝宝抱在怀里坐着，随意抽出一张卡片，拉着宝宝的小手指着卡片上的小动物给他看，同时告诉他小动物的名称，然后学小动物的叫声："小狗汪汪汪，小猫喵喵喵，小羊咩咩咩，小鸡小鸡，叽叽叽叽。"配合夸张的动作，吸引宝宝的注意，让他跟着儿歌声，提高听力辨别能力。

游戏 5：高高低低

目的：帮助宝宝感受高音、低音的变化

方法：弹奏有明显高音、低音区别的曲子（也可播放录音），抱着宝宝听，并不时地对他说："宝宝听，多好听！"当听到高音时，将宝宝高高举起，并说道："高了，宝宝长高喽！"当听到低音处时对他说："宝宝低喽！"反复数次。

游戏 6：触摸物体

目的：发展触觉，训练宝宝手的抓握能力和手眼协调能力

方法：准备一些不同质地的物体，让宝宝坐在你的膝上，把准备好的物体放在宝宝面前，让他自由地玩，宝宝碰到什么物体，就把该物体的名称和触感告诉他，如衣服和毛巾是柔软的，桌子和椅子是硬的等，每次1~2种物品，每天2~3次。观察宝宝的手指动作，并让他体会日常生活中的物品抓在手里的感觉。

游戏 7：拍玩具

目的：使宝宝能建立声音和动作的条件反射

方法：把几个颜色鲜艳的大玩具，排放或吊在家中客厅。妈妈每天都抱着宝宝从这几个大玩具前走过，妈妈一边说玩具的名称一边拍一下。宝宝也会跟着拍其中自己所喜欢的一个，当宝宝拍打时，妈妈就亲亲他，说："真棒！"以后每天走过这些玩具时，虽然妈妈逐个边说玩具的名字边拍击，但宝宝只等着妈妈说到自己喜欢的玩具才用手去拍它。这并不能说明宝宝已经认识了这个玩具，只是宝宝听到声音条件反射做的动作。

游戏 8：声音在哪里

目的：发展视觉能力，提高宝宝的适应能力

方法：先敲响玩具（鼓、铃），宝宝注意倾听，然后走到房间的一角敲，跟他说："这是什么声音？""听听，在哪里？"这时注意宝宝的视线是否朝着有声音的地方注视，若未注视，重复敲，直到他注视为止。在此基础上，多让宝宝听能发出悦耳声音的玩具，甚至虫鸣鸟叫声，以及交通工具声等各种声音，当周围发出声响时，观察宝宝的反应。

语言能力训练游戏

游戏1：特别的书

目的：锻炼宝宝的认知和语言能力

方法：用类似燕麦罐的圆形容器为宝宝做一本书。在杂志里找一些有意思的图片贴在燕麦罐上，所选择的图片应该是宝宝所熟悉的。和宝宝一起玩，滚动罐子，指着不同的图片和宝宝一起看图说话。

游戏2：这是我的家

目的：稳定宝宝的情绪，培养宝宝的语言能力及秩序感

方法：保持家庭环境整洁、干净、有序，抱着宝宝指着宝宝所看到的物体说"宝宝，这是电视机，这是电视柜，这是沙发"等，让宝宝认识家里物品的名称和位置。

游戏3：辅音练习

目的：训练宝宝的语言能力

方法：拿一个带响声的玩具，一边逗宝宝，一边有意识地放慢节奏说："宝宝拿——住！"同时拉着宝宝的小手握住玩具，激发宝宝模仿两个连接的单音的兴趣。还可以在宝宝的小床上悬挂一个较大的、能发出声音的娃娃，让宝宝仰卧在床上，手脚都能碰到玩具，引导宝宝抓、蹬和发声，特别注意引导宝宝发出"m-a""n-a"等近似的声音。一般情况下，宝宝出生后75天左右会发出辅音，可以和宝宝面对面做示范，一起做口形练习，教的时候，发音要慢、拖长，一次只练习一个音。

游戏4：看图听故事

目的：锻炼宝宝的听觉和理解语言的能力，养成爱说话的习惯

方法：用亲切而柔和的声音、富于变化的语调给宝宝讲当前正在看的东西或正在做的事情，可以把宝宝成长过程中的照片、全家照、看过的脸谱等图片指给他看，边看边描述图片上的内容，也可带宝宝做一些户外活动，将看到的内容告诉他，语言要简短，而且要保持重复，反复说给他听。

游戏5：听声学发音

目的：训练宝宝凭听觉也能学到发音的能力

方法：宝宝听到电视或录音机里的声音，会转头看着，如果此时妈妈用

同样的声音来学电视或录音机说一遍，如用夸张的口形学说电视广告等，能促进宝宝发音的积极性。开始时宝宝只能自己自由发音，以后才能模仿发音，妈妈经常和宝宝进行发音的游戏，有对有答，让宝宝经常发音，为以后说话做准备。

游戏 6：和宝宝交谈

目的：前期的语言训练可为宝宝日后优秀的语言素质打好基础

方法：每次吃奶后，可以一边将宝宝扶起拍拍后背，一边对他说"宝宝，吃饱了吗？""好吃吗？""香不香？"在换尿布时可与宝宝说"宝宝尿湿了，不舒服吧，给你换尿布啊"等，尽管宝宝还不明白这些话的意思，但他会和着你的声音，嘴里发出简单的声音来，这是他在用前期语言和你"交谈"。

游戏 7：听声识玩具

目的：锻炼宝宝的语言能力，让宝宝能把词和相应的玩具联系起来

方法：让宝宝坐在一把高脚椅子上。从宝宝喜欢的玩具中挑三种一个字的玩具，如球、车和铃。拿起球说"球"，拿起车说"车"，拿起铃说"铃"。让宝宝拿起球，拿起车，再拿起铃。这样重复几次，宝宝会把这些词和相应的玩具联系起来。

游戏 8：先说后做

目的：增加宝宝的语言词汇组成量

方法：妈妈在给宝宝做动作之前，要告诉宝宝你要做什么。告诉宝宝"我要把你抱起来"，然后伸出你的手，给一个视觉上的提示。抱着宝宝时就对宝宝说"我要你躺下""我要给你换尿布了""我要亲你一下"。当妈妈这样做一段时间之后，可以不说出整句话，只说出一个词，如"起来""躺下"等，很快，每当你伸出手臂的时候宝宝就会伸出手来。

动作能力训练游戏

游戏 1：逗逗飞

目的：锻炼宝宝手指的灵活性，促进手眼协调能力的发展，有利于拓展大脑相关区域的发展

方法：让宝宝仰卧在小床上，用食指和拇指分别抓住他的双手食指，教

宝宝把两个食指的指尖碰拢，然后分开，碰拢指头的同时说"逗——逗"，双手分开时说"飞了！"节奏不要太快，反复做并说："逗——逗——飞了！"

游戏2：翻来翻去

目的：从无意翻身到主动翻身，可训练宝宝的身体协调能力

方法：将玩具放在宝宝左侧逗引，宝宝想够取玩具时，要先翻上身，这时可帮助宝宝翻动其下身，或者事先替宝宝搬动右腿，使右腿放在左腿上，当宝宝转动上身够取玩具时，身体重心已在左侧，这样较容易从仰卧位翻身到左侧卧位，或者用手托住宝宝一侧的胳膊和背部，慢慢往另一侧的方向推去，直到将宝宝推成俯卧的姿势，停一会儿后，再帮助他翻回来呈仰卧的姿势，一边翻，一边说"宝宝翻翻身""翻过去，翻回来"等，动作要轻，循序渐进。

游戏3：这是宝宝

目的：让宝宝抬头找镜子，使他的颈部肌肉得到锻炼

方法：让宝宝靠在软垫上，拿着镜子让宝宝抬头看镜子中的自己，问宝宝："这是谁啊？是宝宝（或宝宝的名字）。"然后快速将镜子拿开。镜子不见了，宝宝会抬头、转头寻找，过一会儿，将镜子重新拿到宝宝面前，宝宝会自然地伸出双手想拿镜子，妈妈帮他拿住，可以让他试着同镜子中的自己对话，他会觉得很有趣。

游戏4：俯卧撑起

目的：测试宝宝颈肌、上肢和胸腹腰肌的支撑能力

方法：让宝宝趴在大床或铺地垫的地面上，在宝宝的头侧方放置会唱歌的不倒翁或有声音的玩具，使宝宝先用肘和前臂支撑上身。成人把玩具抬高，宝宝的上身也抬高。帮助宝宝把一只胳膊伸直，宝宝自己会把另一只胳膊也伸直，变成用手支撑上身。胸脯完全离开大床，使身体与床面呈90°。这时如果后面有人来，宝宝转头就能看到，宝宝会感到好奇，经常转头观看家里四周，视野扩大了许多。

游戏5：拉坐

目的：拉坐是宝宝学习自己坐稳的第一步

方法：先扶住宝宝的双肩，一面喊"坐起"，一面拉，宝宝会抬起上身配合坐起。练习几次后，成人双手拉着宝宝的肘部和前臂拉宝宝坐起；再练

习几次后，拉着宝宝的手腕让宝宝坐起来；最后成人伸出两个食指，让宝宝握紧，随着口令宝宝也能坐起来。口令使宝宝与成人协同动作，当成人喊口令时，宝宝的第一个动作是将头抬起，然后上身离开床面，借助成人的力量坐起来。要注意拉坐不宜过早，一定要在宝宝颈部的肌肉能完全支持头部的力量时才开始练习。

游戏6：拉大锯，扯大锯

目的：锻炼腰背部肌肉、骨骼力量及上臂的支撑力，让宝宝的身体更结实

方法：在宝宝睡醒后，让他保持仰卧，并帮助他放松上肢，抓住他的两只小胳膊慢慢将他拽起来，边拽边念儿歌："拉大锯，扯大锯，外婆家门口唱大戏，妈妈去，爸爸去，小宝宝，也要去。"拉起来后，再轻轻将他放下，保持仰卧，重复3~4次。

游戏7：感受沉与浮

目的：培养宝宝手的抓握能力，初步感受物体的沉与浮

方法：在脸盆里放沉与浮的玩具，妈妈抱着宝宝，用一只手从水中抓起一个浮起的玩具，说："这是浮的玩具。"再抓起一个沉的玩具，说："这是沉的玩具。"然后让宝宝的小手从水中抓玩具。也可坐在浴盆里玩沉与浮的游戏。

游戏8：不同的触感

目的：训练宝宝手的抓握能力和触觉敏感性

方法：准备几块不同材质的布料，张开宝宝的小手，轻轻地拉着宝宝的手抚摸布料，边摸边说："这是光滑的，这是粗糙的。"同时，可以让宝宝抓布料，训练宝宝的抓握能力。

社交和自理能力训练游戏

游戏1：藏猫猫

目的：训练宝宝具有初步的想象力

方法：爸爸抱着宝宝，妈妈在宝宝对面同他玩玩具，突然妈妈用布盖上脸，仍然同宝宝说话，宝宝突然看不见妈妈，正在左右观看有点儿着急时，妈妈掀开布，笑嘻嘻地说"喵儿"，逗宝宝笑，宝宝感到又惊奇又快乐，等

一会儿，妈妈再用布盖上脸，这次宝宝自己动手把布掀开，找到妈妈，妈妈和宝宝都很高兴。

游戏2：看别人玩

目的：让宝宝尽早接触年龄相近的小朋友，可促进发展良好的同伴关系

方法：经常把宝宝抱到室外，让他看看其他小朋友玩耍，或到有小孩的邻居家串门，也可请小朋友来家里玩儿，当宝宝看其他小朋友玩耍时，应不断地和他说话："看，这是小哥哥，他们在踢球玩；这是小姐姐，她们在玩跳皮筋呢。"天气好时，带宝宝做户外活动，把看到的内容与宝宝"交谈"，他会高兴地发出"啊啊"声应答。

游戏3：表现情感

目的：测试宝宝是否理解别人的情感，是否能表现感情

方法：当宝宝饿了啼哭时，听到妈妈的声音"来了，来了"，宝宝会安静地等着。看到妈妈时脸上出现笑容，然后投怀吃奶。忽然来了客人或听到陌生的声音，宝宝表示迟疑，如果有声音大声说话，宝宝会被吓得哭起来。客人走了，妈妈抱起宝宝安抚一会儿，宝宝才乖乖吃奶。这些情感的表现，在宝宝出生时就有，只是不够明显，所以妈妈要鼓励宝宝理解别人的情感，同时更多地表达自己的情感。

游戏4：阿姨抱

目的：培养宝宝的社会交往能力，减缓宝宝怕"生人"的畏惧心理

方法：遇到熟悉的邻居、同事、朋友，可以向宝宝介绍："宝宝，这是阿姨，阿姨喜欢宝宝！"当阿姨抱着宝宝时，可躲到对方的背后，轻轻呼唤宝宝的名字，然后从另外一侧探出头来，引导宝宝寻找，逐渐让宝宝体验到和陌生人一起做游戏的乐趣，这个月龄的宝宝刚开始认生，如果让他多接触陌生人，能培养社会交往能力，提高他的情商，就不会认生了。

游戏5：宝宝上餐桌

目的：促进宝宝参加集体生活的兴趣

方法：吃饭的时候让宝宝坐在婴儿椅上，或抱着坐在成人的膝上，与家人一起吃饭，给予宝宝一个家庭成员的待遇。到了吃饭的时候，请宝宝一起参加。

游戏 6：接触生人

目的：促进宝宝对其他人的接触能力，避免宝宝怕生

方法：当有不同的客人来家里做客时，让宝宝也参与，坐靠在客人中间，家长给宝宝介绍客人的特点和称呼，让宝宝视觉得到不同人物的接触。参与时间不宜过长。

游戏 7：舔勺

目的：测试宝宝使用勺子的能力

方法：准备少量软的苹果或香蕉泥，用勺送到宝宝嘴里，宝宝尝到水果的时候，会高兴地张开小嘴，伸出舌头来舔食勺子上的东西，头一次只给一小勺，观察几天，只要宝宝大便不稀，一周后可以喂两小勺。慢慢使宝宝学会用勺，为添加辅食做准备。

游戏 8：自己扶奶瓶

目的：培养宝宝最初的生活自理能力

方法：吃母乳的宝宝，到了要用奶瓶喂水或换乳时，让宝宝半卧位，妈妈手里拿着奶瓶，一边对宝宝说"喝水了！"或"吃奶了！"一边将奶瓶移近宝宝，引导宝宝用手扶住奶瓶。

CHAPTER

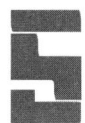

4~5个月宝宝早教方案

第1节　4~5个月宝宝成长发育

宝宝身体发育对照表

发育指标		男童			女童		
		下限值	平均值	上限值	下限值	平均值	上限值
5个月	体重（千克）	6.26	8.02	9.78	5.99	7.53	9.07
	身高（厘米）	62.4	67.0	71.6	60.9	65.5	70.1
	头围（厘米）	40.6	43.0	45.4	39.7	42.1	44.5

宝宝成长小信号

1. 囟门：前囟仍未闭合。有的宝宝开始萌发乳牙。

2. 生长发育：5个月大的宝宝，生长发育非常迅速，较前几个月又有了很大的变化。宝宝头围增长很快，之后，则渐渐变慢了。这时的宝宝头很大，红润的小脸很光滑，全身肌肉丰满，眉眼等五官"长开了"。眼睛转动灵活，喜欢东瞧西瞧，经常笑出声，醒着的时间多了，开始明显地表现出愿意和大人接触的样子。

宝宝心理发育

1. 能够随自己的需要是否得到满足而产生和表现出喜、怒、哀、乐等多种情绪。

2. 有人叫他的名字，他会看着笑。喜欢和人玩藏猫猫，摇铃铛。会用东西对敲，还喜欢看电视，照镜子，对着镜子里的人笑。

3. 记忆力逐渐增强，知道去寻找掉到地上的玩具。不过，当新玩具出现时会很快忘掉刚才正在玩的玩具。

CHAPTER 5　4~5个月宝宝早教方案

 宝宝敏感期提示

1. 敏感期的时间：敏感期时间很短，同一定的年龄相适应，并且在这特定的敏感期中，只对一种特定的知识或技能感兴趣，然后过了这个时期就会消失，不会再出现在同一个时期对相同的兴趣点有同样强烈的兴趣感。每个儿童的发育状况不同，敏感期时间也会有所差异。

2. 敏感期延续：继续感官敏感期、口腔敏感期和运动敏感期等。

 宝宝智能发育特点

1. 视觉：看物品渐渐有立体感的影像，能确定周围固定物品的位置，并伸手去拿，之后能逐渐盯着某物看几秒钟。

2. 听觉：对不同的声音刺激有不同的反应，喜欢妈妈和他说话，会模仿和表达，会发出"咿呀"的声音以吸引成人的注意，能听声寻源。

3. 味觉：味蕾已经形成，这个阶段是味觉发育和功能完善最迅速的时期，能比较明确而精细地区别出食物的酸、甜、苦、辣等不同味道。

4. 触觉：能够抓近处的玩具，开始用手探索世界，任何能拿到的东西都要拿来看看，应尽量让宝宝拿更多的小东西。

5. 感觉：会用表情表达自己内心的想法，能识别熟人和陌生人，对陌生人做出躲避的姿态，看到和听到的东西会使他安静、兴奋、满意、享受，有时好几种情绪会同时出现，主要感官发育指针包括看、听、触、打盹、吸吮、辨别等。

6. 语言：开始发"哥""喝""了"等音，试图通过吹气、咿咿呀呀、尖叫、笑等方式来"说话"，会升高或降低声音，看到熟悉的人或物会主动发音。

7. 社会性发育：会用微笑、发声与人进行情感交流，会注视说话者的口形，模仿别人的表情，会流露出期待之情，会用喊叫、哭闹等方式要求家长满足自己的需要，哭泣时若对他说话，他会停止哭泣，照镜子时，能分辨出镜中的妈妈与自己。

 宝宝智能发育评价

1. 大运动能力：双手扶在宝宝腋下，使其站在床上或成人腿上，能自己蹦跳站立2秒以上；头不用扶也能稳稳地竖立起来；俯卧位时，能把头抬起；

仰卧位时，四肢伸展，可抬高头与肩膀，嘴能够到脚吸吮；拉腕坐着玩能坐30分钟。

2. 精细动作能力：可抓住近处玩具，主动张开手抓住玩具并握在手中大约1分钟，并能两手各拿一个积木。

3. 适应能力：可拿着一块方木，注意另一块方木。能单手准确够物。会看着动的东西（电动玩具等）。在宝宝面前将带响的玩具掉落在地上，发出声音，他会伸头转身寻找。会自己吃饼干，看见食物会兴奋。

4. 语言能力：喜欢自言自语，会升高或降低声音。在宝宝背后或侧面呼唤宝宝的名字，宝宝会转头注视并会笑；宝宝高兴时与其面对面发"ba-ba""ma-ma""da-da""na-na"等音，宝宝会发两个重复的音。

5. 社交行为：照镜子会对着镜中人笑；能感受大自然，若抱着去外边会感到很高兴。

宝宝教养要点

1. 教宝宝认常见的物品。教宝宝指认物品名称是本月宝宝的训练重点。

2. 每天进行亲子按摩。适当刺激身体部位，促进脑部发育。

3. 帮助宝宝接受新事物。让宝宝学认人、认物。

4. 多抱宝宝起来玩，每天扶坐、扶站、扶蹦，引导抓悬挂的玩具，发展手眼协调能力。

5. 及时为宝宝添加含钙、磷及各种维生素的食物。

6. 给宝宝洗澡时，避免烫伤或滑倒。

7. 防止宝宝触摸危险物品，防止吞入异物。

第2节 4~5个月宝宝能力训练

1. 找东西：把宝宝喜欢的玩具放在桌子上，确定宝宝在注视玩具时，抱着宝宝轻轻左右摇晃，再站起坐下，观察宝宝是否能在摇晃的情况下视线始终对着玩具。将带响的玩具在宝宝面前落地,看他能不能用眼光追寻,如果能追寻再丢不发声的玩具,看他能不能追寻,如果能,就将玩具拿给他,表示鼓励。

2. 开始认识日常物品:5个月的宝宝,早上睡醒后,很快就能完全清醒过来,而且马上就要起床,就好像新的一天有很多事等待他去做似的,这是由于感知觉的发展和对身体控制能力的提高。所以,从现在开始要有计划地教宝宝认识他周围的日常事物。认物一般分为两个步骤:一是先听物品名称,后学会注视;二是学会用手指,每天至少5~6次,要一件一件学,不要操之过急。

3. 进行音乐记忆力训练:5个月的宝宝对音乐已经具备初步的记忆力和感受力,喜欢节奏明快的儿歌,训练音乐记忆力最有效的方法就是让宝宝反复听一首儿歌,如果配有图片,同时做相应的解说,这样就可以做到声、物、情融为一体,极大地调动宝宝的兴趣和情绪,使宝宝的记忆力得到最大限度的强化。还可以抱着宝宝随着优美的舞曲翩翩起舞,如果宝宝和着乐曲发声,别忘了用亲吻和微笑来鼓励他。

4. 触摸宝宝喜欢的东西:找出宝宝最喜欢的东西让他触摸,他可能会不厌其烦地重复某一动作,经常故意把手中的东西扔在地上,然后捡起来再扔,反复好多次,这种反复动作是5个月宝宝的一个正常发育特点,他是在利用这种反反复复的动作显示自己对外界物体的控制能力。

5. 练习主动抓握及"拉"的动作:抱着宝宝坐在桌前,把玩具放在桌子上宝宝可以摸到的地方,给宝宝示范抓握玩具2~3次,然后让宝宝自己去抓,观察宝宝是否能将玩具抓到自己跟前。还可以让宝宝坐在床上,把浴巾铺在离宝宝不远处,把玩具放在浴巾上,示范拉动浴巾使玩具靠近,鼓励宝宝学着做,观察宝宝是否能做"拉"的动作。

6. 继续练习抬头、翻身:强化宝宝的抬头动作,在原有的基础上使头抬得更稳定。让宝宝处于俯卧位,然后拿色彩鲜艳的玩具给俯卧的宝宝看,这时宝宝的胸部能离开床面,上身重量落在手上,可以将玩具慢慢移动,逗引宝宝抬头的距离逐渐增大。经过多次训练后,使他的头竖得更稳,离开床面的角度更大,维持的时间更长。还要继续用玩具逗引宝宝练习翻身,并增加宝宝左右侧及俯卧位的翻身练习,使他的全身都得到锻炼。

7.训练手指运动及伸手抓握的能力：把一些带响的玩具放在宝宝面前，先让他发现，再引导他用手去抓握玩具，并在手中摆弄。然后除继续训练他敲和摇的动作以外，还要训练宝宝做推、捡等动作，观察宝宝的拇指和其他四指是否在相对的方向。还可以把宝宝抱成坐着的姿势，在他面前放一些彩色小气球等物品，物品可以从大到小，练习让宝宝伸手抓住物品。刚开始时，物品要放在宝宝一伸手就能抓到的地方，慢慢地移到远一点儿的地方，让他伸手抓握，再给第二个让他抓握。观察宝宝是否会把第一个物品传给另一只手。

8.音乐有助于成长发育：音乐具有人们意想不到的作用，甚至可以改变宝宝的神态和容貌。现代科学证明，人的左脑具有逻辑、语言等功能，而右脑具有感受、音乐等功能，洋溢着情感的波澜和创造的欲望及活力。在宝宝学说话之前，优美健康的音乐，能不失时机地为宝宝右脑的发育增加特殊的营养。所以，要尽量每天定时给宝宝播放古典音乐、儿童歌曲等。

第3节 4~5个月宝宝亲子游戏

 认知能力训练游戏

游戏1：灯亮了

目的：增强宝宝的感知能力和视觉能力，促进智力发育

方法：先在白天将宝宝带到台灯前，把台灯拧亮再拧灭，逗引宝宝使其视线落到台灯上，并告诉他："这叫'灯'。""灯"字发音要清晰，使宝宝把声音和发亮的物体联系起来。到了晚上，事先将房间的台灯拧开，再将宝宝抱进房间，问宝宝："灯在哪里？"宝宝就会自己抬头看灯，表示宝宝已经认识了灯。

游戏2：哪里有响声

目的：培养宝宝的倾听能力

方法：把能发出声响的玩具缝在五彩绳上或橡皮套上，让宝宝仰躺在婴儿床上，把缝好玩具的五彩绳或橡皮套套在宝宝的手腕及脚踝上，当他手舞足蹈的时候，就可以一起听音乐，让他寻找声音发出来的方向。

游戏3：听不同声音

目的：通过听声音，引发好奇心和探索欲，从而提高宝宝的听觉和分辨能力

方法：给宝宝准备不同质地的玩具，如积木、塑料娃娃等，用不同质地的玩具碰撞，刺激宝宝的听力。木质、塑料或金属玩具各自发出的声音不同。

游戏4：掉下去了

目的：训练宝宝的视觉观察能力

方法：让宝宝坐在靠近大镜子的婴儿椅上，把玩具一个个拿给他，帮助他松开手让玩具一一落地，让宝宝能从镜子里看到玩具是如何落地的。

游戏5：这样玩

目的：发展宝宝的触觉，训练手的抓握能力和手眼协调能力

方法：把宝宝抱在桌前，桌上放几种不同玩法的玩具，每次放一种，让宝宝练习抓握玩具，并教他玩法。如抓住摇铃告诉他："这是摇铃。"并把着他的手把铃摇响说："摇摇铃，摇摇铃。"学会一个，再学另一个。

游戏6：痒痒来了

目的：促进宝宝同父母之间的交流，培养宝宝的快乐情绪

方法：抱着宝宝，然后用毛毯、羽毛、棉球等柔软的物品轻轻触碰宝宝的手指和脚趾，同他低声说话，如"这是什么呀，这是宝宝的小手，有5个小手指头；这是宝宝的小脚丫，胖嘟嘟的小脚丫。痒痒来了！"可采用不同物品分别触摸宝宝的手指和脚趾，宝宝会非常喜欢这些活动。

游戏7：妈妈不见了

目的：让宝宝初步意识到"有"和"无"，增强宝宝的自立性

方法：妈妈和宝宝面对面坐好，妈妈用手捂着眼睛，使宝宝看不见妈妈的脸，说："妈妈不见了！"再把手放下，说："妈妈又回来了。"这样反复做很多次，宝宝会用笑脸看着。也可用玩具来做这个游戏，把玩具藏起来，观察宝宝的反应。

游戏8：看电视

目的：防止宝宝怯生，发展感知能力，培养注意力

方法：选择宝宝喜欢看的电视节目，如动画片等，使宝宝在欢快的音乐声和优美的画面中获得情感上的愉悦，注意每次不超过2~10分钟，距离至少2米。

语言能力训练游戏

游戏1：宝宝听见了

目的：训练语言能力及集中注意力，也可增强宝宝的发音能力和记忆力

方法：在宝宝要入睡的时候，可边拍边哼："宝宝要睡觉了，宝宝真乖。"宝宝清醒的时候，在他旁边叫他的小名，和他说话或在吃奶的时候也如此。待宝宝听习惯后，每次呼唤就会有反应。

游戏2：学叫爸爸

目的：让宝宝练习发音，并且使声音和人物联系起来

方法：对着宝宝用夸张的口形发出"ba"的音，并且用手指着爸爸或爸爸的照片，反复示范之后，也许宝宝会很随意地发出如"啊不"的声音，这时要呼应他，和他一起发出"啊不"的声音，宝宝会高兴地大叫或拉长声音，成人要配合地鼓掌表示鼓励。

游戏3：抓到了

目的：将词语和动作联系在一起，有助于提高宝宝的词汇能力

方法：将宝宝放在大腿上，让他的脸朝外，成人边唱边用腿和着拍子弹动，当唱到"台阶"时，加重音调以增强他对这个词的注意力，唱到"跳"字时，腿向上弹起，手做抓住宝宝的动作，并拥抱亲吻宝宝。请反复演示。歌词："小猫咪，捉老鼠，快步如飞，碰到小台阶（此处暂停），跳！哈哈，抓到了！"

游戏4：宝宝学发音

目的：训练宝宝的语言能力

方法：与宝宝面对面，用愉快的口气与表情发出"wu-wu""ma-ma""ba-ba"等重复音节，逗引宝宝注意你的口形。每发出一个重复音节，应停顿一下，给宝宝模仿的机会。接着，手里拿个球，问他"球在哪儿"时，把球递到宝宝手里，让他摸一摸、玩一玩，告诉他"这是球——球"，边说边触摸、注视、指认，每日进行几次。

游戏 5：谁在说话

目的：外部的刺激能确保宝宝将来有良好的语言能力

方法：用录音机录下宝宝的咿呀声播放给宝宝听，看宝宝如何反应，声音有没有让宝宝感到兴奋。如果宝宝学会听录音，试录一些其他声音给他听，如大自然的一些声音等。多给宝宝听一些在室内听不到的声音，对宝宝的大脑发育非常有好处。

游戏 6：叫名寻声

目的：训练宝宝能听懂别人叫自己的名字

方法：在进入宝宝的房间之前，先叫宝宝的小名，宝宝会把头转过来盯着门口，知道成人马上会来，就耐心等待。看到成人进来时宝宝会开心地笑。当宝宝俯卧手撑上身时，成人在身后叫他的名字，他会回头寻找，这时成人要给宝宝鼓励，把他抱起来亲亲，以后成人再在不同方向叫他的名字时，他会对成人笑，还会发出声音作答。

游戏 7：妈妈回来了

目的：增强亲子关系，促进宝宝语言及与他人交往的能力

方法：当妈妈下班或从外面回来了，要告诉宝宝："妈妈回来了，宝宝瞧瞧，妈妈回来了。"让宝宝亲一下妈妈，并对他说："宝宝，叫妈妈。"同时，耐心地教宝宝发出"ma"的音节。

游戏 8：看相册

目的：培养宝宝对语言信息的接受能力

方法：拿出家里的相册，找出爸爸、妈妈和宝宝近期的照片，一张一张地给宝宝指认。先找出爸爸的照片，告诉宝宝："这是爸爸，宝宝的爸爸。"找出妈妈的照片，告诉宝宝："这是妈妈，宝宝的妈妈。"找出宝宝的照片，说："这是谁呢？是宝宝吗？啊！是宝宝。"最后找出爸爸、妈妈和宝宝的合影让宝宝看，并拿着宝宝的手指一指照片上的爸爸、妈妈和身边的爸爸、妈妈，让宝宝反复看看照片再看看爸爸、妈妈本人。

动作能力训练游戏

游戏 1：拉绳子

目的：训练宝宝手部的精细动作能力

方法：准备一个带环的球和一根彩色绳子，将绳子系在皮球上面。让宝宝趴着，两手支撑着身体，拿着球和绳子在前面逗他，让他玩一会儿，引起他的兴趣，再把球放在宝宝面前，在宝宝注视着球的时候，用手轻轻拨动一下球，让它滚到宝宝够不到的地方，再慢慢拉一下绳子，让球滚回来。演示几次之后，将绳子的一端放在宝宝手里，将球滚到远处，看他是否能模仿拉动绳子。

游戏2：蹦高高

目的：训练宝宝身体的平衡能力和下肢肌肉力量，使之能够支撑身体的重量和蹦跳

方法：两手托着宝宝腋下站在床边，使宝宝呈站立姿势，宝宝的双脚刚好触到床面上，轻轻把宝宝弹高玩"蹦蹦跳"，使宝宝有时要用双脚支持部分身体。当宝宝蹦起来时，用力将他向上悬空举起，使他的身体在空中左右摇摆几次再落到床上，要求宝宝蹦跳时下肢用力蹬，落地时下肢能短时伸直。

游戏3：坐起来

目的：增强宝宝的平衡能力和自信心

方法：让宝宝躺在床上，在宝宝附近放一件颜色鲜艳的玩具或很可爱的小东西，鼓励他去拿这件玩具。妈妈对宝宝说："宝宝看，这是可爱的小狗狗，狗狗说：'宝宝快来和我玩，快来抱抱我。'"当宝宝努力伸手去够小狗的时候，顺势帮助宝宝从躺的姿势坐起来，并用枕头支撑宝宝保持坐的姿势。以后宝宝会自己尝试这项运动。

游戏4：翻身再翻身

目的：增强宝宝躯干运动的能力

方法：宝宝左侧卧时，用玩具逗引让宝宝翻成仰卧，再转到宝宝的右侧，用另一个玩具逗引，使宝宝翻成右侧卧，宝宝通过两个90°的翻身完成从一侧翻到另一侧的动作。宝宝俯卧时，从后面递来一个玩具，宝宝会用一只手支撑着上身，另一只手去拿玩具。如果玩具再远一些，宝宝的上身就向着仰卧的方向移动，帮助宝宝把下身转过来，翻成仰卧。过了几周，再从仰卧翻成左侧卧或右侧卧，然后再转90°就成俯卧了。

CHAPTER 5　4~5个月宝宝早教方案

游戏 5：被动爬行

目的：锻炼宝宝的身体平衡能力，促进其整体运动智能的发展，同时也锻炼了四肢和颈部的支撑力及其胸腹部的肌肉

方法：让宝宝俯卧在床上，拿着玩具在前面逗引宝宝，让他爬过来拿玩具，可让一人在后面挪动宝宝的一个膝盖至腹下方，然后再挪动另一个膝盖，帮助他向前爬行拿到玩具，应经常练习这种被动爬行。

游戏 6：抓住了

目的：训练宝宝手眼协调和目测物体位置的能力

方法：将吊球挂得靠近宝宝的胸前，便于宝宝双手够取。宝宝能用单手拍击到吊球，但是拿不到。这时妈妈可以用手扶住宝宝的一只手挡在吊球经过的地方，让宝宝伸出另一只手抓吊球时两只手能把球夹住。宝宝学会用双手夹住吊球后，有了成功的喜悦，就会进一步用单手快速抓住还未晃动的吊球。

游戏 7：拿到了

目的：训练宝宝单手拿物的能力

方法：妈妈递一个宝宝喜欢的玩具给宝宝，让他单手拿住。最好选择厚度 2.5 厘米左右的干净的小球、积木、盒子、瓶子等，可以从不同的方向递给他，让他判别应当伸手到哪里才能拿到。如果宝宝已经学会够取吊球，爸爸或妈妈把玩具从哪个方向、哪个高度递给宝宝，他都会想法拿到。

游戏 8：真好喝

目的：锻炼宝宝用杯子喝水的动作

方法：让宝宝坐在婴儿椅上，在宝宝面前放一张表面平整并够得着的桌子，桌子上放一个双耳杯。妈妈拿起杯子对着宝宝假装用杯子喝水，并说"好喝、好喝"或者"不错、不错"这些词。把杯子拿到宝宝嘴边，当宝宝假装在喝水的时候也说同样的话。

社交和自理能力训练游戏

游戏 1：藏猫猫

目的：练习主动控制的游戏，从而启发宝宝内心的主动性

方法：拿一床薄毯子或一件干净的衣服，妈妈先给自己盖脸，让宝宝拿

开。再替宝宝盖脸,让他自己拉开。让宝宝自己藏进毯子或衣服里,由妈妈把覆盖物拿开。宝宝喜欢自己把自己盖起来,等妈妈来时自己掀开或者妈妈给掀开。宝宝也喜欢妈妈把他盖起来,然后自己掀开同妈妈玩藏猫猫。藏猫猫可以让宝宝渐渐学会取悦他人,同他人交往。

游戏2:看看好朋友

目的:锻炼宝宝最初的交往能力

方法:让宝宝俯卧在床上,手心向下支撑身体,把一个会发声的玩具娃娃放在宝宝前面,逗引宝宝抬头,说:"宝宝,看看这是你的好朋友,好朋友在和你打招呼呢!"然后把娃娃向前移动得远一点儿,让宝宝抬头才能看到,这样一抬一看,宝宝的头部能与床面形成45°角。观察宝宝对娃娃发出不同声音的反应。

游戏3:一起舞动吧

目的:训练宝宝对音乐的共鸣

方法:爸爸抱着宝宝随音乐节拍摆动,如跳舞,或者扶着宝宝的腋下左右摆动、高低升降、转圈等。爸爸累了就坐下来,把宝宝放在膝盖上左右摇摆或上下颠动。也可以自己唱歌使节拍随意改变。宝宝特别喜欢看着成人唱歌,会伸手来摸摸成人的嘴巴和脸,甚至会张开小嘴学着发音。

游戏4:拿玩具

目的:培养宝宝解决问题的能力

方法:妈妈和宝宝靠坐在床上,给宝宝一个小玩具,当宝宝抓住这个玩具后,再给宝宝第二个玩具拿在另一只手里,当宝宝两只手里都拿着玩具的时候,给他第三个玩具。开始时宝宝会试着在两只手都有东西的情况下再去拿第三个。

游戏5:起飞了

目的:锻炼宝宝和家人之间的亲情关系

方法:妈妈和宝宝面对面坐在地板上,双手抱住宝宝的腋下胸部的位置,将宝宝的身体稳稳地托起。告诉宝宝:"要起飞了!"然后说:"一、二、三,我们飞了!"数到三的时候,妈妈往地板上后仰的同时慢慢地举起宝宝。

游戏6:好吃吗

目的:测试宝宝对食物的选择性和接受程度

方法：这个月可以为宝宝添加水果，如软的香蕉或苹果，从一小勺开始，即使宝宝表示十分爱吃，也不能多给，因为头几天这一小勺水果几乎是原样排出的。要经过一周后才可给两小勺，一定要循序渐进，否则容易引起腹泻。自从喂水果后，宝宝对食物的喜好表现得更加突出。有的宝宝喜欢吃软的，有的宝宝喜欢吃硬一点儿的。最明显的是喂药，宝宝会用手推开，把头转向一边，闭上嘴巴。

游戏7：扶坐

目的：发展宝宝的自理能力，培养宝宝的平衡能力

方法：在地板上放一张矮桌子，在桌子上放一个宝宝喜欢的玩具，让宝宝坐在矮桌子前，将宝宝的双手放在桌面上，成人扶着宝宝的髋部保持宝宝的平衡，用玩具吸引宝宝的注意力，以保持身体的平衡，慢慢地成人放开扶着的手，让宝宝自己保持平衡。

游戏8：吞口水

目的：训练宝宝的吞咽能力

方法：从3~4个月以来，宝宝的唾液增多，经常流到外面。这是因为宝宝的吞咽功能不足，爸爸可以抱起宝宝教他吞咽口水，让宝宝伸手，摸爸爸的脖子，爸爸在咽口水时喉结上下活动，引起宝宝模仿，宝宝也会故意吞咽。这个游戏要经常练习才能巩固。当宝宝会吞口水时就称赞他："好！宝宝真棒！"受到夸赞的宝宝就会自觉地把口水吞掉。

CHAPTER 6

5~6个月宝宝早教方案

第1节 5~6个月宝宝成长发育

宝宝身体发育对照表

发育指标		男童			女童		
		下限值	平均值	上限值	下限值	平均值	上限值
6个月	体重（千克）	6.66	8.48	10.30	6.16	7.84	9.52
	身高（厘米）	64.0	68.6	73.2	62.4	67.0	71.6
	头围（厘米）	41.5	44.1	46.7	40.4	43.0	45.6

宝宝成长小信号

1. 囟门：前囟仍未闭合。

2. 牙齿：平均为0~2颗。宝宝乳牙萌出的生理规律是按一定的时间和一定的顺序长出，左右对称发育，但每个宝宝身体发育情况不一样，长牙有早有晚，只要身体发育良好，都属正常。宝宝6~7个月开始长出门牙，6个月左右下齿槽长出2颗中间的门牙。

3. 生长发育：宝宝手的运动能力增强，变得更加灵活，会频繁地用手抓东西往自己嘴里放。这一月龄的宝宝能注意室内环境，喜欢看室内鲜艳的、漂亮的东西。对半个月以前看过的东西，能认出大部分。这时的宝宝常常用笑来表达自己的喜悦，对亲近的人满面笑容。对妈妈产生明显的依恋，喜欢往妈妈身上爬、抓，喜欢依偎在妈妈的怀里。

宝宝心理发育

1. 6个月的宝宝心理活动已经比较复杂了，他的面部表情会表现出内心的活动，高兴时会眉开眼笑、手舞足蹈、咿呀作语；不高兴时会发怒，又哭又叫。

2. 会向熟人表示友好的微笑，照镜子时会用小手拍打镜中的自己，经常会用手指向室外，表示自己内心向往室外的自然美景，示意成人带他到室外活动。

3. 能听懂严厉或亲切的声音。当父母离开他时，会表现出害怕的情绪等。

宝宝敏感期提示

1. 敏感期开始：手臂发育敏感期。这个时候宝宝喜欢扔东西，这是最早的手眼协调发育的标准，不要管制宝宝这种行为，让他扔个够。

2. 敏感期延续：继续感官敏感期、口腔敏感期和运动敏感期等。

宝宝智能发育特点

1. 视觉：能注视远距离的物体，已有深度知觉，对色彩鲜艳的玩具能注视30秒。

2. 听觉：能分辨出声音的方向，还能寻找声音的来源，能区别父母的声音，唤其名时有应答表示，能听懂严厉和柔和的声音，喜欢会发声的玩具。

3. 触觉：会拿一件东西来回摆弄，甚至放在嘴里咬咬，还会抓摸自己的身体，尤其是手脚。

4. 感觉：可以比较精确地辨别各种味道，对食物的喜好也表现得很清楚。能静静地听他喜欢的音乐。

5. 语言：开始无意识地发出"ba""ma"等音，同时还能发出比较复杂的声音，如"a""e""i""o""u"等。

6. 社会性发育：开始明显认生，可以认出熟悉的人并朝他们微笑，会在不高兴时发脾气，对亲近的人也会展示自己的爱。能把听到的词语和人、物品相对应起来。比如听到"爸爸"就看向爸爸，听到"娃娃"时能拿出娃娃。

宝宝智能发育评价

1. 大运动能力：会180°翻身，自如地从仰卧位变为侧卧位，能短暂独坐，当成人扶他站立时，能直立，双脚还不停地蹦跳。

2. 精细动作能力：10个手指均能做抓握动作，即能用整个手掌握物；会用一只手够自己想要的玩具，并能抓住玩具，能用双手把纸撕破，会摆弄桌上的一块方木。递一块积木给宝宝，拿住后再向其拿积木的手递另一块积木，宝宝会将积木传递到另一只手后，再去拿递过来的第二块积木。

3.适应能力：两手同时拿住两块方木。突然拿走宝宝正在聚精会神地玩的心爱的玩具时，宝宝会表示反抗。玩具掉到地上时有找的动作，但不一定能找到掉落的玩具。大小便前有出声或动作表示。

4.语言发展：如果有人叫他的名字，会转过头并看着笑。抱起宝宝，问"灯在哪儿？"宝宝会看或指灯。开始将元音和辅音合念了。

5.社交行为：洗澡时很听话，并且会打水玩，还会自己吃饼干，会和人人玩"藏猫猫"游戏。能理解严厉与亲切的语音，对"亲切"表示愉快，对"严厉"表示不安或哭泣。

宝宝教养要点

1. 教宝宝指认物品及身体五官部位。学习用手指向认识的事物。
2. 逗引宝宝追视移动的或有声的事物。
3. 培养宝宝的味觉和嗅觉。
4. 扶起宝宝，帮助他多做跳跃动作。
5. 帮宝宝坐起来，并帮助他翻身打滚。
6. 教他用双手堆积木，传递积木。
7. 培养宝宝的好心情，注意宝宝生理和心理的发展。
8. 让宝宝学会自己用手拿饼干、馒头片等吃。
9. 培养宝宝的自理能力，在大小便前出声或用动作表示。
10. 不要鲁莽地抢夺宝宝的安慰物。

第2节 5~6个月宝宝能力训练

1.眼看手指训练：让宝宝俯卧，把玩具放在宝宝面前约15厘米处，在宝宝头部上方慢慢地画一个直径约15厘米的圆圈，观察宝宝是否会追踪玩具而扭转头部。在宝宝认识了一些物品后，开始训练他用手去指，可牵引着宝宝的手去触摸，一步一步地训练，以促进手—眼—脑的协调发展。

2. 寻找响娃娃：轻轻摇着响娃娃吸引宝宝注意力，然后走到宝宝看不到的地方，在宝宝身体后面让响娃娃发出声音，同时问他："娃娃呢？"逗他去寻找，当宝宝转向响声，再把响娃娃摇响，给他听和看，让他高兴，然后当着他的面把响娃娃塞入被子里，露出部分响娃娃，再问："娃娃在哪儿呢？"如果宝宝找到，就抱起宝宝逗逗他，以示表扬。也可以将能发声的玩具在宝宝的一侧耳边弄响，并且移动到宝宝耳朵下方20厘米的地方，观察宝宝是否能跟着声音往下看。

3. 制止不恰当行为：宝宝5个月左右就能看懂成人的表情，约束自己的行为，此时应教他什么可以做，什么不可以做，约束自己的欲望，学会"坦然面对"。一开始他可能会任性哭闹，但只要坚持原则，等他感受到因为做对了而被赞美的愉快体验时，自然就学会了"坦然面对"。

4. 增加适当的新鲜感：6个月的宝宝，如果在他所熟悉的物品上添加一些新鲜的东西，宝宝会有明显的反应表示开心，对于完全熟悉的东西他会厌倦，但即使是同样的玩具，只要换成大的或是别的颜色，他也会感到高兴，所以应不时地给宝宝一些新鲜的东西，以增加他的兴趣。

5. 训练匍匐前行：可以先把手放在宝宝的脚底，利用宝宝腹部着床和原地打转的动作，帮助他向前匍匐前行。经过一段时间的训练，可以逐渐用手或者毛巾提起宝宝的腹部，使他身体的重量落在手膝上，方便他匍匐前行。

6. 练习爬行的益处：爬行是一种极好的全身运动，不仅锻炼宝宝的胸腰腹背及四肢的肌肉，还可以促进骨骼的生长，为日后直立行走奠定良好的基础，还对宝宝的心理发展和智力潜能的开发有较大的促进作用，并对加强手和脚的协调能力有极大的好处，爬得好的，以后走起来也稳，学说话也快，识字与阅读能力也强。

7. 克服"认生"行为：6个月的宝宝开始认生，对陌生人开始躲避，也会害怕去陌生的地方和接触陌生事物，这是宝宝发育过程中的一种社会化表现。父母要陪同他逐渐熟悉新的环境和新的事物，经常抱宝宝到邻居、亲戚家去串门或抱他到街上去散步，让他多接触人，为宝宝提供更多与人交往的环境，尤其是要让宝宝多和小朋友一起玩。认生的程度与宝宝的先天气质有关。性格内向、胆子较小的宝宝，认生较严重，而性格外向、乐于交往的宝宝，认生较轻。可采用心理疗法"系统脱敏"来克服宝宝的胆小和认生行为，具体做法是：先抱着宝宝在远处观望生人，然后逐渐靠近，鼓励他与生人相处，慢慢地使他的焦虑或恐惧程度降低，认生现象便能好转。

8.练习做求抱的动作：要利用各种形式引起宝宝求抱的愿望，如抱他上街、找妈妈等，抱宝宝前，要向宝宝伸出双臂，说："抱抱好不好？"鼓励他将双臂伸向你做求抱的动作，做对了你再把宝宝抱起。

第3节 5~6个月宝宝亲子游戏

 认知能力训练游戏

游戏1：看各种物体

目的：可扩大宝宝认识事物的范围

方法：利用一切可能的机会，指着周围环境中的各种物品给宝宝介绍，不管他是否能听懂，都要多次重复，让宝宝反复感知。从室内的家具、玩具、食品到室外的花草树木、交通工具、建筑物、远处的行人、车辆，天上的白云、风筝、太阳、月亮等。

游戏2：拉上来了

目的：锻炼宝宝的注意力和视觉能力

方法：准备比桌子长15厘米的绳子和宝宝喜欢的玩具，让宝宝坐在你的膝上，面对着桌子，拉住绳子的一头，另一头系住玩具，并让玩具下垂在桌子的另一侧，让宝宝看着你慢慢拉动绳子，把玩具拉到桌上。反复做3次，并观察宝宝的表情。

游戏3：谁在叫宝宝

目的：训练宝宝辨别声音的能力

方法：在远处或另一个房间，叫宝宝的名字，或学动物叫，或敲响什么东西，让宝宝寻找，可让一人在宝宝身边问他："哪儿在叫宝宝啊？谁叫宝宝啊？小鸟在哪儿叫？小猫咪在哪儿叫？"看宝宝是否向有声源的地方注视。此游戏可经常练习，要不断变换方位，声音强弱也要有所变化。

游戏 4：照镜子

目的：发展宝宝的认知能力，通过镜子认识自己和自己的五官

方法：把宝宝抱在镜子前，让他用手去拍打镜子中的人，用手指着他的脸反复叫他的乳名，再指着他的五官（不要指镜子中的五官）以及头发、小手、小脚，让他逐一认识，熟悉后可问他："鼻子在哪里？嘴巴在哪里？小手在哪里？"

游戏 5：用手势交流

目的：宝宝理解的比说的多，教他一些肢体手势有利于沟通

方法：教宝宝一些手势有助于相互之间交流，比较常见的手势有点头和再见等。如给他东西先让他点头表示要再给他；出门前让他挥手表示再见等。

游戏 6：指认香蕉

目的：训练宝宝学会认识新物品

方法：准备一根香蕉和一个梨，放在桌上，问宝宝："哪个是香蕉？"让宝宝去指，当宝宝会用手指香蕉时，妈妈要表扬他，然后给宝宝吃香蕉。第二天，把香蕉和橘子放在一起，让宝宝指认，指对了就让宝宝吃。第三天，把香蕉和苹果放在一起，让宝宝辨认，指对了给宝宝吃。过几天，再把香蕉、梨、橘子和苹果放在一起，让宝宝指出哪一个是香蕉，看宝宝是否能指对。有时宝宝看见漂亮的水果，会用手拿着玩，问到要剥开哪一个水果来吃，宝宝会指着香蕉，表示他认识香蕉。

游戏 7：手和脚

目的：初步认识自己的手和脚在哪里，模仿手和脚的简单动作

方法：宝宝认识周围的世界是从认识自己的身体开始的。可先让宝宝认识家人的手和脚，再教他认识自己的手和脚。然后教宝宝认五官，妈妈说"五官"名词，让宝宝指认爸爸的五官，同时做"眼睛眨眨""鼻子闻闻""嘴巴张大"等动作。

游戏 8：掀开看看

目的：积极的早期体验刺激宝宝的大脑发育

方法：妈妈把小盆或小瓢扣在地板上，下面放一个玩具，然后妈妈说："一、二、三，当！"掀开盆露出玩具。宝宝会觉得很好玩，可以让他一遍一遍地做，把玩具扣起来，再掀开。

语言能力训练游戏

游戏1：认爸爸、妈妈

目的：这个游戏让宝宝将不同的人和相应的名称联系起来，知道"爸爸、妈妈"是什么意思，从而提高宝宝的语言理解力和记忆力

方法：爸爸、妈妈、奶奶一起和宝宝做游戏，准备一件能发出声响的玩具，奶奶抱着宝宝玩，爸爸在门边拨弄一下拨浪鼓，让宝宝听见声响，奶奶告诉宝宝："爸爸回来了。"让宝宝转过头去看爸爸。然后妈妈在门口摆弄拨浪鼓，让声音传到宝宝的耳朵里，奶奶告诉他："妈妈回来了。"让宝宝转过头看妈妈。训练几次后，爸爸在门口弄出响声，奶奶故意告诉宝宝："妈妈回来了。"让宝宝回头看，观察宝宝看到爸爸时的表情。

游戏2：谁回来了

目的：训练宝宝的语言理解力，使宝宝能分清家人的称呼

方法：宝宝正趴在地上玩，听到妈妈说："爸爸回来了。"宝宝会马上转向门的方向，把身体撑起来，如果进来的是爸爸，宝宝会笑着举起双手要爸爸抱。如果进来的是奶奶，宝宝会回头看妈妈，似乎抗议妈妈说错了。当奶奶抱着宝宝散步时，看见妈妈回来了，奶奶说："妈妈回来了。"宝宝会十分急切地伸头张望，举起双手扑到妈妈怀中。当宝宝听懂了称呼与人的关系时，就会用眼睛看着被称呼的人。

游戏3：宝宝要说话

目的：训练宝宝的语言能力

方法：妈妈指着自己说"妈妈，mother"，又指着爸爸说"爸爸，father"，指着小鸟说"鸟，bird"，在外面玩耍时，看见小狗就边指给他看边说"狗，dog"，看见小树说"树，tree"。坚持经常和宝宝说话，对宝宝的语言发展大有好处。

游戏4：宝宝听见了

目的：锻炼宝宝听懂语言的能力

方法：摇响手中的小摇铃，并叫宝宝的名字，宝宝听到玩具的响声会转头看，并发出微笑，重复数次，让宝宝将这个响声同他的名字联系起来。

游戏5：练习发辅音

目的：训练宝宝的发音能力

方法：先记录宝宝自由发音时发出的辅音，再试着教一个他从未发过的辅音，看看要过几天宝宝才能发出这个辅音。要经常同宝宝说话，如宝宝用手打狗熊时，教他发"打"的音；用手拿小车时教他发"拿"的音；要经常给宝宝做示范，让宝宝一面做一面说，从宝宝感兴趣的东西学起，才能促进宝宝发音。

游戏6：听儿歌骑马

目的：训练宝宝对音律的条件反射能力

方法：让宝宝坐在成人的膝盖上，两人面向前方，成人一面背诵儿歌，一面按着节拍上下颠动膝盖，让宝宝感到如同骑在马上，并和着儿歌的节奏上下前后颠簸做动作，反复练习几次后，宝宝会在儿歌到"颠"的节拍做准备，主动配合成人的动作。

游戏7：飞呀飞

目的：锻炼宝宝发音器官的活动能力，为发展语言做准备

方法：当着宝宝的面，妈妈将卷曲的条形纸放在手心上，将嘴唇撮圆，用力吸一口气，把条形纸吹到上空，并用语言说："啊！飞呀、飞呀，宝宝快来看呀！"吸引宝宝的兴趣。

游戏8：去外婆家

目的：启发宝宝对语言的感受力，逐渐形成理解语意的意识

方法：妈妈坐在椅子上，宝宝背对着妈妈跨坐在妈妈的大腿上，妈妈从后面扶着宝宝的腰，说："宝宝，今天带你到外婆家去，骑着马儿去好吗？"然后再对宝宝说："好！"妈妈一边念儿歌一边说："得儿——驾！"同时做挥马鞭用腿做上下奔跑的动作。妈妈问宝宝："骑什么了？骑大马。得儿——驾！得儿——驾！赶马儿快跑，到哪儿去呢？到外婆家去。"做动作时念儿歌《骑大马》。不断地用语言刺激宝宝的大脑和听觉。

动作能力训练游戏

游戏1：玩撕纸

目的：可训练宝宝的动手能力，加强手指的灵活度

方法：让宝宝在床上坐稳，把各种各样的纸放在他面前，在宝宝的注视下，你把纸揉成团，做甩纸等动作，使纸"嚓嚓、哗哗"地响，同时说："宝宝看，宝宝听，撕撕纸。"然后抓着宝宝的手，一边辅助他撕纸，一边说："宝宝也来撕一撕。"让他任意玩纸、撕纸，将纸揉成团。

游戏 2：放进去拿出来

目的：锻炼手部能力，加强精细动作方面的锻炼，使宝宝的手部智能发育得到完善

方法：准备一个大口的空盒子以及各种小体积玩具和物品，将空盒子和玩具堆在他面前，在宝宝的注视下，将玩具一件一件放进盒子里，然后再一件件拿出来，动作要缓慢，演示完后，让他自己将玩具一件一件放进去，再拿出来，反复这个动作。

游戏 3：青蛙呱呱叫

目的：提高宝宝的运动能力

方法：准备一个会爬的青蛙玩具，让宝宝趴在床上，将青蛙放在距离宝宝 2 米远的地方，让青蛙呱呱叫着动起来，宝宝会非常高兴地看着玩具，还会努力向前爬，去够玩具，尽管这时宝宝还不会爬，但爬的愿望有助于促使宝宝学习爬行。然后，再让宝宝坐在床上，将青蛙放在距离宝宝 1 米远的地方，他可能会由坐位向前倾斜变成俯卧位，企图去够玩具，即使不成功，对他的运动能力的提高也是有好处的。

游戏 4：打滚翻身

目的：训练宝宝大动作的灵活性以及视听觉与头、颈、躯体、四肢肌肉活动的协调

方法：让宝宝仰卧，用一件能发出响声的玩具吸引他的注意力，引导他从仰卧变成侧卧、俯卧，再从俯卧变成侧卧、仰卧，反复练习。

游戏 5：积木倒手

目的：锻炼宝宝的双手协调能力

方法：递给宝宝一块积木，等他接住后，示意他传到另一只手里，然后再放进小盒子里。先右手传给左手，熟练后，再左手传给右手。

游戏 6：练习坐稳

目的：训练宝宝颈部肌肉，使上身能支撑头的重量

方法：用枕头等垫着宝宝的背部使其高坐，前面放几个玩具，宝宝自然会伸手去拿，开始时身体会向前倾，宝宝会用双手支撑，每天练习几次，过1~2周再练习单手支撑，再过一段时间，待宝宝会用双手去拿玩具时，渐渐就能坐稳了。

游戏7：拿玩具敲打

目的：测试宝宝理解事物之间逻辑关系的能力

方法：宝宝的双手都有握物的能力，从上个月的大把抓起，进步到对掌握物，待宝宝能把东西握紧后，教宝宝用玩具敲桌子和椅子等。在敲打时，让宝宝用三个手指拿着玩具，让玩具高出手指，才能敲得响些，注意不要让宝宝把玩具握在手心里，以免敲到宝宝的手。

游戏8：握物不掉

目的：观察宝宝握物的手形，以判别宝宝的握物能力

方法：妈妈准备一些宝宝喜爱的小物品，如积木、小球、小车等，递一个给宝宝，宝宝从妈妈手中接过一个玩具时，他可能因握不紧玩具而掉在地上，妈妈将掉下的玩具拿走不还给他，再给他一个新玩具，他发现玩具掉下就会失去，会想办法调整手指的方向直到拿稳为止，这需要经常练习。用三个手指拿东西时，玩具离开手心，能拿得很稳，不易掉下。宝宝学会从成人手中接过玩具，或者自己从桌上拿起玩具，都用三个手指，而不是大把抓，表示宝宝前三个手指的技巧有了进步，是用两个手指捏的前奏。

 社交和自理能力训练游戏

游戏1：小客人

目的：提高宝宝的交往热情，锻炼宝宝的交往能力

方法：准备一个玩具娃娃，放在另一个屋子的床上，告诉宝宝要去娃娃家做客了，抱着他去另一个屋子看娃娃，和娃娃亲切交流玩耍，走时跟娃娃再见等。

游戏2：捉迷藏

目的：增进亲子感情，培养宝宝的快乐情绪（这个游戏也可以用手帕、书、纸等遮住脸做）

方法：宝宝坐在妈妈身上，与妈妈面对面，爸爸在妈妈的背后伸出一只

手抓住宝宝的手叫"宝宝",当宝宝转头来看时,爸爸却从另一边冒出头来,伸手拉宝宝的手叫他,当宝宝转过头找到爸爸时,会高兴得"咯咯"笑起来。

游戏 3:和妈妈道别

目的:形成这一惯例,使宝宝容易接受这些转变

方法:妈妈要去上班了,每天出门之前和宝宝说一些相同的话,并亲吻宝宝,让他看着你走出家门,并教他挥手和妈妈再见。

游戏 4:找到玩具了

目的:测试宝宝观察力的敏锐程度

方法:在宝宝学会用被子和衣服同成人玩"藏猫猫"后,把宝宝正在玩的玩具用布盖上,看看宝宝是否会掀开布找到玩具。开始时要当着宝宝的面,把玩具盖上,不必露出玩具,宝宝会找到。如果成人趁宝宝不注意时把玩具盖住,可以露出小部分做线索方便宝宝找到。

游戏 5:陌生人来了

目的:训练宝宝的适应性和容纳生人的能力

方法:如果家里来了客人,以往宝宝会对客人笑,表示打招呼。到了 6 个月,宝宝改变了常态,看到陌生人会产生悲伤、害怕等情绪。这是因为宝宝懂得了躲开生人以避免危险,宝宝会转过头把脸藏在妈妈的怀里,探出头来,观察客人的动静。如果客人曾经来过,宝宝多看几次后,会渐渐放松警惕,接受客人拿着的玩具,有时肯让客人抱。但是过了几秒钟,宝宝又马上要回妈妈的怀中。宝宝对新的环境也是如此。但只要慢慢多接触,多给宝宝锻炼的机会,宝宝就会渐渐适应。不要为了避免宝宝哭闹就完全躲开,否则宝宝会越来越怕生人,成为以后进幼儿园难的主要原因。

游戏 6:咀嚼练习

目的:训练宝宝吞咽能力和手口协调能力

方法:不管宝宝是否已经出牙,在第 6 个月时就可以给宝宝准备一些烤脆的馒头条或面包条让宝宝慢慢练习咀嚼。成人应先示范,用夸张的口形来咀嚼以便让宝宝模仿。这时宝宝很需要啃咬,因为宝宝的牙龈需要刺激,用硬的和脆的食物接触牙龈,有利于牙齿萌出。还可以让宝宝啃咬小黄瓜条和萝卜条等。练习过咀嚼的宝宝发音清晰,舌头转动灵活,对以后练习说话很有帮助。

游戏 7：练习用勺吃饭

目的：训练宝宝的自理能力

方法：给宝宝准备一个勺子，让他练习舀东西。刚开始宝宝会把勺子插入碗中，在碗里乱搅，因为宝宝分不清勺子的凹面和凸面，成人要帮助宝宝用凹面来舀。勺子里有食物会使宝宝很高兴，他往往会使劲舀一大勺，颤颤悠悠还未拿到嘴边就洒得到处都是。此时，成人要帮助宝宝把勺中的食物送入口中。让宝宝多练习，这是必经的过程，千万不要放弃，只要坚持下去就能成功。

游戏 8：到睡觉时间了

目的：确立一个睡觉前的仪式或标准动作，有利于宝宝睡眠规律的形成

方法：制定一个每天晚上睡觉和白天小睡的时间表，在固定睡觉的时间播放摇篮曲，让室内的灯光暗下来，并保持家里安静，引导宝宝睡觉。坚持在固定的时间让宝宝睡觉，慢慢地宝宝的睡眠就会有规律，这不仅有利于宝宝的身心健康，也有利于从小培养良好的习惯。

CHAPTER

7

6~7个月宝宝早教方案

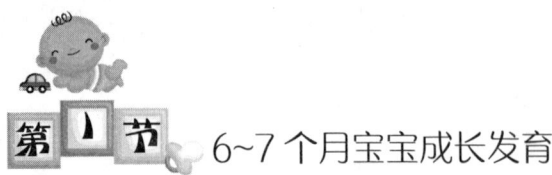

第1节 6~7个月宝宝成长发育

宝宝身体发育对照表

发育指标		男童			女童		
		下限值	平均值	上限值	下限值	平均值	上限值
7个月	体重（千克）	6.92	8.82	10.72	6.37	8.21	10.05
	身高（厘米）	65.5	70.1	74.7	63.6	68.4	73.2
	头围（厘米）	42.1	44.7	47.3	41.0	43.6	46.2

宝宝成长小信号

1.囟门：6个月以后，前囟因骨化而逐渐缩小。

2.牙齿：平均为0~2颗。7个月左右下齿槽两侧各长出1颗门牙。

3.生长发育：已经满半岁的宝宝可以明显地感觉到他长大了，个头高了，身体重了。6个月的宝宝开始认生，会区分熟人与陌生人，对熟人会微笑，有陌生人出现他会感到焦虑甚至恐惧，这是安全感正在建构中的正常表现。宝宝与妈妈的情感交流明显加强，会有意识地关注妈妈的言行，能听懂妈妈严厉或亲切的声音，并相应做出哭泣或高兴的反应。

宝宝心理发育

1.能认出熟悉的事物，对自己的名字有了反应，能跟妈妈打招呼，自己会去吃饼干。

2.对许多陌生的东西和人表现出害怕的情绪。已经表现出认生行为。

3.玩具丢了自己会找。会用声音和动作表示要大小便。

4.能理解简单的词义，懂得成人的表扬或批评的语言和表情，温和友善地和他说话他会很高兴，训斥他会委屈哭泣。

宝宝敏感期提示

1. 敏感期开始：从7个月到1岁这一段时间是宝宝味觉、嗅觉最敏感的时期，也是增加辅食的最佳时机，让宝宝品尝各种食物，促进其味觉、嗅觉及口感的形成和发育。

2. 敏感期延续：继续口腔敏感期、运动敏感期和手臂发育敏感期等。

 宝宝智能发育特点

1. 视觉：视敏度已接近成人，更加关注视野中的小东西，并试图用手捡起来。会用整只手把物品攥在小拳头里，然后送到嘴里。

2. 听觉：这个阶段的初期还不能明白话语的意思，但到了后期，他对于话语会表现出选择性的反应。

3. 触觉：对疼痛的刺激点有较敏锐的感觉。

4. 感觉：能够区分亲人和陌生人，从镜子里看见自己会微笑，会用不同的方式表达自己的情绪，即用笑、哭来表示喜欢和不喜欢。

5. 语言：会持续不断地发出"咿咿呀呀"的声音，会通过舌头的动作发出不同的声音，还会用改变嘴形来改变发出的声音。

6. 社会性发育：对父母或其他照顾者的依恋表现得更明显，依恋对象离开时会哭，批评他会不高兴并会哭。会模仿做拍手、再见、伸手来抱等。

 宝宝智能发育评价

1. 大动作能力：可以自由自在地翻滚运动，俯卧时出现爬行动作。无须用手支撑独坐玩10分钟以上。如果扶着宝宝双手腕站立，能站得很直，并且喜欢在成人扶立时蹦跳。

2. 精细动作能力：会伸手拿玩具塞入自己口中，能自由弯曲手指做抓物体的动作，还会用拇指配合食指、中指一起捏或拨弄小物体，会玩弄双脚。如果给宝宝示范一手拿一块积木对击，宝宝会模仿。将爆米花放在桌面上，提示宝宝去抓握，宝宝会用手大把去抓。

3. 适应能力：能将第一块方木换到另一只手，再去拿第二块方木，并会两手分别抓东西。能伸手去够远处的玩具。当着宝宝的面将玩具藏在枕头下，宝宝能找到玩具。

4. 语言发展：能分辨不同的声音，并开始学着发声。能无意识地发出"ba-ba""ma-ma"等音。

5. 社交行为：对镜中的影像有拍打、亲吻和微笑等表情。看到父母或照料的人会主动要求抱，能认生人。宝宝听到优美、欢快的乐曲会有开心的表现，并且能做出一定的肢体动作。

宝宝教养要点

1. 让宝宝模仿拍手、点头、认物、找物，认识更多的事物。

2. 鼓励宝宝的模仿行为。教宝宝模仿简单的声音，如咳嗽声、小动物叫等。

3. 教宝宝发"ba-ba""ma-ma"等音。

4. 帮助宝宝学习匍匐前行和爬行并够取物品，以促进其智能发展。

5. 练习独自坐稳。

6. 练习用拇指和其他手指配合抓起玩具。

7. 遵循平衡膳食的搭配原则。

8. 培养良好的睡眠习惯。

9. 教宝宝学拿勺，用杯子喝水，训练宝宝自己吃东西。

10. 帮助宝宝做婴儿体操。

第 2 节　6~7个月宝宝能力训练

1. 认知身体部位：与宝宝对坐，先指着自己的眼睛说"眼睛"，再握住宝宝的小手指他的眼睛说"眼睛"，每天做几次，然后让宝宝对着镜子，握着他的小手指他的眼睛，又指自己的眼睛重复说"眼睛"。经过约10天的训练，再说"眼睛"时，宝宝会用小手指自己的眼睛，这时应鼓励他。继续教宝宝指自己和妈妈的头、鼻、口、耳、手等，并告诉他名称，使宝宝听到名称就会用手指出来。

2.学习挥手、拱手等动作：经常把宝宝右手举起，并不断挥动，让宝宝学习"再见"的动作。父母离家时要主动对宝宝挥手，并说"再见"，反复练习。在宝宝情绪好的时候，帮助宝宝把两手握成拳头，然后不断上下摇动，学做"谢谢"的动作，每次给宝宝食品或玩具时，要先让他拱手表示谢谢，然后再给他。

3.使宝宝早开口说话：游戏能丰富宝宝的语言，锻炼他的语言理解能力，随着宝宝说话能力的渐渐萌生，要让宝宝多认识和体验身边的事物，让他看到、摸到具体的实物，而且听到与之相对应的发音，看到成人的口形，为说话打好基础。另外，要让宝宝多与同伴交往，帮助他克服胆怯、怕生、焦虑的情绪，引导他正确地表达情感。和同伴玩是宝宝学习语言、锻炼社交能力、培养良好素质的重要途径。

4.不宜长时间让宝宝自己玩：长时间自己玩耍，会使宝宝养成内向、孤独的性格，对宝宝将来性格的完善会造成一定的障碍，对智力的发展也会造成不利的影响，所以要尽可能地多和宝宝一起玩。

5.不要错过味觉发育的敏感期：宝宝的味觉、嗅觉在7个月到1岁这一阶段最灵敏，此阶段是添加辅食的最佳时机。宝宝通过品尝各种食物，可促进其味觉及口感的形成和发育，到1岁左右时，宝宝就可接受多种口味的食物，顺利断奶。

6.训练用碗吃饭：从第7个月开始，可训练宝宝用杯、碗喝东西，可先给他一个易拿住的空茶杯，让宝宝学着成人的样子喝东西，等他有了兴趣后，可每天鼓励他从杯、碗里呷几口奶或水。注意要循序渐进，要给宝宝准备一个固定的进餐位置，使用专用餐具，以增强宝宝进食的兴趣。

7.练习抓握、敲击玩具：把宝宝熟悉的积木块放在他面前手能抓到的地方，训练他用拇指和其他手指配合抓起小积木，每日练习数次。训练宝宝双手玩玩具，并能够对击，如让宝宝手中拿一只带柄的塑料玩具，对击另一只手中拿着的玩具。敲击出声时，要鼓掌奖励。

8.多鼓励和赞扬宝宝：这个年龄段的宝宝喜欢受到表扬，当他听到称赞就会不停地重复原来的语言和动作，当他能够独自坐起或用小手颤颤悠悠地抓起东西时，你的表扬和赞美是对他最大的肯定和鼓励。

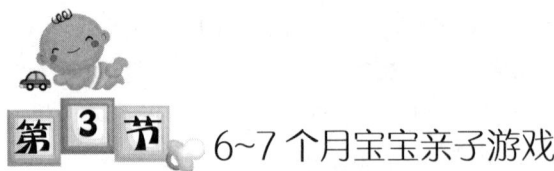

第3节 6~7个月宝宝亲子游戏

 认知能力训练游戏

游戏1:"下雪了"

目的:训练宝宝的颜色识别能力

方法:将几张彩纸剪碎放入盒中,让宝宝坐在地板上,将装有彩色"雪花"的盒子放在他面前,抓起一些"雪花",手心朝上,慢慢松开手掌,让"雪花"飘落下来,鼓励宝宝也抓一把"雪花",然后松开手让"雪花"飘落,反复引导宝宝玩这个游戏。

游戏2:看图认实物

目的:宝宝通过和被认知对象不断相互作用,心理机能不断发展,智慧就有长足的提高

方法:准备一本认物图书,让宝宝看图和实物,看清形状、用途、颜色,指认一件,说清楚这件物体的名字,如沙发、电视机、桌子、椅子等。

游戏3:听力测试

目的:训练宝宝对各种物品所发声音的辨别能力

方法:让宝宝坐在你的腿上,和墙壁的距离不应少于120厘米,请另一个成人站在宝宝一侧与其耳朵齐高但宝宝却看不见的位置,在离宝宝50厘米以外的地方,按下列顺序在宝宝耳朵高度处发出声响:(1)成人分别发出低频率及高频率的声音;(2)摇动会发声的玩具;(3)以汤匙敲打杯子;(4)搓揉卫生纸;(5)摇动响铃。如果宝宝对声音没有反应,等2秒后再试,试过3次没有反应,继续下一次测试。

游戏4:藏宝盒子

目的:增强宝宝的记忆力和观察力

方法:在一个彩色小盒中放上色彩斑斓、样式和质地各异的物体,打开盒子让宝宝看看里面有些什么,记住经常更换盒中的物体,使宝宝每次都感到新奇,可经常玩。

游戏 5：东西哪儿去了

目的：锻炼宝宝的视力，从而提高他右脑的视觉反应能力

方法：准备一个有趣的小玩具，当着宝宝的面，把这个小玩具放在手里，张开手给宝宝看，再握紧拳，并问："东西哪儿去了？"使用另一只手重复上述动作。几次后，宝宝会扒开你的手掌来寻找东西。

游戏 6：抓到物品

目的：认识物品，锻炼宝宝的记忆力

方法：把宝宝熟悉的乒乓球、小圆盒、小布娃娃等玩具摆放在桌子上，先说出玩具的名称，让宝宝看或摸，然后放入大纸箱或塑料桶里，放完后，再边说边把玩具一件件拿出来，反复数次后，说出其中一件物品的名称，看他是否能准确抓到这件物品。

游戏 7：找玩具

目的：训练宝宝的认知能力

方法：准备一两件宝宝感兴趣的东西，如经常玩球的宝宝，就可以先教他去认识"球"。让宝宝练习找熟悉的玩具，如果找对了就马上表扬他。如果找得不对，你要拿对的玩具吸引他的注意力，坚持每天练习，在 1 个月之内，宝宝就可以认识 4~5 种玩具，所以宝宝的认知能力与成人坚持同其做游戏密切相关。

游戏 8：穿新鞋

目的：让宝宝认识鞋和脚，同时学会"伸出脚来"的动作

方法：妈妈问宝宝："新鞋呢？"宝宝会伸出一只脚让你看他的新鞋。有时宝宝的鞋子掉了，妈妈问："鞋子哪里去了？"宝宝会转头去找，因为鞋是他的心爱之物，宝宝很喜欢穿新鞋，会把脚伸出来让人再给他穿上。

 语言能力训练游戏

游戏 1：宝宝打电话

目的：促进宝宝语言能力的发展，帮助宝宝认识和理解人际交往的形式

方法：准备两个玩具电话，一个给宝宝，一个自己拿起来，对着说："喂，喂，你好！是宝宝吗？"然后把另一个玩具电话的听筒给宝宝，拿到耳边，让宝宝也"咿咿呀呀"地说话。

游戏 2：宝宝拍拍手

目的：训练宝宝理解语言的能力及模仿能力

方法：抱宝宝坐在腿上，与你面对面，握着他的两只小手对拍，说："拍拍手。"反复数次后，分开宝宝的手，让他模仿你拍手，并说："拍拍手。"

游戏 3：骑木马

目的：激发宝宝对语言的兴趣

方法：让宝宝坐在木马摇椅上，摇晃木马，嘴里念道："骑木马，呱嗒嗒，一路跑到外婆家，见了外婆问声好，外婆夸我好宝宝！"让宝宝在愉快的游乐活动中学习语言。

游戏 4：自己拿食物

目的：训练宝宝的观察力和想象力以及对语言的记忆能力

方法：宝宝出牙时喜欢咀嚼食物，他会拿着饼干、面包条、香蕉等自己吃，此时成人教他认识食物的名称就学得很快。当然，奶是宝宝最常吃的食物，成人经常说，宝宝也能记住。从6个月以后宝宝认物的速度快了，说明宝宝的髓鞘形成速度开始增快。如果此时还未有意地让宝宝学习，没有外界的动力，宝宝的神经纤维网络的形成会相对滞后。

游戏 5：宝宝讲礼貌

目的：形成语言动作的条件反射，提高宝宝的语言能力

方法：爸爸、妈妈上班时或家长送客人时，扶着宝宝的手说"再见"；接受别人给的物品或食物时，帮助宝宝做拱手说"谢谢"；当有客人来时，辅助宝宝做拍手动作说"欢迎"等。

游戏 6：不要动

目的：对不该拿的东西要明确地说"不"，使其理解语言，懂得"不"的意义

方法：手拿热水杯（不要过烫），对宝宝严肃地说："烫，不要动！"同时拉着他的手轻轻触摸杯子，再迅速地拿开，或轻轻拍打他的手，示意他停止动作，使他懂得摇头、摆手表示禁止做某件事。要注意严肃的表情和坚决的态度很重要。

游戏 7：叫爸爸、妈妈

目的：提高宝宝的语言能力，形成语言动作的条件反射

方法:每天抱着宝宝迎接爸爸下班时,和宝宝说:"谁回来了,快喊爸爸。"鼓励宝宝叫出声音。早上起床也要让宝宝学习叫爸爸、妈妈等。

游戏 8:懂身体语言

目的:训练宝宝对语言的理解和与人交往的能力

方法:宝宝最容易学会的身体语言是拍手叫"好"和拱手表示"谢谢"。其次是"要"时会伸手,表示不要时摆手;或用点头表示"要",摇头表示"不要"。这些动作,成人的示范很重要,宝宝自己并不懂得怎样做才能让别人理解,有成人的示范,宝宝很容易模仿。如家里有人要出门,成人一面说"再见",一面挥动宝宝的小手向要走的人表示"再见"等。

 动作能力训练游戏

游戏 1:宝宝能坐稳

目的:训练宝宝在左右转身或前倾后仍能坐稳

方法:从宝宝的左右各给他送去一个玩具以便他接过玩具后仍能坐稳,从宝宝的后方同他说话,训练他身体转到一侧仍能坐稳的能力,也可把玩具放到宝宝前面,让他前倾来拿玩具,接过玩具后仍能坐稳。

游戏 2:扔进去

目的:增强手与上肢的运动能力及视觉与运动之间的协调能力,且培养宝宝的模仿能力

方法:准备一个纸盒、若干个五颜六色的小球,先做示范,把小球一个一个扔进纸盒里,一边扔,一边说:"咚,扔进去一个,咚,又扔进去一个。"让宝宝模仿,开始可手把手教他扔,等熟练后,逐渐将盒子远移一定距离。

游戏 3:宝宝抓积木

目的:增强宝宝的自信心,锻炼手眼协调能力

方法:让宝宝坐在婴儿高脚椅上,紧挨着桌子坐好,在桌子上铺一条毛巾或桌布,让宝宝一伸手就可以摸到毛巾。在上面放 3 块长、宽、高均为三四厘米的正方形积木,可以选用黑白相间或色彩对比强烈的积木,爸爸站在桌子的一端,请妈妈或其他人站在桌子的另一端,将桌布或毛巾来回拉动,让积木在宝宝面前慢慢地移动。宝宝会伸出小手来抓取这些移动的积木,并且命中率很高。也可让宝宝牵着毛巾的一角尝试拉动物品。

游戏 4：骑大马

目的：训练宝宝动作的灵活性和平衡能力以及增加胆量，增进亲子感情

方法：爸爸平躺，让宝宝坐在身上，大手拉小手，坐稳后，爸爸上下左右晃动身体做骑马奔腾的动作，嘴里发出"驾"声，让宝宝感受颠簸和晃动，或者让宝宝在爸爸肚子上站一会儿，适应后开始颠簸晃动，由缓慢到剧烈，还可以让宝宝主动做动作，宝宝会玩得很开心。

游戏 5：用力爬

目的：训练宝宝早日学会爬行

方法：让宝宝俯卧，双手支撑着前胸，成人用手在后面推着宝宝的脚掌，使宝宝借助成人的力量向前移动身体，还可在宝宝前面放一些引诱物，引逗他去拿，久而久之就会爬了。

游戏 6：连续翻滚

目的：锻炼宝宝身体活动的协调能力

方法：让宝宝仰卧在地垫上，将玩具放在宝宝的一侧让宝宝侧翻；将玩具放在宝宝的头侧，引诱宝宝俯卧；再把玩具抬高，让宝宝从俯卧翻到仰卧；最后把玩具扔到远处，扶着宝宝的肩和臀部轻轻推动，让宝宝翻到俯卧再翻成仰卧，连续翻几次，滚到玩具所在处捡到玩具，逐步减少帮助，让宝宝自己翻滚，捡取玩具。

游戏 7：玩具传手

目的：训练宝宝的双手协调能力

方法：宝宝学会用两手拿稳玩具后，再递给他第三个玩具，宝宝想拿就会扔掉一个再拿。过几天宝宝会把第一个玩具放在胳膊上，再拿一个，玩具在胳膊上不能放稳，很快就会掉下来，这时成人要示范，把一个手掌打开，先把另一只手里的玩具放在打开的手掌里，就可以伸手拿第三个。这就是有意传手。传手有利于语言中枢的形成。

游戏 8：手指抓抓

目的：锻炼五指的小肌肉，使之灵活，同时发展宝宝与人交往的能力

方法：妈妈先示范用手指抓挠，五指一伸一合。再把宝宝一只手稍举，让宝宝进行模仿，学会后要表扬他，当见了别人，就鼓励他给抓挠。左右手都要进行。

社交和自理能力训练游戏

游戏1：顶鼻子

目的：促进宝宝的交往意识

方法：抱着宝宝与他视线相对，问他："宝宝的鼻子在哪儿啊？"用手指点他的小鼻子，说："宝宝的鼻子在这里。"然后问他："妈妈的鼻子在哪儿啊？"拿着宝宝的手点妈妈的鼻子说："妈妈的鼻子在这里！"靠近宝宝，轻轻和他顶鼻子，并发出"呜呜呜"的声音引起他的兴趣。

游戏2：学会递东西

目的：有助于宝宝克服焦虑的情绪，学会与同伴交往

方法：妈妈把苹果递给爸爸，爸爸说："谢谢！"爸爸把饼干递给妈妈，妈妈说："谢谢！"然后对宝宝说："宝宝把苹果给妈妈好吗？"如果宝宝不会，就轻轻取过来，然后说："谢谢，宝宝真乖！"

游戏3：洗澡玩水

目的：培养宝宝的愉快情绪，发展感知能力

方法：宝宝洗澡时，可以让他在水中自由自在地玩耍，获得身心的愉悦，让他一边洗，一边拍水，可以把小鸭子、小红球等能够漂浮的玩具放在浴盆里，让他伸手扑打或够取这些玩具。

游戏4：小鼓不见了

目的：训练宝宝观察力和解决问题的能力

方法：成人和宝宝各拿一个小鼓，两人各拿一根棍一人敲一下，玩得正高兴时，成人把小鼓拿走。机灵的宝宝马上会叫嚷，并且寻找。有些宝宝会迟疑地等待，另一些宝宝看见玩具没有了就转身找另外的玩具玩起来，把刚才的小鼓忘记了。如果宝宝正在叫嚷时成人就把东西拿出来，以后宝宝会加倍警惕自己的玩具。对于那些暂时没有反应的宝宝，可以反复和他玩这个游戏或继续玩"藏猫猫"的游戏，以唤起宝宝寻找的意识。

游戏5：找宝宝

目的：培养宝宝的观察能力，从认识自己到认识别人以及和别人交往

方法：抱着宝宝坐在镜子前，告诉宝宝镜中看到的宝宝影像就是自己，然后用布盖住镜子，说："宝宝呢？"或"宝宝不见了！"然后掀开布说："原

来在这儿！"再盖上布，看看他会不会自己去掀开。如果他掀开而看到了自己，你要假装很惊喜并告诉他，他很棒，能找到自己。随着宝宝日渐长大，他常常会去找"不见了"的东西。而且，他还会去想念视线内见不到的人。

游戏 6：捧杯喝水

目的：训练宝宝使用杯子喝水

方法：让宝宝练习用杯子喝水，最好用双耳杯。教宝宝用双手捧着杯的双耳，由成人托着杯底，每次只倒入 1/6~1/5 杯的水，以免水太多而漏洒。鼓励宝宝喝干净，尽量少漏洒。

游戏 7：寻找糖豆

目的：锻炼宝宝自己解决问题的能力

方法：将葡萄干或颜色漂亮的糖豆投入透明的瓶内，盖上盖，宝宝会拿着瓶子摇，看着葡萄干或糖豆，如将此瓶放入大纸盒内，宝宝会将瓶取出，继续观看葡萄干或糖豆，寻找葡萄干或糖豆是否仍在瓶内。

游戏 8：自己拿玩具

目的：训练宝宝坐得更稳当，学会控制自己的身体，特别是腰部

方法：让宝宝独坐，把宝宝喜欢的玩具放在宝宝的面前，鼓励宝宝坐着，用手拿东西。还可增加难度，把玩具放在宝宝左面或右面，甚至身后，让宝宝去拿。

CHAPTER

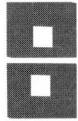

7~8个月宝宝早教方案

第1节 7~8个月宝宝成长发育

宝宝身体发育对照表

发育指标		男童			女童		
		下限值	平均值	上限值	下限值	平均值	上限值
8个月	体重（千克）	7.16	9.10	11.04	6.72	8.56	10.40
	身高（厘米）	66.5	71.5	76.5	65.4	70.1	74.6
	头围（厘米）	42.5	45.1	47.7	41.5	44.1	46.7

宝宝成长小信号

1. 囟门：前囟因骨化而继续缩小。

2. 牙齿：平均为0~4颗。7个半月左右在上齿槽长出2颗中间的门牙。

3. 生长发育：这一月龄的宝宝生长发育比较迅速，活动量明显加大。独自坐着时，能将两手的玩具互相敲打，五指更加灵活。仰卧时，还会把脚放到自己的嘴中。满8个月的宝宝，对妈妈的依恋感更加明显，特别愿意和妈妈在一起，只要妈妈在他身边，他就会觉得很安全，玩儿得特别开心，如果妈妈匆匆离开，他会感到难受，大声啼哭。

宝宝心理发育

1. 知道父母是亲近的人，见了父母或熟人便发笑，缠住要抱，见陌生人就哭。开始认生。

2. 已经具有需求、喜悦、愤怒、厌恶等情绪反应。如将他正在玩的玩具藏起来，他会东张西望去寻找；如果从他手上抢走他喜欢的玩具，他会以哭闹表示抗拒。

3. 遇到不喜欢吃的东西会用手推开；给他做婴儿体操，他不会像从前那样任人摆布了。

4.对新鲜事物表现出惊奇和兴奋,一到室外,双眼睁得大大的到处看,好像怎么也看不够似的。

宝宝敏感期提示

1.敏感期开始:开口说话敏感期。0~1岁是语言的准备期,8个月的宝宝通过模仿有的已经会自动发出"ba-ba""ma-ma"等音节,这标志着宝宝已步入了学习语言的敏感期,敏锐地抓住这一契机,不断地对宝宝进行语言刺激,宝宝自然就会开口说话了。

2.敏感期延续:继续口腔敏感期、运动敏感期和手臂发育敏感期等。

宝宝智能发育特点

1.视觉:此阶段的宝宝除睡觉以外,最常出现的行为就是探望。他们会向窗外探望,向窗外做游戏的小朋友们探望。

2.听觉:对话语的了解兴趣浓厚,会在这段时间内非常顺从。叫他的名字有反应,会遵照你的要求表演"飞吻"等动作,能用手指出五官(1个以上)。叫他不要做某件事情,或把某件物品拿回去,他会照你的吩咐去做。

3.语言:出现"小儿语",会用语音来吸引别人的注意,喜欢听分句与分句之间自然停顿的句子。有50%~70%的宝宝会自动发出"ba-ba""ma-ma"等音节,并渐渐从无意识地发音发展到有意识地叫"ba-ba""ma-ma",这标志着宝宝已步入了学习语言的敏感期,要抓住这一教育契机,每天给他朗读图书、儿歌等。

4.社会性发育:在陌生人走近时会表现得比较警惕,继而放声大哭。开始知道高兴是好情绪,而悲伤、害怕是坏情绪。还能看懂成人的表情和情绪的好坏,这是非常重要的进步。这种能力将推动他的社会关系的发展,帮助他调节自己对环境的探索。

宝宝智能发育评价

1.大运动能力:习惯坐着玩了,捡东西趴着捡,双手扶栏杆可站立5分钟以上,可以扶着家具站起来,但不稳。会手膝配合爬行,能轻易从爬姿变为坐姿或从仰卧到坐起,并会自己躺下。

2.精细动作能力:会双手转动玩具,会把玩具从一只手递到另一只手上,会拿玩具敲桌子玩,能用拇指、食指对捏,手指灵巧,可以拿细小的东西,一次可以捡起3个左右的小物件。

3.适应能力:拿着玩具逗引,能用手持续追逐玩具。能双手捧杯喝水(可稍加协助)。

4.语言发展:与人玩耍或一个人时会发出各种声音,会对他的玩具"说话"。听到熟悉的声音会做出反应,会模仿弹舌或咳嗽的声音。

5.社交行为:对成人的训斥或赞扬,有委屈或兴奋的表现。能跟母亲撒娇。

 宝宝教养要点

1.培养宝宝的阅读能力,帮助宝宝加强记忆。

2.让宝宝和小朋友交往,学会用手势表达简单意思。

3.鼓励宝宝发音,并提高宝宝对语言的理解能力。

4.经常坚持爬行、扶物站立等运动练习,促进感觉系统协调发展。

5.多陪宝宝做捉迷藏等游戏。

6.学会用手捏取小东西。会寻找藏住的物体。

7.可以让宝宝适当吃点儿零食,或给他添加能用舌头碾碎的辅食。

8.宝宝发烧时,要多给宝宝水喝,少吃高蛋白食物。

9.饭后、睡前坚持为宝宝清洗牙齿和牙龈,保持口腔卫生。

10.晚上睡觉时,尽量不开灯。

第2节 7~8个月宝宝能力训练

1.继续认知身体部位:教宝宝认识自己身体的各个部位,可以问他:"耳朵呢?"帮他指自己的耳朵,逐渐地宝宝会独立指耳朵。也可以让宝宝看着娃娃或者他人,用游戏的方法教他认识自己身体的各个部位。如让宝宝用手指着娃娃的眼睛,对他说:"这就是眼睛,宝宝的眼睛呢?"帮他指自己的眼睛，逐渐地宝宝就会自己指眼睛了。

2. 教宝宝学会保护自己：吃饭的时候如果碗有些烫，告诉他："烫，不能动。"并让他轻摸一下，感到什么是烫后会懂得不去摸烫的碗。用蒜在积木上擦几下，让宝宝闻一下，告诉他："臭，不能吃。"如果他闻到了气味又尝到了辣味就不会往嘴里啃咬，以后凡是放入口的东西，听到"臭"，就不再啃咬。

3. 寻找玩具：用毛巾盖住宝宝正在玩的玩具，看他能不能拿开毛巾，取出玩具，也可用塑料杯、盒子或一张纸，趁他玩得高兴时将玩具盖住，看宝宝是否能把玩具找出。如果宝宝不会或者要哭，就把玩具露一点儿出来，引导他取出，这样可以培养宝宝基本的判断能力。

4. 鼓励宝宝的好奇心：宝宝的学习能力和兴趣是很强的，探索外界事物的好奇心就是最突出的行为表现，这个时期的宝宝对什么事都特别好奇，每次"亲身尝试"都会有所收获，而且还会想办法克服困难去探索，这样他的自信心和认知能力都会得到加强。所以，对宝宝不能事事代劳，如果对他的行为过分限制，一遇到情况就过分施加保护，这样很难使宝宝获得成就感，自信心也无从建立。

5. 继续训练发音和理解语言的能力：要注意宝宝的发音，当他已能说出不同的单音时，要跟着重复他所发出的音，用动作表示音的意义，他再发音时就要表扬他。在拿宝宝熟悉的物品时，可边说边问："宝宝要不要饼干？""宝宝要不要小熊？"让他用手推开或者皱眉表示不喜欢，用伸手、点头、谢谢表示喜欢，表示要。给宝宝讲"坐下""不能吃""给我""让我看看你的新鞋"等，宝宝会用动作来听从家长的要求。

6. 进行较复杂的手部动作训练：可以和宝宝做手指游戏。先做示范动作让他模仿，比如，把瓶盖扣在瓶子上或把纸盒打开等。此外，这个月龄的宝宝一只手抓住一个物体时，另一只手的物体会被丢开，训练时可先让他两只手共同拿一件较大的物体，然后两只手分别拿住体积小的物体，让他看一看、碰一碰，很快他就会双手拿不同的东西了。还可训练宝宝扶栏杆站时弯腰用另一只手捡身边的玩具，可使宝宝的手部动作和弯腰及直立身体运动相协调。

7. 进行提脚移步训练：训练宝宝从双脚无意识乱蹦发展成将脚有目的地

提起，并向前、向后或向右、向左移步，为学走路做准备。可先让宝宝学会被动移步，双手扶在他腋下站稳，将他的一只脚提起并向前移步，另一只脚随后跟上，学会前后移步再学会左右移步。当他学会一步一步向前移动后，要进行一段时间的巩固练习，等熟练之后可面对宝宝站立，两手握住他的前臂或手腕，帮助他左右轮流向前迈步。

8.训练用杯喝水：准备一个不易摔碎的塑料杯，如带吸嘴的并有两个手柄易于抓握，还能满足半吸半喝的饮水方式，在杯子里放少量水，让宝宝拿着杯子，可帮助他往嘴里送，要一口一口慢慢喝，当他拿杯子较稳时，可逐渐放手让他端着杯子自己往嘴里送，当宝宝第一次能够独立喝水时，一定要抓住这个机会，夸他一番。

第3节 7~8个月宝宝亲子游戏

 认知能力训练游戏

游戏1：小布偶

目的：训练宝宝的视觉灵敏度和手的移动能力，从而提高右脑的视觉能力

方法：准备一个能套在手指上的小布偶，套在食指上，叫着宝宝的名字，让布偶上下移动，或试着绕圈，看宝宝的视线是否能跟着动（运动形式可以变换，移动动作不要太快）。

游戏2：指五官

目的：锻炼宝宝的手眼协调能力

方法：让宝宝坐在身上，与他面对面，问："鼻子呢？"让他指出自己的鼻子。同样的方法让他指出自己的眼睛、嘴巴、耳朵等，指对了就亲他一下，并夸奖他："宝宝真聪明。"还可用同样的方法让他指出妈妈等人的五官。

游戏 3：认识自己

目的：让宝宝认识自己身体的各部位，并从中得到很多快乐

方法：妈妈与宝宝面对面，先指着自己的身体部位告诉宝宝："这是眼睛，眼睛能看见宝宝；这是耳朵，耳朵能听见声音；这是鼻子，鼻子能闻到香味；这是嘴巴，嘴巴可以亲宝宝……"然后问宝宝："宝宝的眼睛在哪里？嘴巴在哪里？"让宝宝指认，如果宝宝指认正确，要及时表扬他。随着年龄的增长，可以告诉宝宝更多身体部位的名称。

游戏 4：拉过来

目的：训练宝宝解决问题的能力

方法：把五条彩色的绳子分别系在五个彩环上，然后把彩环放在远处，把绳子放在宝宝身边，先看宝宝用什么办法取到彩环。如果宝宝曾经看过成人拉绳子能取到彩环，他会模仿成人。如果宝宝不知道绳子的用途，他就会爬过去直接取彩环。示范过拉绳取彩环后，可以把毛巾或一本大的杂志靠近宝宝，把一个小瓶子放在毛巾或杂志的远端，不必示范，看宝宝是否能拉动毛巾或把杂志转过来，拿到小瓶子，从而让宝宝学会举一反三。

游戏 5：学会分享

目的：让宝宝练习把东西递给指定的人

方法：爸爸手里拿着一件宝宝最喜欢的玩具，然后告诉宝宝："把宝宝手中的苹果给爸爸，爸爸把玩具给你。"这时宝宝会很愿意把苹果给爸爸，换取一件最心爱的玩具。或者妈妈拿着饼干，让宝宝把玩具给妈妈，妈妈给他饼干。慢慢地，可以让宝宝把各种东西传递给家里的人，如果宝宝做对了，要给他奖励。这样他就会愿意将东西与人交换，也愿意帮人传递东西，使宝宝养成愿意把自己的东西跟别人分享的好性格。

游戏 6：落下来

目的：刺激宝宝的听觉能力，同时促进平衡能力

方法：选择几首熟悉的儿歌，你坐在地板或床上，伸直双腿，让宝宝和你面对面坐在你的膝盖上，你一边唱歌，一边缩回小腿，抬起膝盖，当抬到最高点时，停止唱歌，看着宝宝，说："一、二、三！"数到三时，把腿放平，发出"哇！"的声音，如宝宝反应良好，可以重复几次。

游戏 7：选绳头拉玩具

目的：训练宝宝的思维能力，开动小脑筋

方法：准备长 70~80 厘米的毛线绳，剪成相等的两段，一根在一端系上一件宝宝喜欢的玩具，另一根不系。把两根毛线绳的另一端同样摆在宝宝跟前，让宝宝试选，选准可把玩具拉回来。这就要求宝宝开动脑筋，眼睛看准后支配手去拉。这种游戏要经常做，毛线绳逐渐增加到三根、四根（系玩具的仍是一根）。如果宝宝把玩具拉回来了，家长要及时表扬。

游戏 8：投球进盒

目的：锻炼宝宝听觉的灵敏度，促进其听觉能力的发育

方法：找一个无盖的盒子，再找一些彩色糖球，将盒子放远一些，然后拿出一粒糖球朝盒子里扔去，当糖球扔进盒子里时要说："哗啦，球进盒子了。"引导宝宝也来扔球，如果宝宝也将糖球扔进盒子，你也要说："哗啦，宝宝的球进盒子啦！"

 语言能力训练游戏

游戏 1：听指令做动作

目的：训练宝宝对语言的理解力

方法：准备一些玩具，和宝宝面对面坐着，然后一件件地拿给宝宝，让宝宝说出每个玩具的名称。还可以发出简单的指令，如叫他拍手、点头等，先示范，要是宝宝了解了说话的内容就可说话指示而不用做示范。

游戏 2：看图说话

目的：用重复的字和鲜艳的图片刺激宝宝的语言理解能力，并培养宝宝对图书的兴趣

方法：让宝宝看不同的图画，可选一些结构简单、故事情节单一的图画书给宝宝念，并念出物品、动物的名称，如"这是小鸭子，这是小青蛙"。如果宝宝偶尔指着书上的某一幅画，一定要告诉他名称。

游戏 3：学礼貌动作

目的：理解语言，发展动作，培养宝宝的文明习惯

方法：当有人给宝宝玩具或东西吃时，在一旁教他说"谢谢"，并模仿做点头或鞠躬的动作。当家人出门时，教宝宝说"再见"，并挥挥手，久而

久之，宝宝听到"再见"就会挥挥手。还有"早上好""晚安"等都可在固定的场景下教宝宝。

游戏4：和妈妈碰头

目的：促进宝宝语言和动作的联系

方法：妈妈与宝宝面对面坐着，用额头轻轻触及宝宝的额头，并亲切地呼唤他的名字，对宝宝说："碰碰头。"重复几次后，当你的头稍向前倾时，他就会主动把头伸过来碰在你的额头上。

游戏5：听口令拿玩具

目的：训练宝宝的语言理解能力

方法：把宝宝认识的玩具放在桌子上，爸爸、妈妈各坐在桌子的一边，然后分别发口令让宝宝把桌子上的玩具拿给成人。成人手边也要放上两三个玩具，因为宝宝有时候舍不得把手里的东西给成人，成人拿出一个同他交换，他就会愿意把玩具给出，让宝宝觉得自己"很能干"，从而慢慢引导宝宝将语意和实际联系起来。

游戏6：指物认图片

目的：训练宝宝的记忆能力

方法：先取出宝宝已经认识的实物如香蕉或苹果，再取出印有该物的图片，将实物与图片对比，宝宝很快就能理解图片代表实物。然后找机会认识几种经常看到的动物，如猫、狗、鸽子、鱼等，找出这些动物的图片让宝宝认。可以把几张图片放在地上，成人说出物名让宝宝用手拍打相应的图。当宝宝拍对了，成人要马上抱起宝宝亲亲并表扬他"真棒！"要经常练习，定时复习。日积月累，在这个月内宝宝能认识5~10张图片。

游戏7：说说唱唱

目的：为宝宝提供开发大脑的机会

方法：想一些成人熟悉的歌曲或儿歌唱给宝宝听，尽量选择一些重叠音多以及歌词里面有宝宝熟悉的人和物的歌曲。边唱边把歌词里面宝宝熟悉的物体指给宝宝看，形成条件反射。在唱重叠音时要慢些，语调重些。

游戏8：看图片认物

目的：和宝宝共享一段亲昵的时光，很快你们就可以一块看简单的书了

方法：妈妈给宝宝看一张图片，指着上面的图片告诉宝宝名称，并告诉

宝宝颜色、形状和用途（每一张图片上应该有一个主题）。让宝宝拿着图片，告诉宝宝图上是"鞋子"或"帽子"等。当宝宝能指认时，妈妈要重复一次。隔几天再给宝宝一张新图片，等他习惯了看图以后，就可以练习看一些简单的图画书了。

动作能力训练游戏

游戏1：一层层剥开

目的：训练宝宝的食指精细动作能力

方法：准备一些大纸团、一个小玩具，将玩具用纸一层层包裹起来，包3~4层，然后当着宝宝的面一层层剥开，并在他的注视下再将玩具包裹起来，让宝宝自己将玩具剥出来，你可在旁边引导他一层层剥开，慢慢地宝宝就学会用食指将纸剥开，完成时要给予奖励。

游戏2：来撕纸吧

目的：训练宝宝的精细动作能力，满足宝宝的好奇心及增强宝宝的自信心

方法：找出一些图片色彩丰富的旧杂志，先给宝宝示范撕的动作，边撕边说"撕啊撕，让我来撕根面条，撕个小圈圈"等，宝宝会学着妈妈的样子撕纸。开始撕出的纸非常随意混乱，没有规律，等到2岁左右，就可以教他撕出形状和花样了。

游戏3：小动物要回家

目的：发展宝宝的精细动作、手眼协调能力和空间感

方法：准备一个纸盒装饰成的动物小房子（盒盖上留一道缝隙）以及小动物图片若干，你同宝宝一起指认图片上的小动物，并引导他："这些小动物的家就在这个盒子里，我们送它们回家吧！"然后和宝宝一起将图片从纸盒缝隙塞入盒子里。再打开纸盒，取出所有图片，让宝宝自己独立完成"送动物回家"的任务。

游戏4：扶栏拾物

目的：训练手眼协调能力和宝宝弯曲及直立身体的能力

方法：将宝宝放在床上，在后面分别抱着他的胸部和膝部，把宝宝感兴趣的玩具放在他前面的床上，逗引宝宝弯腰去捡玩具，捡到玩具后再直起

身,反复多次训练。学会后再让宝宝自己一手扶栏杆,一手弯腰去捡拾身边的玩具。捡到后要给予表扬。可在旁边帮助一下。

游戏 5:学爬行

目的:训练宝宝用四肢共同支撑身体的能力

方法:当宝宝能用腹部为支点向前爬行时,成人用双手把宝宝的腹部抬起来,使宝宝的手和膝贴着地面向前爬行。反复练习后,宝宝就会自己提起腹部,不用成人帮忙。成人可以用绳子拉着一些有趣的玩具,放在宝宝伸手可及之处,待宝宝快要拿到时就略微拉远一点儿,让宝宝往前爬。开始 2~3 步就要让宝宝拿到玩具,然后坐下来让他休息一会儿。爬行对宝宝来说,并不是轻而易举的事,每天都应让宝宝练习。

游戏 6:灵巧的食指

目的:训练宝宝手指的灵活性

方法:把一个小珠子(直径 2 厘米)放入一个口径 2.5 厘米的小瓶内,让宝宝用食指把珠子抠出来;如果家里的地垫是泡沫塑料,上面有镶嵌的花纹,让宝宝用食指抠动花纹;宝宝最喜欢玩电视机的遥控器,平时未开电视时可以让宝宝用食指按凸出来的按键。有时开着电视也可以让他按一下,当他看见电视屏幕变了会十分惊讶。家里的台灯按键也让宝宝用食指按压,他会发现灯亮了,再按压一下,灯就灭了,而且宝宝会反复练习,这是宝宝在探究动作的因果关系。

游戏 7:敲琴听音

目的:训练宝宝敲击的准确性

方法:用三个易拉罐装上水让宝宝敲击,水多的如同长键发低音,水少的如同短键发高音。也可以购买玩具三键琴,让宝宝敲击着玩。成人先给宝宝敲出一些好听的声音,然后让宝宝随意敲击。宝宝有时会专门敲高音或专门敲低音,不久宝宝就知道敲长的键声音低,敲短的键声音高。

游戏 8:宝宝吃萝卜

目的:手眼协调性的锻炼能刺激宝宝大脑循环的发展

方法:把一些煮熟的胡萝卜切成小丁放在宝宝面前的桌子上,教宝宝自己拿胡萝卜丁放进嘴里,宝宝也许会喂妈妈呢。当宝宝能拿食物放进嘴里时,会强烈地感受到自己的力量和自己的控制力。

社交和自理能力训练游戏

游戏1：交个好朋友

目的：培养宝宝的社会交往能力，减轻他怯生的程度

方法：和小伙伴刚见面时，鼓励宝宝与小伙伴相互握握手、点点头或拍拍手表示欢迎，引导宝宝和其他小朋友交换玩具，一起在地毯上嬉闹、游戏。小伙伴分手时，让宝宝挥手表示再见。

游戏2：一只毛毛熊

目的：有利于情感联系，增强宝宝的快乐情绪

方法：一边给宝宝唱儿歌，一边抓住宝宝的一只手，然后让他的手张开，用另一只手在他的手心画圆圈，接着用两根手指顺着宝宝的手背往上移。当儿歌唱完时，在他下巴上挠挠痒。儿歌："一只毛毛熊，围着花园转呀转，一步、两步、三四步，就在这儿蹭痒痒，蹭——痒——痒。"

游戏3：我们一起做

目的：看别人做动作及模仿别人的动作，锻炼宝宝的交往能力

方法：先给宝宝示范挥手、拉手、拍手、点头等动作。妈妈边做边说"挥挥手""拉拉手""拍拍手""点点头"等。引导宝宝用同样的方法做练习。宝宝模仿别人的动作，首先要注意别人并记住别人的动作，然后模仿出来。同时，在模仿别人动作的过程中，要与成人或同伴玩耍，帮助宝宝积累交往经验，培养愉快情绪。

游戏4：换取物品

目的：培养宝宝与他人共享物品的能力，增强人际关系及交往能力

方法：手中拿一个宝宝喜欢的玩具，对他说："宝宝把书拿过来，给宝宝玩具。"宝宝听明白你的意思后，他会很愿意拿来书，递给你，换取自己的玩具。在和宝宝一起玩的时候，也可把球滚到他面前，让他把球拿起来，递给你。宝宝做到后，要及时鼓励和赞扬。

游戏5：学穿衣

目的：训练宝宝的自理能力

方法：每天替宝宝穿衣服时，先把衣服在宝宝面前展开，让宝宝认识袖子，开始时妈妈拿着宝宝的手放进袖子里，并在袖口处把手拉出来。以后妈

妈让宝宝自己把手伸进袖子里，在袖口处帮他把手拉出来。熟练后再学伸入第二只袖子。如果宝宝还未学会，妈妈可拿布娃娃为宝宝示范，让宝宝看着布娃娃的手是怎样伸进袖子里的。

游戏 6：感受父母的爱

目的：增强宝宝对父母的亲近程度

方法：有的父母不能亲自照料宝宝，如果宝宝只有到周末才能见到父母，很可能拒绝和父母亲近，这时父母不要着急，可先拿着有趣的玩具逗引宝宝，让他感到好奇，再慢慢亲近他。尽量利用周末的时间多和宝宝相处，同他一起游戏或是带他到户外玩耍，父母的精心呵护，会让宝宝感受到与照料人不同，从而使宝宝愿意亲近。

游戏 7：举高高

目的：训练宝宝适应高空平衡

方法：妈妈在床上仰卧，双腿抬起，膝部微弯，用手把宝宝抱高，将宝宝放在自己的脚底板上，妈妈用双手扶着宝宝的手臂，轻轻晃动宝宝的身体。如果是爸爸与宝宝一起玩，可以站着慢慢地一点点把宝宝抱高，最后宝宝坐在爸爸的肩上，两人随着节奏左右动。

游戏 8：饼干摇出来

目的：发展宝宝自己解决疑难问题的能力

方法：让宝宝坐在妈妈身旁，把空的小瓶给宝宝玩一会儿；把一小块饼干放进瓶子内，对宝宝说"饼干掉进去了"，让宝宝从瓶口看见里面的饼干。然后帮助宝宝拿住小瓶，和他一起将瓶口朝下并摇动小瓶，直到把饼干摇出来。

CHAPTER

9

8~9个月宝宝早教方案

第1节 8~9个月宝宝成长发育

宝宝身体发育对照表

发育指标		男童			女童		
		下限值	平均值	上限值	下限值	平均值	上限值
9个月	体重（千克）	7.23	9.29	11.35	6.79	8.75	10.79
	身高（厘米）	67.9	72.7	77.5	66.5	71.3	76.1
	头围（厘米）	42.8	45.5	48.2	42.0	44.5	47.0

宝宝成长小信号

1. 囟门：前囟继续缩小。

2. 牙齿：平均为0~4颗牙。9个月左右在上齿槽两侧各长出1颗门牙。

3. 生长发育：此时由于会爬行，行动变得较自由，双手很灵巧，因此宝宝的世界就大为扩展，好奇心也随之增强。他会随时拍拍东西、摸摸东西、尝尝东西。只要是看到感兴趣的东西，就会用手去抓或摸，有时还会用舌头去舔，因为他想了解周围的事物。这种好奇的探索动作会与日俱增，妈妈不要感到困扰，因为宝宝的这种表现和智力的发展有很大的关联。

宝宝心理发育

1. 喜欢和小朋友或成人做一些合作性的游戏。有了初步的观察力，喜欢照镜子观察自己，喜欢观察物体的不同形态和构造，对一些细小的东西发生兴趣。

2. 注意力会更集中，持续的时间更长。记忆力有明显的进步，能记住成人经常反复说的话或做的动作。

3. 心理需求丰富了许多，喜欢别人称赞他，这是因为他的语言行为和情绪表现都有进展，能听懂成人经常说的表扬类词语，因而会做出相应的反应。

 宝宝敏感期提示

1. 敏感期开始：细小事物敏感期。从9个月到3岁左右，宝宝会突然对细小的东西感兴趣，如头发丝、线条、小昆虫、小石子等，这个阶段是培养宝宝敏锐观察力、比较能力的大好时机，一旦发现宝宝有了这些行为，要给宝宝一些必要的支持，协助他更好地发展。

2. 敏感期延续：继续口腔敏感期、运动敏感期和手臂发育敏感期等。

 宝宝智能发育特点

1. 视觉：宝宝已经有了深度知觉，注意力有所提高，可以集中注意物体15~20秒。

2. 听觉：对外界的各种声音都表示关心，对微小的声音感兴趣，即使是微弱的声源也会注意到并转头寻找声源。听到一种声音突然变成另一种声音时能立即表示关注。

3. 语言：能听懂不少词、句，会做3~4种表示语言的动作，能连续模仿发声，听到熟悉的声音能跟着哼唱，说一个字可以用动作表示，如"不""这""那"等。

4. 社会性发育：会配合穿衣，伸手入袖口，还会伸腿入裤腿内。

 宝宝智能发育评价

1. 大运动能力：俯卧时用手和膝趴着能挺起身来。会爬，爬时腹部离开床面。爬行过程中能自如变换方向，能从坐位躺下，能扶着栏杆站立，并能自由坐下，拉着成人的手能走3步以上。

2. 精细动作能力：会捡拾玩具，知道寻找掉落的玩具并能扶物蹲下够地上的玩具。能用拇指、食指捏小丸；用食指开关电灯、电视等3种以上。

3. 适应能力：能将物体放入容器中并能从容器中自行取出。能用一只手中的物体明确地击打另一只手中的物体。能丢掉手里的东西（抛球）。

4. 语言发展：能模仿成人发出单音节词甚至双音节词，如"妈妈"等，开始有明显的高低音调。有拍手"欢迎"、挥手"再见"的表示。让宝宝听名称指出相应物品或自己身体的部位，会指2种以上。

5.社交行为：当照镜子玩时，从镜子里看见自己会到镜子后面去寻找。有"不要"的表示（摇头或推开），会注意听别人讲话或唱歌，并能模仿用动作和表情唱儿歌及表演动作。清楚地知道自己叫什么名字，叫他会答应，能听懂简单的指示。

宝宝教养要点

1. 听音乐或儿歌活动肢体。
2. 增加家庭益智游戏项目，让宝宝模仿声音。
3. 对宝宝的语言、动作发展予以表扬。
4. 训练宝宝拇指与食指对捏动作。用不同玩具练习宝宝手的技巧。
5. 训练爬行和站立，如扶栏站立、扶走，促进感觉统一协调发展。
6. 学会拉绳取物，练习迈步，自己动手，增强自主性。
7. 训练宝宝用杯子喝水的能力。
8. 增加户外活动时间，培养宝宝欣赏大自然的兴趣。
9. 可以考虑断奶。多吃富含铁的食物，避免患营养性贫血。
10. 定期检查玩具和童车等用品的安全性。穿方便活动的衣服。

第2节 8~9个月宝宝能力训练

1. 看图识字：利用物品及识字卡片，教宝宝看图识物，图片最好是单张的图，教宝宝指认动物、人物、物品等，开始时可用一个物品配上同样一张物品图，认识几张图之后，可用另外一张图配上另外一个识字卡，使宝宝理解字可以表示图和物，开始时只认一种，复习几天，等宝宝能从几张图中找出相应的图，再教第二种。

2. 认识几何图形：给宝宝许多不同形状的图片或薄片的几何图形，让他认识长方形、正方形、三角形和圆形等，像玩玩具一样知道怎么把图形摆放在一起组合成新的图形，可以促进宝宝的认知能力和感知能力的发育以及逻辑思维的发展，并且对大脑发育也有很大的帮助。

3. 识别不同表情的训练：当宝宝使劲地摔玩具或撕书时，可以用"严厉"和"不高兴"等表情来阻止他的这一行为，如皱起眉头盯着他看，发出"嗯"的声音等，然后观察宝宝是否领会而停止行动，如果没有领会，就把玩具和书拿过来，当宝宝向你要时，不要给他，重复上面的表情，他慢慢就会领会。这样能增强宝宝的自我约束能力。

4. 强化物体永恒性的概念：9个月的宝宝已经知道藏起来的东西是可以找出来的，要用游戏的方法使他积累一些经验，以帮助他以后解决问题。比如用空纸盒或空碗把他的玩具扣住，让他找，帮他找出他的玩具。或把绒毛玩具塞入纸袋里、枕头下或被子里，看他能否找到。

5. 进入语言积累期：爱模仿成年人讲话，有时会几天发同一个音，什么东西都用这一个音来代替，这是因为宝宝的发音器官还不够完善，比较难的音还模仿不出来。这个阶段对宝宝进行语言教育主要是理解语言，通过示范动作配合语言告诉宝宝怎么做，如坐下来、拿、等一等。让他能更多地理解语言所表达的含义。

6. 语言动作训练：训练宝宝能够执行简单的指令，如"小姐姐到我们家玩，我们握手欢迎"等，他做对了，家长要鼓掌、喝彩、夸奖，使他为自己的正确理解而高兴，尝到成功的喜悦。

7. 坐起并迈步训练：让宝宝仰卧或俯卧，用语言、动作示意让他坐起来，然后握着宝宝的双手，让他站起来并鼓励他迈步。他配合时，要表扬他，让他高兴，使其平衡和协调能力进一步得到发展。

8. 精细动作智能训练：用拇指、食指夹小球或线头，主动放下或扔掉手中的物体，而不是被动松手。从本能的抓握到有意识的满把抓握，到拇指、食指以及拇指、中指的协调抓握，再到双手协调抓握，手眼协调也有很大的变化，能将小物体放到大盒子里去，再倒出来，比如将积木放入盒子里，反复倒进倒出，逐步提高了对事物的感知能力，如大小、长短、轻重等。

第3节 8~9个月宝宝亲子游戏

 认知能力训练游戏

游戏1：认图和物品

目的：训练宝宝的视觉能力

方法：准备带有各种物品的儿童图书、卡片等，教宝宝认识动物、人物、玩具、生活用品等。因汉字与图画相似，所以宝宝是先会认字、后会认数。刚开始3~4天认一个图、一个物品，记住后再认下一个。

游戏2：听儿歌识动物

目的：开发宝宝的大脑和智力，理解一些动物的习性

方法：在宝宝心情愉快的情况下，找两首有关小花狗和小花猫的儿歌唱给宝宝听。还要告诉宝宝小花狗和小花猫都爱吃什么，并告诉宝宝什么是骨头、什么是鱼。唱儿歌时，可让宝宝看看实物，增加认知。

游戏3：冷热刺激

目的：通过冷热物质触摸的刺激训练，激发宝宝辨别冷热的能力

方法：将一块冰放入碗中，让宝宝触摸，告诉他："这是冰，很凉的。"打开热水瓶的盖子，在距瓶口10厘米以上的地方让宝宝感受一下水蒸气的热度，告诉他："这里面是热水，很烫的，不要动它。"再将热水倒出来让他感受一下，等一会儿凉下来了跟他说："烫水不能喝，凉了才能喝。"

游戏4：钓大鱼

目的：增强"物体永存"观念

方法：妈妈抱着宝宝坐在桌前，用一根彩色毛线系上玩具，将玩具从桌上扔下，然后拉回。反复做给宝宝看，让宝宝知道玩具消失还会再回来。

游戏5：不爽的体验

目的：训练宝宝的抑制能力，使宝宝懂得察言观色，成为善解人意的好宝宝

方法：要让宝宝体会到什么是"烫"不能摸，可以让他的食指摸一下稍

烫的碗，妈妈示范性地把手缩回，宝宝有了亲身的感受才能懂得为什么烫的东西不能摸。"臭"和"辣"，也要让宝宝用鼻子闻一下这些不良气味的东西，用舌头尝尝辣的东西，他自己感到不好闻和不好吃才会罢休。如果只用语言，他仍然会放入口中。

游戏6：大和小

目的：训练宝宝目测的能力

方法：妈妈把两个橘子放在桌上，一个明显比另一个大。当宝宝伸手拿大个的橘子时，妈妈要高兴地鼓掌表扬宝宝，并说："大的。"宝宝看见妈妈高兴自己也会笑起来。妈妈再把两辆玩具汽车放在桌上，一大一小，鼓励宝宝去拿，当宝宝拿到大的汽车时，妈妈也鼓掌表扬，说："大的。"经过几次练习，宝宝会寻找大的，妈妈也多次强调"大的"，以后宝宝就会逐渐懂得什么是"大的"。

游戏7：星星和月亮

目的：训练宝宝的视觉能力

方法：繁星满天的晚上，可与宝宝来到室外一起观察星空。这时可告诉宝宝："这是月亮""这是星星"，并拉着他的手数星星。还可以给他唱一首关于星星的歌。应在夏天进行此种训练。

游戏8：认识鸟类

目的：扩大宝宝的知识面，认识鸟类

方法：拿一本有鸟类的图画书让宝宝看图，指给宝宝鸟的名称，羽毛是什么颜色的，告诉宝宝好漂亮。有条件可以和养鸟的老人玩一玩，让宝宝见见实物。到动物园去更好，看看鸟是如何飞的。还可教宝宝小鸟飞的动作。

语言能力训练游戏

游戏1：宝宝真聪明

目的：强化宝宝学习语言的能力，激发他的学习兴趣

方法：9个月的宝宝已经能听懂成人赞扬他的话，听到表扬他会兴奋地重复原来的动作和语言，对宝宝每一个小小的成绩，都要表情丰富地竖起大拇指对他说："宝宝真聪明。"宝宝会更加积极地学习语言和动作。

游戏2：牙牙学语

目的：训练宝宝发音，增强宝宝的自信心

方法：父母发出不同的有趣的声音，例如，"啊，啊""咿，咿"；小狗叫"汪汪"；小猫叫"喵喵"；老虎来了，"啊呜，啊呜"。看宝宝是否模仿，当他哼哼或嘟囔时，要做出正确的回应。当他"汪汪"或"喵喵"的时候，问宝宝："小狗来了？汪汪。小猫来了？喵喵。"这也是一个学习语言的过程，可以锻炼宝宝的语言表达能力，每次说完以后，要表扬表扬他，抱一抱他，鼓励宝宝以激发他听、说的欲望。

游戏 3：第一次叫爸爸

目的：训练宝宝口头表达的能力

方法：在宝宝已经学会无意义发音两三个月后，就可以有意识地锻炼宝宝的说话能力，如爸爸下班回家见到宝宝时说"叫爸爸"，当宝宝发出相似的声音时，马上把宝宝举起，亲亲他，会让宝宝感到意外和高兴。下次爸爸回家时，宝宝会主动叫"爸爸"。有时妈妈拿着奶瓶，饥饿的宝宝会很着急，妈妈说"叫妈妈"，宝宝着急时会叫"妈"而得到食物。不过宝宝偶然称呼一两次后，要经过多次练习才会顺利地称呼人。

游戏 4：理解故事情节

目的：测试宝宝的情绪是否能跟着故事情节做出同步变化

方法：准备几本字少的儿童图书给宝宝看，先让宝宝认识故事的主角，让宝宝看图猜猜他们在干什么，以引起宝宝的兴趣，然后介绍每页出现的其他事情，让宝宝逐一记住后再开始朗读文字。成人在朗读时让宝宝用手指出相关的人物或事物，再配合不同的表情来朗读，会使宝宝更加容易理解故事的情节，宝宝的情绪也会随情节的变化而表现出悲伤和高兴。

游戏 5：和宝宝顶顶牛

目的：训练宝宝的语言能力和动作协调能力

方法：妈妈和宝宝面对面，挑战似的说"顶顶牛"，妈妈便把额头轻轻地碰在宝宝的额头上，稍用劲顶一顶，使劲似的说"顶啊顶啊顶牛牛，和宝宝顶牛牛"。宝宝会高兴地和你顶起来。顶几回后，宝宝便记住，往往主动和你顶，这时要及时表扬："好厉害的小牛啊"！宝宝会更加起劲地和你顶。

游戏 6：爸爸抱抱

目的：有助于宝宝学说话

方法：爸爸也要经常和宝宝互动，这样可以增进爸爸和宝宝之间的感情。在宝宝睡觉前或觉醒状态下，爸爸可以这样逗宝宝："宝宝，宝宝，摇篮摇摇（摇摇宝宝）；宝宝，宝宝，朝爸爸笑笑（贴近宝宝的脸微笑）；宝宝，宝宝，我们藏猫猫（用手罩住自己的眼睛）；宝宝，宝宝，让我瞧一瞧（移开手）；宝宝，宝宝，看到什么？（贴近宝宝的脸）我在这里，爸爸抱抱（好好抱抱宝宝）。"爸爸可以和宝宝经常做这样的游戏，宝宝会非常高兴。

游戏 7：爬斜坡

目的：训练宝宝登高爬行时的平衡能力和爬行速度

方法：把一块半米宽的木板的一端靠在一个矮箱子上或靠在 2 级左右的台阶上，搭成一个斜坡，用绳子把玩具吊在宝宝几乎伸手可及处，引诱宝宝爬上斜坡。教宝宝用手脚配合往上爬，因为用脚能使身体持平，而且用脚更容易蹬住木板以免身体滑下去。一旦宝宝学会用手脚爬行时，爬的速度会比手膝爬行快。成人用绳子拉着玩具，宝宝为了够取玩具继续向上爬，不但锻炼了宝宝的耐力，而且可以使爬的距离延长。爬上之后还可以练习从斜坡上慢慢滑下来。

游戏 8：听儿歌开口说

目的：加强宝宝对语言的理解，提高语言能力

方法：给宝宝念儿歌："小鸭嘎嘎，爱说大话，嘴会唱歌，脚会画画，画把小伞，没有伞把，唱歌跑调，哎呀——哎呀……"如果多听几天，宝宝渐渐能跟着儿歌的节奏开口跟上最后一个押韵的字音（……嘎……话……歌……画）。

 动作能力训练游戏

游戏 1：抓住了

目的：锻炼宝宝的手眼协调能力

方法：准备一些丝巾、小手绢、气球或其他扔向空中能够缓缓落下的东西，与宝宝一起坐在地板上，把这些东西一件件扔到空中，并开心地喊："飞碟飞起来了。"当丝巾落下来时，举起胳膊去抓它，然后再扔出去，鼓励宝宝抓："呀，飞碟降落了，宝宝抓住啊！"教他张开双臂，让丝巾落到他怀里。

游戏 2：站立起来

目的：训练宝宝站的能力和平衡能力

方法：让宝宝抓住你的大拇指，轻轻地把他从卧位拉到坐位，然后再拉他慢慢站起。每天练习几次，增强肩、胸的活动能力，还可以在床栏上挂些

玩具，吸引他站起来够玩具，另外，可让宝宝在床上站好，从旁边或前边轻轻推他一下，使他失去平衡，用另一只手扶住宝宝，避免他跌倒。

游戏3：锻炼爬行能力

目的：锻炼宝宝的全身协调能力，开发智力

方法：将一个布娃娃放在宝宝的背上让宝宝爬；将一串玩具挂在宝宝的颈上让宝宝爬；将一个小汽车系在宝宝的脚上让宝宝爬；一边用手推可乐瓶一边爬行。经常用这样的方式锻炼宝宝的爬行能力，以增强宝宝的身体协调能力。

游戏4：小鸟飞呀飞

目的：让宝宝学习站立，锻炼身体

方法：妈妈扶着宝宝腋下让其站立，配合音乐的节拍，教宝宝按音乐的节奏张开双手做小鸟飞状，熟练后妈妈可将手松开片刻，看宝宝是否能自己抬起手臂做飞的动作。

游戏5：学会迈步

目的：让宝宝体验走路的感觉，学会迈步走路

方法：扶着宝宝腋下，面朝前，让宝宝的双脚踩在成人的脚面上，喊"一、二、一"的口令，迈着小步子带动宝宝向前走，可逐渐延长时间，直到宝宝学会迈步。

游戏6：拆宝塔

目的：增强宝宝的自信心，锻炼手眼协调能力

方法：用积木垒成宝塔，让宝宝推倒，如果他不愿意，你就自己推倒，然后看他是否跟着做。宝宝开始可能感到有些奇怪，但很快会发现"搞破坏"挺有乐趣的，要鼓励他重新垒起来。让他看你一遍一遍地做垒起积木、推倒积木的动作，鼓励宝宝自己垒宝塔。这是发掘宝宝创造力的过程，要尽量鼓励宝宝独立完成越来越复杂的动作。

游戏7：扶物走几步

目的：训练宝宝迈步的能力

方法：如果宝宝在地下爬行时扶着沙发站起来，可在沙发的另一端放一个发声的玩具逗引宝宝去拿，宝宝会横跨几步过去取玩具。注意不要让宝宝站立太久，大约10分钟要帮助宝宝坐下来休息。因为宝宝只能站起来，还不会自己坐下，需要成人的帮助。

游戏8：绕啊绕

目的：对成人强烈的依赖感具有保护性的生理功能，能帮助成长中的宝宝承受生活中的压力

方法：先给宝宝示范将两个拳头在胸前上下转圈绕，边绕边说："小拳头，绕啊绕。"让宝宝也学着你用两个小拳头绕转，熟练后慢慢加快速度。结束后抱抱宝宝，亲亲宝宝。经常和宝宝一起游戏不但能增进亲子感情，还能使宝宝得到充分的安全感。

社交和自理能力训练游戏

游戏1："过家家"

目的：学会关怀、同情、照顾他人，提高宝宝的社会交往能力

方法：拿一块手帕当被子，让宝宝去哄、抱布娃娃或帮布娃娃盖被子以及给布娃娃喂饭等，模仿成人照顾、关怀宝宝的模样。

游戏2：宝宝真棒

目的：训练宝宝认图和迈步的能力

方法：找一个纸箱约50厘米×40厘米，以50厘米为高度，在箱子的四周贴上四幅图画：汽车、猫、妹妹、花。让宝宝爬到箱子的旁边，宝宝会扶着大箱子站起来，妈妈领着宝宝在箱子四周观看，告诉他每种东西的名称。然后妈妈放开宝宝的手说："花呢？"让宝宝扶着箱子在箱子四周寻找，如果宝宝能找到，妈妈要鼓掌并表扬他："真棒！"然后再问："猫呢？"经过多次练习，宝宝就会记得图的顺序，并很快找到目的物。

游戏3：学会自己玩

目的：测试宝宝的专注时间

方法：准备几个大枣、两个碗和勺子，让宝宝自己练习用勺，或者给宝宝一个套塔自己打开，然后自己练习套。这些游戏如果妈妈已经示范过，可让宝宝独立操作，使宝宝通过自己操作总结经验并学会基本技能。妈妈可做其他事情，但要在房间里，要让宝宝看见，他才能安心地玩。经常自己玩的宝宝，专注时间会很长，同时也会自己克服一些困难，渐渐养成独立、专注的好习惯。

游戏4：我们在拉大锯

目的：锻炼宝宝的合作能力

方法：妈妈和宝宝一起坐在地板上，让宝宝拿着一只长袜子的一头，妈妈拿着袜子的另一头，轻轻地把袜子拉向自己。给宝宝示范怎样把袜子拉向自己。妈妈和宝宝拉来拉去的时候可以说："你拉我，我拉你，我们正在拉大锯。"可假装宝宝很有力气把你拉过去了。

游戏5：指认照片

目的：父母与宝宝之间温馨、充满爱的关系有助于增强其处理情感的能力

方法：妈妈和宝宝一起坐下来看家人的照片，边看照片边告诉宝宝照片上是谁，再说一遍这个名字，让宝宝在照片里指认。然后妈妈用手罩住照片，让宝宝去找这个人。再换另一张照片继续玩，这样宝宝懂得的东西会越来越多。

游戏6：伸手要抱

目的：鼓励宝宝正确表达情感，使其养成开朗、活泼的性格

方法：妈妈回家时，宝宝会马上伸手搂住妈妈的脖子，让妈妈抱自己，这时应该表示亲热和欢迎，爸爸下班回家时，宝宝也应得到同样的欢迎。

游戏7：练习用勺舀

目的：训练宝宝手的灵活性

方法：准备两个大碗和一个大勺，让宝宝练习把珠子、枣、保龄球等从一个碗舀到另一个碗里。先让宝宝认识勺子的两面，一面是凸面，一面是凹面，用凹面才可舀到东西。宝宝要经过多次练习，认准了凹面，才能把东西舀起来。做游戏时练习，比在吃饭时练习要方便，不怕把东西弄洒，也不会弄到身上。

游戏8：我能行

目的：锻炼宝宝的自理能力

方法：宝宝学会配合穿上衣后，就可以让他练习穿裤子。先让宝宝学会自己拉下裤子。穿裤子时，成人要略微帮忙，先让宝宝学会拉开裤腰，然后成人帮助宝宝抬腿伸入裤腿内。更换尿不湿时，让宝宝自己拉下裤子，这些都是宝宝应该掌握的基本自理能力。如果家长给予适时的锻炼，宝宝应该能做到，也会使他感到"我能行"的乐趣。

CHAPTER 10

9~10个月宝宝早教方案

CHAPTER 10　9~10个月宝宝早教方案

第1节　9~10个月宝宝成长发育

宝宝身体发育对照表

发育指标		男童			女童		
		下限值	平均值	上限值	下限值	平均值	上限值
10个月	体重（千克）	7.50	9.54	11.58	7.02	8.96	10.90
	身高（厘米）	68.9	73.9	78.9	67.7	72.5	77.3
	头围（厘米）	43.0	45.8	48.6	42.4	44.8	47.2

宝宝成长小信号

1. 囟门：前囟继续缩小。

2. 牙齿：平均4~6颗。

3. 生长发育：这一月龄的宝宝四肢动作的协调性有了很大的进步，爬的技能熟练多了，活动能力也增强了。有的宝宝能扶着栏杆迈出一两步，有的宝宝能试着独站。此月龄的宝宝，能听懂几个常用的词语，特别喜欢听赞扬的话。如果成人称赞他的表现，他会重复表现给你看。他们的睡眠时间较以前减少，活动时间增多，妈妈应多和他们做亲子游戏。

宝宝心理发育

1. 喜欢看各种东西，好奇心表现得更强烈；更喜欢成人抱他，因为抱着他到处走，可以看到很多新东西。

2. 喜欢用拍手欢迎、招手再见的方式与周围人交往。

3. 已显示出个性特征的某些倾向性，有的宝宝活泼，有的内向，有的灵活，有的呆板。例如，有的宝宝不让别人抢走他手中的玩具或吃的东西，显得"自私"，有的见别人有什么玩具就想要；有的非常大方，把自己的东西送给别人，与别人一起分享；有的宝宝整天不声不响；而有的宝宝则不让别人碰一下，遇到生人就显出戒备的样子。

宝宝敏感期提示

1. 敏感期开始：手的敏感期为10个月至6岁。宝宝喜欢用手抓、拿、捏、敲、扯、抠任何东西，用手探索环境，认识世界。手的敏感期到来的一个明显的信号就是宝宝喜欢抓软软的、黏黏的、细细的东西，这个阶段宝宝精细动作如果得到很好的训练，就能在很大程度上促进宝宝的智力发展以及神经系统的发育。

2. 敏感期延续：继续口腔敏感期、运动敏感期、手臂发育敏感期及细小事物敏感期等。

宝宝智能发育特点

1. 视觉：能识别垂直距离，害怕高处和边缘，当发现自己从床上快要掉下来的时候，会停止活动。

2. 听觉：有清楚的定位运动，能主动向声源方向转头，听到"爸爸在哪儿"或"妈妈在哪儿"能正确转头寻找。

3. 感觉：喜爱一切新鲜的东西，有一种好奇和探索的本能，对自己喜欢的玩具，可以不厌其烦地玩耍较长时间。能主动拿掉玩具外面的盖子等，会寻找瓶内隐藏的玩具。

4. 语言：模仿发语音，根据语意而行动，使用母子互知的词语对话，成人对他说的话几乎都能听懂，虽然他的语言表达能力还比较有限，不会说太多的话，但已经很有思想了。

5. 社会性发育：对其他的宝宝较敏感，看到父母抱其他宝宝会哭。害怕黑暗、打雷和吸尘器等的声音，对新的交往感兴趣，会主动亲近小朋友。模仿别人的活动和发音。

宝宝智能发育评价

1. 大运动能力：能由卧位坐起而后再躺下，能够灵活地向前、向后爬，能扶着床栏杆站着并沿床栏移动身体，能扶住栏杆站起或扶推车站稳并走3步以上，还可一边走一边移手，身体完全直立。扶宝宝站立后松手，宝宝能独站2秒以上。

2. 精细动作能力：双手会灵活地玩积木，会把一块积木搭在另一块积木上或用瓶盖去盖瓶子口，可以用大拇指和食指以剪刀或钳形的姿势拿小东西或拉一根线。可以用食指伸进洞里。

3. 适应能力：能主动拿掉杯子，取出藏在下面的方木，能明确地寻找盒里的木珠。念物品名让宝宝拿出相应的图片卡，宝宝能拿出或用手指出相应的图片卡。会模仿别人的动作。

4. 语言发展：能模仿发出双音节词如"爸爸""妈妈"等，并能有意识地叫"爸爸""妈妈"，还能重复一两个简单的字，如"拿""走"等，但发音还不清晰。

5. 社交行为：知道自己的名字，叫他的名字会答应。会用眼睛注视所说的人或物。懂得常见人或物的名称，懂命令，并做相应的动作，如让宝宝"把××拿来""把××给妈妈""坐下"等。反复做受夸奖的动作。

 宝宝教养要点

1. 让宝宝养成良好的进食习惯，适当控制肥胖宝宝的饮食。

2. 为宝宝选择一双合适的鞋，并帮他学会独自站立迈步走。成人要注意紧跟着保护。

3. 鼓励宝宝多说话，并响应其简单要求，以锻炼其语言能力。

4. 鼓励宝宝玩水、玩泥、玩沙、玩玩具，练习手及四肢的协调性。

5. 学习打开或合上动作，发展手的技巧。

6. 教宝宝看图、认人、认物，在潜移默化中认字。

7. 培养良好的生活习惯和生活自理能力。

8. 要注意培养宝宝定时睡眠、按时吃饭的好习惯。

9. 教宝宝自己用手捧水杯喝水，逐渐做到不洒水，动作熟练。

10. 让宝宝进一步学会配合成人穿脱衣服。

11. 训练宝宝有意识地叫爸爸、妈妈，学会称呼人。

第2节 9~10个月宝宝能力训练

1. 学用食指表示"1"：当别人问宝宝"你几岁了？"应抓住机会，趁势教宝宝竖起食指表示自己1岁，教过几次之后，宝宝会竖起食指表示"1"。如"你要几块糖？"他会竖起食指表示要1块，你只给他1块，以巩固对"1"的认识。

2. 训练会话能力的方法：（1）发音要正规，不要重复宝宝的儿语，而要亲切柔和地把正规的发音教给宝宝；（2）即使听不懂宝宝在说什么，也要善于倾听和回应，以鼓励宝宝不断进行尝试；（3）运用身边的物品配合日常生活中的动作教宝宝发音，一边指着东西一边发出声音，这样便可逐渐从打手势与声音相结合而逐步发展到用话语代替手势；（4）要让宝宝保持愉快的情绪；（5）要循序渐进，把学过的话语巩固一段时间后，再进行下一轮的训练。

3. 练习响应：一个成人呼唤宝宝的名字，宝宝扭头看的时候，另一个成人要替宝宝答应"哎"，如此反复，时间长了，宝宝就知道响应了。平时也可以让宝宝做游戏模仿练习，可以给宝宝一个电话，或用积木当电话，爸爸装做给宝宝打电话："喂，宝宝在哪里？"妈妈在宝宝的身边演示回答："喂，宝宝在这里。"让宝宝学会呼应，在问答中也能练习发音，得到快乐。其他场合也可以进行类似练习。

4. 练习"放进去""拿出来"和"扔"：将宝宝的玩具一件一件放进百宝箱里，边做边说"放进去"，然后再一件一件"拿出来"，让宝宝模仿，从一大堆玩具中挑出一件"放进去""拿出来"，反复练习。可以促进宝宝手、眼、脑的协调发展，增强宝宝的认知能力。还可以将宝宝的积木扔进空罐子里去，发出响声，宝宝觉得有趣也会模仿，指导宝宝将积木对准罐子口再放手，培养宝宝有目的地放手，为投掷做准备，也能锻炼宝宝的前臂内侧肌肉的力量。

5. 练习打拨浪鼓：先示范转动手腕把拨浪鼓打响，然后递给宝宝，宝宝用摇铃棒的办法来摇，不能把拨浪鼓两边的球打在鼓上。这时再示范，明确摇动手腕才能让小球打在鼓面上，可把着宝宝的手腕练习，可以增强宝宝手腕的灵活性。

6. 限制宝宝的过分要求：这个月宝宝会表现得特别好动，越来越不服管了，这时要有意识地限制宝宝的过分要求，只要态度坚定，明确地表示"不"，前后一致，就可以帮助宝宝树立规矩意识。

7. 培养艺术素质：在宝宝模仿能力最强的时候，可以培养他对绘画的兴趣和能力,开始使用蜡笔,可让宝宝任意乱涂乱画,然后再在纸上画一个简单的图形,让他照着画。这个月还可以训练宝宝对音乐的感觉,先放一首宝宝喜欢的音乐,再扶宝宝站稳或坐在床上,让他随着音乐的节拍左右摇动身体,在学习的过程中,要多鼓励、表扬宝宝,使他感到心情愉快,以免宝宝对这种训练产生反感。

8.学会自己管理玩具:宝宝越小,注意力集中的时间越短,不论玩什么,不一会儿就腻了,在他开始显得厌烦时,要让他来一起收拾玩具,告诉他:"小猫、小狗要回家了,我们送它们回家,宝宝放一个,我也放一个,比一比好不好?"这样收玩具的过程也变成游戏的过程了。

第3节 9~10个月宝宝亲子游戏

 认知能力训练游戏

游戏1:认知色彩

目的:充分利用色彩,进行视觉及语言的刺激

方法:可以指着玩具对宝宝说"这是红气球""那是小白兔""这是黄花"等语言反复加以描述,加深宝宝对颜色的感知能力,让宝宝学发"红、白、黄"等的音。

游戏2:给玩具配图

目的:发展宝宝的辨别能力及配对的技巧

方法:在宝宝的面前放置一套图片和能配对的玩具,成人取出一个玩具,让宝宝在图片中取出一个与玩具相同的图片对对看,是否和玩具一样。当宝宝做到时,表扬宝宝。然后换两种配对的玩具,看宝宝是否能找出两种玩具的图片,渐渐将每次配对的玩具增加。

游戏3:试着套一套

目的:增强宝宝精细动作的协调性

方法：套碗、套桶、套蛋，这些玩具的形状都相同，但大小不同，能一个个地套起来。教宝宝玩具是怎么套进去的，然后让他试着做。

游戏4：看挂图认字

目的：让宝宝学会认识日常生活中的一些物品

方法：在挂图上面相应的物品上贴上字，让宝宝在认识这些物品的同时，认识相应的字，经常反复，直到宝宝学会为止。

游戏5：区别数字

目的：发展宝宝的注意力、记忆力和手的技巧，形成简单数概念的萌芽

方法：在宝宝的注视下，用一张16开的纸包上1块糖果，打开，再包上，鼓励他打开纸把糖果找出来，当他打开后，你说"1块"，把糖果作为奖励。当着宝宝的面另取4块一样的糖果，边说"这是1块，这是3块"，边用两张纸分别包上1块和3块。再打开让他看，5秒后又包上，要求他把两包糖果打开，看他要哪一包，反复玩后，如果他总要3块的一包，则说明他能区别"1"和"3"，同样的方法，也可让他区别"2"和"3"。

游戏6：宝宝的故事

目的：宝宝多次听到自己的名字会渐渐意识到自己是独立的个体，增强其独立性

方法：在宝宝入睡前，给他讲一个用他的名字编的故事，故事应描述他白天做的事。例如："很久以前，有一个可爱的小朋友（最好是宝宝的名字），他白天玩玩具，有时候妈妈会带他到外面看看小鸟、蓝天、白云、鲜花和绿草。晚饭时他吃了香甜的饭菜，还喝了牛奶。妈妈给他洗完澡后他舒服地躺在床上，听妈妈给他讲故事。"应尽可能地经常用宝宝的名字，看看宝宝对此的反应。这个故事可每天都讲，但每天的内容不同，最好讲当天发生的使宝宝印象深刻的事情。

游戏7：玩敲键盘

目的：通过敲击钢琴或电子琴让宝宝感受不同的声音

方法：为宝宝准备一架玩具钢琴或电子琴，将琴放在桌子上，握住他的手在琴键上随意敲击、拍打，也可握住他的食指弹出一定的旋律。

游戏8：表达笑和哭

目的：促进宝宝大脑建立交往能力的连接

方法：在杂志里找一些宝宝的笑脸和哭脸的图片，把这些图片粘在纸板上和宝宝一起欣赏，告诉宝宝图片都描述了怎样的情感，并鼓励宝宝把情感表达出来。笑脸和哭脸能在宝宝的记忆里留下深刻的印象并促进大脑建立新的连接。

语言能力训练游戏

游戏1：讲给宝宝听

目的：帮助宝宝学习语言

方法：每晚睡前给宝宝读同一个简短、朗朗上口的故事，最好一字不差，等这个记住了再换别的，以加深印象和记忆。每天坚持给宝宝读儿歌、讲故事、看图书，并采取有问有答的方式讲述图书中的故事，耳濡目染，他就会对图书越来越感兴趣，这对宝宝学习语言也很有帮助。

游戏2：接最后一个字

目的：促进语言能力的发展

方法：选择一首宝宝喜欢的儿歌，以温柔、清新及愉快的声调对宝宝反复唱这首歌。每次唱到某一句歌词中的最后一个字时，加强语调或做一个动作来强化这个字。几次之后，每次听到这个字时，故意漏掉这个字，让宝宝填补上。

游戏3：说准确的话

目的：丰富语言刺激，能使宝宝储藏大量的语言信息以提升语言智能的发育

方法：宝宝刚开始讲话用的是电报式语言，如用"妈妈"代替"妈妈拿书"，应先对着宝宝说一遍"妈妈拿书"，再拿书给他，不管他用什么语言指代事物，都要清晰地告诉他这个事物的准确名称，他会在大脑里储存词汇。

游戏4：诗与画

目的：锻炼语言表达能力和理解能力

方法：看图学诗歌，将诗歌的内容与画面联系起来，如"鹅，鹅，鹅，曲项向天歌。白毛浮绿水，红掌拨清波"，宝宝看见的是水中悠游自在的白鹅。

游戏5：指着回答问题

目的：测试宝宝是否能听懂故事的内容

方法：宝宝睡觉前，妈妈拿一本既有情节又有图的故事书，一面带着表情给宝宝朗读，一面给宝宝提问，如"它去干什么？""看见了谁？""发生了什么事？"让宝宝指着书中的图回答问题。如果宝宝指错了或者不会，可以问一些更简单的问题慢慢地引导宝宝。还可以让宝宝指认他认识的一两个字加以巩固。宝宝每次只能记住很少的部分，所以需要多次重复。给宝宝讲故事很容易使宝宝入睡，而且睡前听故事很容易记住。

游戏6：放进拿出

目的：使宝宝理解语言，学会按指令使手眼协调地动作

方法：把5~6件不同的玩具放在宝宝面前，让他看着，你一件件把这些玩具放进百宝箱，边做边说"放进去"，然后一件件"拿出来"，让宝宝模仿做。

游戏7：吹啊吹

目的：为培养宝宝的语言技能做铺垫

方法：在两把椅子之间系一段绳子，把纸巾剪成一条一条的，这样大灰狼就可以把它们吹进屋子里了。给宝宝讲三只小猪的故事，当讲到大灰狼"吹啊吹"的时候，鼓励宝宝把这个句子表演出来，即把纸巾条吹进两把椅子之间的屋子里。

游戏8：开口讲话

目的：使宝宝尽量开口说话

方法：引导宝宝有意识地发出一个字音来表示一个特定的动作，如"走""坐""拿"等，从而使他能开口表达自己的动作或意思。

动作能力训练游戏

游戏1：钩出来了

目的：充分发挥食指功能，锻炼宝宝的食指灵活性

方法：找一块布和一块棉花，将棉花包在布里面，在布上挖一个小洞，以让宝宝的拇指能伸进去为宜，在宝宝的注视下，先用小指头伸进小洞钩出一点儿棉花，用夸张的语气说："哇，钩出来了，多好玩呀！"然后鼓励宝宝用食指伸入洞里面探索，当他钩出棉花时要及时给予鼓励和夸奖。

游戏2：抓积木

目的：训练宝宝的手掌抓紧和放松的能力

方法：准备两个木盒或两个奶粉罐，妈妈先把积木扔到盒里或罐里，发出响声。宝宝会觉得很好玩，也让他捡东西往里扔。扔的过程是一个准确放手的过程，刚开始练习时要求宝宝在罐口放手，练习两个月后，再要求宝宝把积木投入罐内，罐口直径为8~10厘米，经过练习手指的技巧会有很大的进步。

游戏3：套上去

目的：训练宝宝的手眼协调能力，培养其理解数字的意义

方法：把一支铅笔插进一块橡皮泥或一个纸盒里，固定住，做成一个套环用的柱子，做3个套环（可用铁丝缠上布），示意宝宝将套环套在轴上，边套边数"1，2，3"，套好后再取下来重套。

游戏4：靠着站起来

目的：训练宝宝下肢的活动能力

方法：当宝宝能扶物站起来时，可以故意把玩具放在宝宝身边，让宝宝一手扶物，然后蹲下，另一手够取玩具，再慢慢站起来。进一步把玩具放在远离宝宝处，宝宝蹲下后，要一手扶物，一手伸得很远才能够着，或者需要趴在地上，甚至要爬行几步才能拿到，然后宝宝单手拿着够来的玩具，单手支撑身体再站起来。有时玩具太大，单手拿不住，宝宝就会用双手把玩具抱起，这时可让宝宝背靠着家具自己站起来，这种情况会使宝宝完全用自身的力量站立，渐渐可以自己站稳了。

游戏5：牵手学迈步

目的：训练宝宝迈步走路

方法：妈妈和宝宝面对面牵着双手，妈妈向后退，让宝宝向前走，一面走，一面数数，由于宝宝的上身经常向前躬，还未能站稳，全靠妈妈双手的拉力向前迈步。还可以使妈妈与宝宝的方向一致，宝宝在妈妈前面，妈妈在宝宝后面牵着宝宝的双手，两人同时迈右脚，再迈左脚，慢慢一步一步地练习。逐渐让宝宝熟悉，迈步时体重从一只脚转移到另一只脚上，渐渐学会站稳。

游戏6：正确地读书

目的：测试宝宝对书的认识和应用程度

方法：在给宝宝朗读故事书时，把书给宝宝，让他自己打开拿着看，听

过故事的宝宝就知道正确地看书,知道从哪一头开始,如果翻的页不对,故事就续不上,所以翻错了也会翻回来。故事讲完后,告诉宝宝"把书合上",他就会合上书。没有听过故事的宝宝就不知道怎样正确地看书、翻书和把书合上。

游戏7:打开又合上

目的:促进宝宝的模仿能力,培养手的精细动作发展

方法:妈妈和宝宝两人伸出双手,将双手手掌打开,又合上,反复练习,由慢到快。还可以用双手抚摸自己的身体及面部,从腰上一直"爬"到脸上,摸摸自己的五官。儿歌:"手儿开,手儿合,把手放在膝盖上,手儿爬,手儿爬,爬到脸上笑哈哈。"

游戏8:捡拾小物体

目的:捡拾又细又软的物体能有效训练宝宝食指的灵活性

方法:准备一些小盒子、皮筋、发夹、毛线或卡片。选择一些需要同时运用拇指和食指才能捡拾的小物体,散放在清洁的地板上,把小盒子递给宝宝,让他替你把地上的东西收拾好,然后放在盒内。

社交和自理能力训练游戏

游戏1:拿玩具给妈妈

目的:提高宝宝的社交能力,扩大宝宝的生活空间

方法:妈妈坐着,在不远处放一个小玩具,让宝宝帮助妈妈拿玩具,宝宝会爬过去将玩具拿给妈妈,妈妈接过玩具要夸赞宝宝,宝宝会更愿意帮妈妈拿东西。

游戏2:拉着走啊走

目的:和妈妈一起游戏会使宝宝感到非常高兴,同时又训练了迈步的能力

方法:妈妈与宝宝面对面、手拉手站着,妈妈向后退的同时,宝宝向前走,拉着宝宝的手走几个来回,然后试着放一只手,让宝宝一只手拉着绳子、纱巾等向前走,边走边说:"一、二、三,起步走,走到大门口,看见一只小花狗,正在啃骨头。"

游戏3:认识新客人

目的:帮助宝宝快速接纳陌生人,培养宝宝的人际交往能力

方法：在宝宝不熟悉的客人到来之前，可以先跟宝宝玩捉迷藏的游戏。妈妈可以用手帕蒙住宝宝的眼睛或盖在宝宝的头上，遮住眼睛即可，再把手帕拿下来，让宝宝看到妈妈，也可用手帕蒙住妈妈的脸，当妈妈把手帕拿下来的时候，妈妈做出惊喜的样子："啊！你是我的新朋友吗？"这时妈妈还可以做个鬼脸或戴一个小面具，让宝宝有惊喜、好玩的感觉，等到客人来访的时候，妈妈可以对宝宝说："新客人来喽！"也可以让客人一起参与这个游戏，宝宝就会跟客人慢慢熟悉起来，因为宝宝通常会很喜欢跟他一起做游戏的伙伴。

游戏4：分享水果

目的：可让宝宝学会与人分享，养成不自私的习惯

方法：让宝宝从果盘里拿一个水果给爸爸，再拿一个给妈妈，自己也拿一个，如果他舍不得把第一个给别人，也可把次序倒过来，先给他自己拿一个，再分给他人。还可以让宝宝把食物递给爷爷、奶奶以及客人等。

游戏5：自己摘帽子

目的：训练宝宝穿脱衣物及自理能力

方法：宝宝以前是无意识地把帽子丢掉，现在开始有意识地用手把帽子摘掉，拿着帽子给妈妈。宝宝喜欢模仿成人的动作，如爸爸回来把帽子摘掉挂在固定的钩子上，如果也给宝宝准备一个宝宝能够得着的帽钩，宝宝也会把帽子摘下来后自己挂上，鼓励宝宝学习每一项自我服务的本领，积少成多，使宝宝养成乐于自理的好习惯。

游戏6：学习身体语言

目的：让宝宝学会用身体语言与人交往

方法：妈妈用身体语言同宝宝对话，如拍手、点头、碰碰头等，还可用双臂表示"飞"，食指点点再伸开代表"虫虫飞"，拍拍肚子表示"吃饱了"，拱手表示"谢谢"，挥手表示"再见"，摇头表示"不要"，点头表示"要"，用手指点面颊表示"没羞"，或用手在鼻前扇扇表示"臭"。妈妈反复示范，宝宝才能逐步学会。

游戏7：与同伴相处

目的：训练宝宝怎样与同龄人交往

方法：经常带宝宝去街心公园或亲子园，让他与同龄人打招呼，看着别

人活动,如果他看到别人跳舞他会摇摇身体去模仿,看见小朋友跑,会着急地跺脚。宝宝看到各种各样的学步方法,也会愿意学习,最开心的是有时候一个宝宝叫了一声,就会有一两个小朋友呼应,随后大家不约而同地大声呼叫,让宝宝感受到加入其中的快乐。

游戏 8:练习捧杯喝水

目的:让宝宝学会自己捧杯喝水

方法:先替宝宝系上围裙,告诉他准备自己喝水,然后用双耳杯盛少量温开水,教宝宝自己捧杯喝水。观察他有没有渗漏,如有渗漏,找出原因,帮助他改正喝水的姿势,如果宝宝喝水完全没有渗漏应给予表扬。应让宝宝早日练习自己捧杯喝水、喝奶,争取在1岁半时完全脱离奶瓶,用杯子代替。

CHAPTER 11

10~11个月宝宝早教方案

第1节 10~11个月宝宝成长发育

宝宝身体发育对照表

发育指标		男童			女童		
		下限值	平均值	上限值	下限值	平均值	上限值
11个月	体重（千克）	7.68	9.78	11.88	7.21	9.21	11.21
	身高（厘米）	70.1	75.3	80.5	68.8	74.0	79.2
	头围（厘米）	43.5	46.2	48.9	42.7	45.1	47.5

宝宝成长小信号

1. 囟门：前囟继续缩小。

2. 牙齿：平均为5~7颗，也有些宝宝刚刚开始出牙，但乳牙萌出最晚不应超过1周岁。

3. 生长发育：这一月龄的宝宝又有了许多明显的变化。他们能转身，并左右摇摆身体，有的宝宝能自己扶着东西走。他们的双手总是动个不停，对任何物体都想摸一摸、动一动。11个月的宝宝能明显地表现自己的喜怒哀乐，见到喜爱的东西会伸手去拿，见到不喜爱的东西会推掉。要求得不到满足时，就会生气、愤怒、喊叫甚至拳打脚踢。

宝宝心理发育

1. 喜欢与成人一起做游戏，听成人给他讲故事。对父母表现出依恋之情，喜欢看书画、玩藏东西的游戏。

2. 喜欢东看看、西瞧瞧，好像在探索周围的环境，认真、仔细地摆弄玩具和观赏实物，边玩边自言自语。

3. 随着他在动作上从爬、站到学行走的技能日益增加，他的好奇心也随之增强，宛如一位侦察兵，喜欢把房间里每个角落都了解清楚，而且都要用手去摸一摸。

宝宝敏感期提示

1. 敏感期开始：空间敏感期为10个多月至6岁。最早表现为扔东西、摔东西，还有搬、摆、垒、钻、移动物体；稍大点儿则喜欢触摸不同的容器，跳、爬高、旋转或长时间待在一个空间里，如桌子底下等。空间敏感期对空间的探索是儿童一个自我创造的过程，一个突破极限的过程，所有的孩子在这个年龄段都会有这样的需求，成人要做的是给孩子爱和自由，给他一个探索世界的机会。同时可以用这个机会学习各种几何图形，对日后学习几何学奠定兴趣基础。

2. 敏感期延续：继续口腔敏感期、运动敏感期、手臂发育敏感期、细小事物敏感期和手的敏感期等。

 宝宝智能发育特点

1. 视觉：能从很多物品中找到自己想要的东西，认识常见的人和物，能准确地找到存放食物和玩具的地方，从观察中体会到关于物品形状、大小等概念。

2. 听觉：听到"把××给我"时能把某物拿过来，听到隔壁房间有声音时能惊异地歪着头倾听。能寻找视野以外的声音。

3. 感觉：不愿意妈妈抱别人，有了初步的自我意识。喜欢摆弄玩具，对感兴趣的事物长时间地观察。

4. 语言：会喊爸爸、妈妈、奶奶、姑、姨等，会一些表示词义的动作，如竖起手指表示自己1岁，对简单的问题能用眼睛看、手指的方法做出回答。能把语言和表情结合起来，能听懂3~4个字组成的一句话。

5. 社会性发育：能执行家长提出的简单要求。会用面部表情、简单的语言和动作与家长交流，当受到限制或遇到"困难"时仍然以发脾气、哭闹的形式发泄因受挫而产生的不满和痛苦。心情开始受妈妈情绪的影响。

宝宝智能发育评价

1. 大动作能力：能扶着东西站得很稳，可以一只手扶栏蹲下，另一只手拾取玩具，并能站起来。能独自站立10秒以上，拉着他的小手可以走几步。

2. 精细动作能力：拇指和食指能协调地拿起小东西，能有意识地打开包方木的纸,寻找方木。会招手、摆手等动作。能模仿将硬皮书打开再合上。

3. 适应能力:能有意识地将方木放入杯中。能模仿在桌上推动玩具小车。将玩具放在伸手够不到的地方,给宝宝一根棍子,宝宝知道用棍子够取即可,不一定要用手取到。

4. 语言发展:能模仿成人的声音说话,并说一些简单的词。能有意识地发出字音以表示动作、人或物。理解常用词语的意思并会一些表示词义的动作。

5. 社交行为:能随音乐或儿歌的节奏做简单的动作。喜欢和成人交往并模仿成人的举动。说"不动"或"不拿"后会停止拿取的动作。当他不愉快时,会表现出很不满的表情。

宝宝教养要点

1. 学会翻书,看图书。
2. 每天绘声绘色地给宝宝读儿歌、童话、诗歌,多听音乐,学习押韵。
3. 用笔随意涂涂画画,培养画画兴趣。
4. 鼓励宝宝多说话,响应其简单要求,锻炼其语言能力。
5. 对宝宝的特殊语言要理解,并善于和宝宝沟通,要多表扬。
6. 学搭积木、踢皮球、用棍够玩具。
7. 继续进行手足爬行和行走练习。
8. 经常帮宝宝揉揉手指,促进血液循环。
9. 固定三餐,用主食代替辅食。养成良好的饮食习惯。
10. 给宝宝多吃富含各种维生素的食物,以利于眼睛保健。逐渐进行断奶。
11. 注意宝宝活动居室的安全,防止小毛绒落入眼中等。

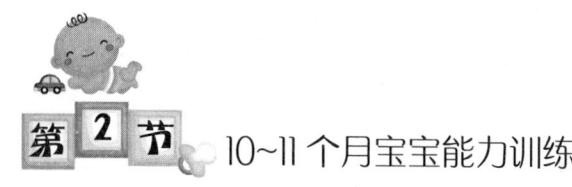

第2节 10~11个月宝宝能力训练

1. 区别大和小:将大小不一的同一种水果放在桌上,边指边告诉他"这是大的""这是小的",并告诉他拿大的或小的,拿对了就奖励给他吃,拿错了不给吃。

2. 区分"1"和"2"：理解"1"和"2"的区别，大概要到1周岁时，在宝宝要2块饼干、2个虾条之类的小食品时，他还不会说，但头脑里已有这样的意识，可以教他竖起食指和中指表示要2个，如他竖起食指给1个，竖起食指和中指就给2个，给他东西时先问宝宝："宝宝要几个啊？"

3. 用一个音表示要求：宝宝经常用一个音表示他的各种意思和要求。妈妈走的"走"，可以代表"妈妈""妈妈走了""去上街""自己走"等意思，要鼓励宝宝说出来，并做好翻译员。还要诱导宝宝联想、比较，比如宝宝说"球"时，你可把各种颜色大小的球一个一个拿出来，告诉宝宝这是"红球"，那是"绿球"等，或这是"大球"，那是"小球"等。

4. 口语能力的训练：11个月左右是宝宝语言发展的准备期，是理解语言迅速发展的第一个阶段，在此之后，学说话进入一个活跃阶段，说出词的数量猛增。所以，应该让宝宝多看、多听，边看边说边讲用途。如开开电灯——亮亮，小花猫怎么叫——喵喵，语言要规范，使宝宝受到正确的发音训练。

5. 踢球：宝宝已经能够扶着床栏、凳子、沙发等由蹲着到站稳时，可在距宝宝的脚3~5厘米处放一个球让他踢。在踢来踢去的过程中，宝宝会十分开心，锻炼了大脑平衡能力，促进了眼—足—脑的协调发展，还建立了"球形物体"能滚动的形象思维。宝宝7~8个月就会用脚踢球了。

6. 爬越障碍：11个月的宝宝具有熟练的爬行技能和极高的攀登欲望，时刻不停地"攀上爬下"是这个阶段宝宝的特点，这是宝宝自我探索、自寻其乐、增加才干的动力。应创造条件和宝宝开展"爬大山""越障碍"的游戏。

7. 不要阻止宝宝扔东西：11个月左右，宝宝变得特别喜欢"扔"东西，因为看到东西被自己从一个地方扔到另一个地方，感到很有趣，而且他会发现不同的东西扔出去的状态、声音不一样，因此不要用成人的眼光来看待宝宝扔东西，这个行为不但锻炼体力，还能使宝宝的自我意识增强，因为在扔东西的过程中，宝宝能分清自己和客观事物的区别。

8. 保护宝宝的同情心：同情心是构成情商的基本元素之一，也是情绪教育的重要内容。宝宝刚出生，就有相关反应，如听到别的宝宝哭，他也跟着哭，能够同情他人的宝宝，一般都能够迅速融入群体。能理解和分担别人的痛苦，是一种基本的情商素质。

第3节 10~11个月宝宝亲子游戏

认知能力训练游戏

游戏1：看图识水果

目的：发展宝宝的视觉能力，促进宝宝的认知功能

方法：找几张不同的水果图片，认识这几种水果，比如，"这是红红的苹果""这是紫色的葡萄"等，接下来问宝宝："红红的大苹果在哪里啊？"当他认识图片中的这几种水果时，再找一张有多种水果的图片，让他找出他认识的一种水果。

游戏2：音乐与噪声

目的：在游戏中区分噪声与乐音，锻炼宝宝的听力

方法：先敲敲桌子说"这是不好听的声音"，并皱皱眉头。接着轻敲木琴让他听，告诉他"这是好听的声音"，并对他笑笑。播放一种轰隆隆的杂音，再告诉他"这是不好听的声音"，并皱眉。播放一小段音乐，告诉宝宝"这是好听的声音"，并对他笑笑。

游戏3：神奇的盒子

目的：训练宝宝的认知能力、记忆力和思维能力

方法：在几个方形的六面空纸盒上贴上颜色鲜艳的图片，可按类别贴，如动物类、水果类、花草类等，各贴上相应的图片，让宝宝拿起一个小纸盒，任意转动、欣赏。可教他认识这些图片上的物品名称。

游戏4：藏起来

目的：培养宝宝的认知能力和记忆力

方法：当着宝宝的面，把宝宝平时最喜欢玩的玩具藏起来，可藏在枕

头下、被子里、抽屉里、盒子里等，说出这些玩具的名称，让他一件件找出来。

游戏5：这是圆形

目的：训练宝宝对图形的认知能力

方法：用硬纸板做成有几何图形（圆形、正方形、三角形）的玩具，或买一套几何图形嵌板，让宝宝随意玩耍，帮他把3个形块取出，成人拿着圆形告诉宝宝："这是圆形，可放入圆洞里。"然后让宝宝自己试着把形块放入相应圆形嵌板内。因为圆形四周没有棱角，无论从哪一边放进圆形嵌板都能进入，手眼协调较好的宝宝有可能在1岁前就能做到。另外，有些宝宝喜欢玩听口令拿取物品，这时成人说："把圆的拿给我。"看他是否能拿对。

游戏6：学画画

目的：逐步锻炼宝宝的视觉和综合能力，引导他思维能力的发展

方法：准备一张白纸和一些颜色与类型不同的画笔，鼓励宝宝在上面涂涂画画，刚开始可以握住他的小手画一些简单的图形，如圆圆的太阳、高高的树等，然后让他自己动手画。

游戏7：早上和晚上

目的：训练宝宝对大自然的观察力和记忆力

方法：每天早上起床后，妈妈教宝宝说："你早。"让宝宝学会向家人问好，并拉开窗帘让宝宝看到早晨的太阳，呼吸新鲜空气。每天晚上睡觉前，妈妈教宝宝说："晚安。"先让宝宝看外面天黑的样子，再拉上窗帘，告诉宝宝："天黑了，要上床睡觉。"平时可以让宝宝看一些早上和晚上的图片，也可以在白天以及夏天的夜晚到外面去认识太阳、月亮和星星，从而引发宝宝对大自然的兴趣。

游戏8：看字卡识字

目的：刺激宝宝视觉的认知、辨识、记忆能力，强化宝宝的理解能力

方法：准备一些字卡，教宝宝认识单字。先从两个字开始，字体要随着年龄增长越来越小，内容要逐渐增多，时间渐渐加长。不要急于求成，要持续进行，等宝宝的字汇能力增加到一定程度时，就帮宝宝准备一本书，这本书的内容由以前教过的字卡组成，并以宝宝的生活经验为主。请记住是在跟宝宝玩游戏，不要给宝宝定进度，或随意考核、让宝宝表演等。

语言能力训练游戏

游戏 1：球在哪里

目的：帮助宝宝发展语言能力

方法：假装让宝宝帮忙找东西，可以说："球，在哪里？"让宝宝有充分的时间去琢磨你说的话，如果他指出了球所在的地方，就应该给予夸奖，即使他只将头转向正确方向，也应该给予肯定，并说："对了，球就在那里。"

游戏 2：哪里去了

目的：倾听声音的来源，从而锻炼宝宝的听觉

方法：妈妈拿着小闹钟跟宝宝一起说："嘀嗒、嘀嗒，闹钟不停，嘀嗒、嘀嗒。"然后拿走闹钟，把它藏在枕头下面，问问宝宝："闹钟哪里去了？"宝宝一旦明白怎么玩这个游戏，就会要求一遍一遍地玩。

游戏 3：说押韵的字

目的：发展宝宝的语言能力

方法：选一首经常放给宝宝听的儿歌，这首儿歌每句最后一个押韵的字要容易发音，拖长发出最后一个押韵的字，让宝宝模仿你的方式说出最后一个押韵的字。反复多次后，你故意不说出最后一个押韵的字，让他说出来。

游戏 4：叫妈妈

目的：训练宝宝语言表达能力

方法：当妈妈下班回家时，宝宝会很着急地让妈妈抱，这时妈妈说"叫妈妈"，让宝宝叫出来才抱起。引诱他开口称呼，如先叫人有好吃的、先叫人才给玩具、叫人才能出去玩等。宝宝常常着急才开口说话，偶然叫对了，要经过多次练习才能渐渐熟练。

游戏 5：学动物叫

目的：训练宝宝领会语言意义的能力

方法：妈妈拿一个动物玩具，和宝宝一起学动物叫，如妈妈拿一只玩具猫，教宝宝学猫的叫声"喵"，妈妈竖起食指，两人同时叫一声，竖起食指和中指，两人同时叫两声"喵喵"，妈妈反复用手指发出命令，看宝宝是否学会了看手指数叫，如果能叫对，完全熟练后，再让宝宝学"小狗"的叫声。只做1和2两种手势，做过几次就能学会，因为手势和玩具都比较具体，宝宝会容易理解，并能用适当的声音做出回应。

游戏 6：说出动词

目的：锻炼宝宝的语言表达能力

方法：桌上摆放宝宝喜欢的若干玩具和食品，手拿布娃娃问宝宝："要不要？"宝宝回答说："要。"拿饼干问宝宝："吃不吃？"宝宝回答说："吃。"形成一种习惯，让宝宝说出词来才满足要求，给他充分的学习说话的机会。

游戏 7：识字计划

目的：对宝宝进行语言启蒙教育

方法：星期一至星期六每天教宝宝说一个字（词），有条件用普通话和英语（其他外语也可）交替教，一天之中多次教读，星期天把6个词复习几遍。

游戏 8：当个小演员

目的：激发宝宝的愉悦情绪，提高语言表达能力

方法：开个家庭晚会，让宝宝当主角，大家配合他一起说话、唱歌，表演他学会的东西，还可以让宝宝模仿家人的表演等。

动作能力训练游戏

游戏 1：抓住球

目的：训练视觉反应能力，促进身体运动能力的发育

方法：将球绑在绳子上左右摇晃，让宝宝仰卧，双手垂直放在身体两侧。在宝宝可以抓到球的距离内晃动球，此时他为了抓住球会伸出手来，让球荡到较远的地方，而宝宝想要抓到球，就要移动自己的身体，如果他抓到了球，就和他玩"拔河"游戏并故意输给他，说"宝宝的力气好大啊！"以激励宝宝。

游戏 2：舀出倒入

目的：让宝宝理解"满"和"空"的概念，有助于宝宝发展动作的灵巧性

方法：准备一个大塑料盆装半盆水，再准备一些塑料杯、碗或其他容器，然后教宝宝怎样用各种容器把大盆里的水舀出来，再倒回去，或是用小杯子和小碗把水舀到大杯子和大碗里。

游戏 3：盖上盖子

目的：训练宝宝的动手操作能力

方法：给宝宝一个带盖的塑料杯子，把盖子打开，递给宝宝，让宝宝双手操作，一手拿盖，一手扶着杯子，如果宝宝能准确地把杯子盖上，可以再给宝宝一个有盖的奶粉罐，把盖子打开，让宝宝试着把盖子放在罐上，只要求放正，不必盖紧。还可以拿一个瓶子，让宝宝把瓶盖放到瓶口上，不要求拧上。拧上的动作要求准确度高，可以后再练习。

游戏 4：拉着小车走

目的：锻炼宝宝行走的能力

方法：用一根绳子拴在一辆玩具小汽车上，让宝宝用一只手拉着，妈妈拉着他的另一只手向前走，多做几次，走得很顺利后，可让宝宝自己拉着小汽车向前走。

游戏 5：找出小动物

目的：锻炼宝宝的精细动作能力，培养读书的兴趣

方法：打开一本适合宝宝看的婴儿画报，先打开书让他认识一种他喜欢的小动物，如小花猫，然后把书合上，说："小花猫藏起来了，让我们一起找出来吧。"然后再打开书，让宝宝自己找小花猫，这样一次他能翻好几页书，用同样的方法找其他东西。

游戏 6：不扶物能站稳

目的：训练宝宝身体平衡的能力

方法：让宝宝扶着家具站稳，妈妈递给宝宝一个小玩具，宝宝可以单手拿到。妈妈离宝宝略微远一些，宝宝要离开扶着的家具才能拿到玩具，宝宝会赶快伸手拿到后马上再扶着家具，妈妈再离远一点儿，让宝宝拿到玩具后站一会儿再扶着家具。这种练习可以让宝宝逐渐站稳而不扶物。慢慢让宝宝坚持自己多站一会儿。

游戏 7：剥开包装纸

目的：训练宝宝的观察力和动手能力

方法：用方纸包一个木珠子，让宝宝打开。有些宝宝通过细心的观察，能自己把纸包打开，有些宝宝需要仔细看成人示范才能打开。剥开糖纸时，成人先把两头拧开，再松松地拧好给宝宝，看他能不能打开。还有各种小

包装饼干等，上面有开口的标志，要引导宝宝用看开口标志的办法打开包装袋。

游戏8：捏糖丸入瓶

目的：锻炼宝宝食指的灵活性，促进手的精细动作发展，提高手眼协调能力

方法：教宝宝模仿成人用拇指和食指捏细小的糖丸投入瓶中。开始要教他将小糖丸捏稳，再对准瓶口放入瓶中，如掉在外面，要反复练习。

社交和自理能力训练游戏

游戏1：学会配合成人

目的：增进宝宝和成人的交往能力

方法：要积极训练和培养宝宝逐步具有配合成人的能力，建立良好的习惯。例如，配合成人给他洗手、擦脸和收拾玩具，还应建立起向成人表达愿望的动作，如他想要玩具或食品时，训练他点头，不想要时教他摇头。

游戏2：安慰小朋友

目的：给宝宝创造和其他小朋友接触的机会，保护宝宝的同情心

方法：妈妈带宝宝去医院打预防针时，可先带宝宝熟悉周围的环境，缓解宝宝在陌生环境中的紧张情绪，进而带宝宝接近共同候诊的小朋友，看看小朋友或摸摸小朋友的手，如果有小朋友哭闹，不妨带宝宝去安慰一下小朋友，可拉着宝宝去摸摸小伙伴的手。宝宝可能也会跟着哭起来或回避和其他小朋友的接触。不要勉强，也不必担心，这并不会让宝宝受到伤害。

游戏3：正常依恋

目的：提高宝宝的适应能力

方法：要尊重宝宝的正常依恋，不要取笑宝宝的正常依恋。在1岁前后宝宝的依恋情感最深，经常跟着照料人寸步不离，如果突然分开宝宝会哭闹。没有依恋安全感的宝宝，从小缺乏被爱护的体会，长大了也不会主动去爱自己的亲人。因此，无论父母多忙都要抽出时间照料孩子。在宝宝1岁半之前，最需要感情的营养，要让宝宝充分得到父母的爱。

游戏4：分享玩具

目的：让宝宝感到与人交往的乐趣

方法：给宝宝找来同龄的小伙伴一起玩积木，让宝宝学会与小朋友分享，逐步理解体会一个玩具是可以一起玩或者轮着玩的。受欢迎的宝宝经常主动要求用玩具与其他宝宝交换玩具玩。让宝宝学会自己管理自己的交往，父母不必过于管束。

游戏5：上山下山

目的：锻炼宝宝的交往能力

方法：爸爸高大的身体就像一座山，试试让宝宝来登"山"，他能登多高呢？让爸爸拉开马步站好，妈妈扶着宝宝顺着爸爸的后腰爬上去，当宝宝爬到"半山腰"时，爸爸一边说"大风来了！"一边摇动身体，宝宝手没抓好，妈妈扶着宝宝就会"滑"下"山"。这会给宝宝带来极大的惊喜。然后再爬上去用双手钩住爸爸的脖子，就算爬到"山顶"了。

游戏6：哄娃娃

目的：训练宝宝的模仿能力

方法：给宝宝一个娃娃或一个柔软的拟人玩具，用一张小板凳当娃娃的床，让宝宝把娃娃放到"小床"上，然后用毛巾盖上，拍它睡觉。不久，妈妈说："娃娃饿了要吃奶了。"拿个小瓶子代替奶瓶，让宝宝把娃娃抱起来喂奶，如果有小勺和小碗，让宝宝喂娃娃吃饭。宝宝会模仿妈妈平时照料自己的做法去照料娃娃，所以妈妈对待宝宝的态度会直接影响宝宝对娃娃的态度。

游戏7：不挑食的宝宝

目的：训练宝宝的消化能力和对家庭生活的习惯能力

方法：让宝宝品尝成人的饭菜，味道不要太咸，特别是要鼓励宝宝吃多种蔬菜。成人首先要有良好的饮食习惯，才能培养不挑食的宝宝。2岁后的饮食习惯能决定终身的生活习惯，如喜欢吃甜食、口味重、爱吃某种食物、不爱吃某种食物等，这些习惯的形成常与家庭的饮食习惯有关。

游戏8：脱衣脱鞋袜

目的：训练宝宝的自理能力

方法：让宝宝学会用手拉开尼龙粘扣，自己脱下鞋和袜而不是用脚将鞋袜蹬掉。有些宝宝穿连衣裤，很容易把拉锁打开，自己从衣服里钻出来。夏天穿背心和松紧带裤子，睡前让宝宝自己把衣服脱下来。应鼓励宝宝做力所能及的事。

CHAPTER 12

11~12个月宝宝早教方案

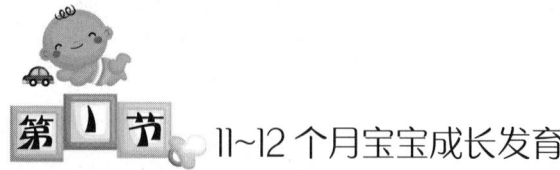

第1节 11~12个月宝宝成长发育

宝宝身体发育对照表

发育指标		男童			女童		
		下限值	平均值	上限值	下限值	平均值	上限值
12个月	体重（千克）	8.08	10.16	12.24	7.42	9.52	11.62
	身高（厘米）	71.9	77.3	82.7	70.3	75.9	81.5
	头围（厘米）	43.9	46.5	49.1	43.0	45.4	47.8

宝宝成长小信号

1.囟门：前囟继续缩小，但有的宝宝已经闭合。

2.牙齿：平均6~8颗。12个月左右在下齿槽两侧各长出一颗第一乳磨牙。

3.生长发育：随着月龄的增长，宝宝的活动量越来越大，运动能力有了新的发展，有的宝宝能自己摇摇晃晃地独自走路了。这一时期的宝宝越来越喜欢追随妈妈，因为和妈妈在一起，才能缓解内心的恐惧和不安。所以，妈妈不要因为希望宝宝能自立而避开宝宝的追随。只有充分得到妈妈的关爱，宝宝日后才能独立。

宝宝心理发育

1.喜欢和父母在一起做游戏、看图画书、听故事，特别是玩藏东西的游戏。听到喜欢的歌曲会跟着做出相应的动作。

2.喜欢搭积木、玩皮球等，知道拿棍子够玩具。边玩儿边"咿咿呀呀"地说着什么，有时发出的音节让人莫名其妙。

3.为了宝宝的身体能够健康地发育，在确保安全的前提下，应尽量满足他的好奇心，为他探索外面的世界提供充足的空间和自由。

宝宝敏感期提示

1. 敏感期开始：走的敏感期为1~2岁，宝宝开始学习走路了，从最初的需要成人搀扶到独立行走，到要上下坡、爬楼梯，到专门爱走不平的地方。行走使宝宝产生强烈的成就感，因为它使宝宝从无法自由行动的状态解脱出来，是宝宝可以自由活动的开始。

2. 敏感期延续：继续口腔敏感期、运动敏感期、手臂发育敏感期、细小事物敏感期、手的敏感期和空间敏感期等。

宝宝智能发育特点

1. 视觉：此时宝宝角膜直径与成人相同（12毫米），能有效地注视近处或远处的东西，能区别简单的几何图形，能根据声源找到发声的物体。

2. 听觉：能较准确地判断声源的方向，并能用两眼看声源，而且逐渐可以根据成人说话的声调来调节控制自己的行动。听口令能指出身体部位，如手、脚、腿、肚子等，会认2~3处。

3. 味觉和嗅觉：味觉、嗅觉已经发育成熟，能辨别喜欢和厌恶的食品的味道，会咀嚼食物。因此，如不能及时断奶和添加辅助食品，那么以后过渡到普食的阶段将会比较困难，因为那时宝宝不易接受新添加的食物。

4. 感觉：什么事都想做做看，当知道自己的力量做不到时，便会想办法要求别人来帮助他做。

5. 语言：开始主动说话了。不但会说爸爸、妈妈、奶奶等，还会使用一些单音节动词，如拿、给、掉、打等，发音还不准确。

6. 社会性发育：对陌生的人和地方感到害怕，和妈妈分开会有强烈的反应。会表现出对人和动物的喜爱，反抗的情绪逐渐增强。喜欢模仿成人做事，如果让他帮忙拿一些东西他会很高兴，同时希望得到成人的夸奖。

宝宝智能发育评价

1. 大运动能力：能自由地左右转动身体，能独自站立，扶着一只手走或推着小车走，有的还能摇摇晃晃自己走。能独自站起、蹲下。

2. 精细动作能力：会搭1~2块积木且不倒，能用蜡笔在纸上戳出点，能拉抽屉和开门，用手捏取扣子、花生米等小东西往瓶子里装，能从杯子里拿出东西再放回去。会模仿成人，会剥开糖纸，会不熟练地用杯子喝水。

3. 语言发展：喜欢模仿动物的叫声，能把语言和表情结合起来，因为不能说出他理解的词，常常用他自己的语言说话，妈妈可能知道他说什么，如说"外"，就是要到外面去，此时要告诉他正确的话怎么说。

4. 社交行为：向宝宝索要其手中的玩具或食品，宝宝知道给，这时的宝宝不仅能理解成人的很多话，对成人说话所用的语调也能理解。喜欢看比自己大的小朋友们玩。

宝宝教养要点

1. 教宝宝竖起食指表示"1"，用点头、摇头表示意见，进一步提高宝宝的认知和社交能力。

2. 教宝宝指认身体部位，如手、脚、肚子等。

3. 通过听音乐、读儿歌、讲故事等提高宝宝的语言理解能力。

4. 看书、听故事并模仿一些发音和动作。

5. 利用积木、小球等发展宝宝手的灵巧性。

6. 在独站的基础上训练宝宝独自行走的能力。

7. 继续练习用杯子喝水，学说"水"和"杯"的字。

8. 适当给宝宝吃点儿较硬的食物，如馒头片、饼干等。

9. 减少宝宝周围的危险因素，创造一个安全的生活空间。

10. 断奶后要合理膳食、科学喂养。在生活方面培养宝宝的自理能力。

11. 让宝宝练习用碗和勺吃饭，要经常鼓励、夸奖宝宝，增加他的信心。

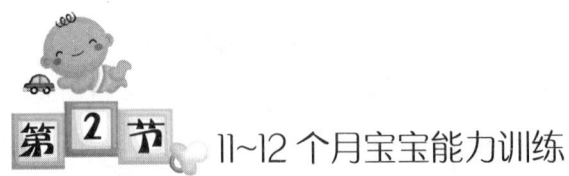

第2节 11~12个月宝宝能力训练

1. 认识一种颜色：先认红色，指着红色的小皮球告诉他："这是红色的。"下次问到"红色"，他会指着小皮球，学会辨认第一种颜色需4个月，学认颜色需要耐心，一次不可认两种颜色。刚开始教宝宝认颜色时，可采取"是非强调法"，如看见几个彩色的气球，告诉宝宝："这个是红色的，这个不是红色的。"不要说："这个是红色，这个是蓝色，那个是绿色。"否则容易使宝宝混淆概念，对概念模棱两可，要通过"是"和"不是"来强调一个知识点，才能达到事半功倍的效果。

2. 培养宝宝看画册：可以抱着宝宝和宝宝一起看大幅的画册，边看边讲解，如动物的名称和叫声等，以后经常指着动物问宝宝："这是什么动物？它怎么叫？"让宝宝学会更多的发音，让发音与动物匹配，在会说话以前用动物的叫声代表动物的名称。如鸭子：嘎嘎嘎；小羊：咩咩咩；小狗：汪汪汪。可以同时看图或字卡进行学习。

3. 训练用动作来配合或表达愿望：日常生活中，要积极训练宝宝逐步配合成人的能力，建立良好的习惯。比如饭前知道伸出双手让成人给他洗一洗，饭后也会配合成人擦手、擦嘴等习惯。同时要建立起用动作表达愿望的习惯，如将玩具和食品放在他的面前，如果宝宝想要，训练宝宝点头同意、摇头表示反对。

4. 帮助宝宝学会利用工具：宝宝拿东西够不到时，不要简单地帮他拿到，要引导他使用工具去拿。比如，离他远一点儿的桌上有块糖，他想拿但够不着，这时给他一根筷子或别的什么，教他用工具够到自己身边，要多引导他这样做，会使他思路开阔，养成动脑思考的习惯。

5. 玩积木：（1）先手把手地教宝宝把积木一块一块向上搭，练习多次，宝宝就会自己学着向上搭积木。（2）将两块积木放进盒子里，宝宝能自发地经成人示意再拿起两块积木，学习成人的做法，放进盒子里，做这个活动是有意识的，不是偶尔掉进里面去的。（3）用盒子把积木倒扣在里面，宝宝能明确地拿开盒子找到积木，能锻炼宝宝的思维能力。

6. 自我意识的萌芽：1岁以前，宝宝通常都没意识到自己的身体存在，会因为咬痛了自己的手指而哭起来。但是这会让他感觉咬自己的手指和咬别的东西不同，形成最初的自我意识。接近1岁，宝宝开始知道自己的行为可以影响到事物，如自己摇动了摇铃会响等，并愿意把玩具一件一件往地下扔，看到"掉下去"，听到"响了"，开始认识到自己的能力，这就是初期自我意识的表现，这具有重要意义，是早期开发智力的重要内容。

7. 建立良好的父子关系：宝宝时期，是建立父子关系的第一个出发点，是建立良好父子关系的基础时期，一旦错过良机，便永不再来。所以，爸爸也要像妈妈一样，经常抱宝宝，逗他，洗澡时与他嬉闹，满足宝宝生理上和心理上的需求，从小建立良好的父子关系。

8. 消除宝宝的恐惧心理：如果宝宝在某个阶段有恐惧心理，要帮助和鼓励他去克服。要给他时间去适应，如他怕某种声音或是小猫等动物的叫声，要轻轻安抚他，不要强迫他接受，也不要一味地任凭他的恐惧心理发展下去，要帮他克服恐惧，让他了解他所恐惧的东西是不会伤害他的，慢慢地他会改变想法，不再恐惧。

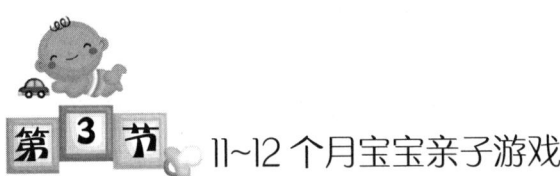 11~12个月宝宝亲子游戏

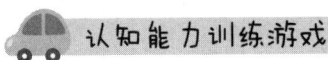

游戏1：倒过来

目的：有助于宝宝观察能力的发展——物体都是相同的，只是方向有所不同

方法：将宝宝喜欢的一些玩具倒放在桌上，当着他的面再将玩具倒过来，反复倒过来倒过去，并让他也试一下。

游戏2：认身体部位

目的：训练宝宝记忆能力

方法：多数宝宝都认识眼睛、鼻子、嘴巴等，还有许多部位名称在洗澡时可以告诉宝宝，比如妈妈说"洗洗胳肢窝，洗洗屁股，洗洗后背"等，渐渐让宝宝听懂更多的身体部位，以巩固宝宝对身体部位名称的记忆。当他快满周岁时，你可故意犯些错误，让他来纠正你。

游戏3：学认红色

目的：锻炼宝宝的认知能力

方法：取一件宝宝喜欢的红色玩具，反复告诉他："这是红色的。"然后

让他也找出一块相同的红色玩具，再找出许多不同的红色玩具，最后在许多玩具中把所有红色玩具挑出来。学认红色时不要出现其他颜色名称。

游戏4：找回家的路

目的：发展宝宝的记忆能力

方法：带宝宝做找回家的路的游戏。画一个圈是宝宝的家，再画一些房屋、树木等，告诉他从家到游乐园要经过哪些地方，让他记住往返路程，通过这个游戏，让宝宝产生认路的概念。

游戏5：动物的特点

目的：训练宝宝的观察力和记忆力

方法：用宝宝认物的图片，教他用手指着动物最有特点的部位，如他用手指着兔子的长耳朵，成人说"兔子的耳朵长"；拿起大象的图片，教他指着大象的鼻子，成人说"大象的鼻子长"等。有时宝宝会跟着说"长"。经过反复练习后，宝宝会渐渐记住动物的特点。可再引导宝宝区分动物的不同点，如兔子的耳朵长、猫的耳朵短等。

游戏6：味道怎么样

目的：训练宝宝味觉及感觉分化，发展宝宝大脑接受信息的层次

方法：在宝宝面前放置一个餐盘，里面放些橘子、软糖、咸饼干、苦瓜，让宝宝拿起来尝试一下不同的软、硬，酸、甜、咸、苦的味道，宝宝在品尝时，妈妈可为宝宝介绍这是什么东西、味道怎么样，宝宝可能会尝一下就不愿意再吃，可以让宝宝漱漱口，鼓励宝宝再尝尝看。

游戏7：看数点卡

目的：训练宝宝对数的敏感

方法：先随意选择5张数点卡，不要从最小的开始，也不要选数目相连的。将数点卡放在宝宝眼前30厘米处，每张1秒，一晃而过，同时告诉宝宝卡上的点数是多少。首次用5张数点卡，看过10次以后，换一张新的，再给宝宝看。

游戏8：分辨大小

目的：使宝宝对外形、几何形状有一个认识，还能进一步锻炼眼睛的灵活度，刺激视觉发展，训练观察能力

方法：为宝宝准备大、中、小三个彩球，让他分辨哪个大、哪个小，如

果宝宝分辨正确,要称赞他。平时收拾洗净晾干的衣服时,可让宝宝一起来参与,分出衣服和袜子大的是谁的、小的是谁的,或让他区分碗的大小,将小碗放进中碗,中碗放进大碗,以直观地告诉他大、中、小的概念。

语言能力训练游戏

游戏1:说出来

目的:训练宝宝的语言能力

方法:宝宝经常用一个音表示他的各种意思和要求,如"走"代表"妈妈走了""自己走""上街"等。要鼓励他说出来,并把他没表达出来的意思翻译出来,诱导他联想、比较,以说出更多的字或词。

游戏2:听儿歌学说话

目的:锻炼语言表达能力和理解能力

方法:让宝宝听儿歌,并把听到的内容表演出来,可先指导他把听到的内容用动作表演出来,一段时间后,让他自己边唱边表演。会说单词"蕉",并且用手去指。由于宝宝的词汇太少,成人要学会理解宝宝的词意,在关键的字上随时补充,使宝宝的词汇量逐渐增加,为以后说简单的话做准备。

游戏3:用单音表达

目的:训练宝宝的表达能力

方法:在宝宝学会称呼成人后,宝宝开始用单音来表达自己的意愿。例如,妈妈拿出两个水果问宝宝:"你要哪一个?"以前宝宝会用手去指,现在宝宝会用单音说"果",并且用手去指。成人有时会误解宝宝的意思,使宝宝感到伤心。所以,应帮助宝宝增加词汇量,在关键字上随时补充,表达明确,就不会引起误解了。

游戏4:学动物叫

目的:训练宝宝模仿发音的能力

方法:准备几个动物玩具,如公鸡、鸭、牛、羊、猪等,先说动物的名称再发出象声词,如公鸡"咯咯咯"、鸭子"嘎嘎嘎"、牛"哞哞哞"、羊"咩咩咩"等,让宝宝反复练习,然后拿出某一个动物玩具,让宝宝发出该动物的叫声,还可以和宝宝交替着玩。

游戏 5：带小兔子来

目的：让宝宝熟悉一些名词，加深对动词的理解

方法：把各种玩具放在宝宝四周，在宝宝视线范围之内，引导宝宝互动，如"把小兔子带到我这里来好吗？"（可用多种方式表达这种意思）等宝宝拿来，要对宝宝说"谢谢"。继续发出指令，如"带小兔子到娃娃家做客好吗？"看宝宝是否能正确理解所说地点的含义及其动作是否正确。用同样的方法、利用不同的玩具反复游戏。

游戏 6：拍手点头歌

目的：训练手的灵活性，将语言和动作结合起来，以提高宝宝的语言理解能力

方法：妈妈和宝宝一边唱儿歌"拍拍手，点点头，敬个礼，握握手"，一边做动作，妈妈要反复示范，宝宝开始不会做，妈妈可握住宝宝的手做拍手动作，慢慢地让宝宝自己做。熟练后宝宝可以随着音乐的节奏一边唱儿歌一边做了。

游戏 7：感受自然之声

目的：让宝宝了解自然界丰富的声音，感受音乐的美妙，培养宝宝高雅的兴趣

方法：带宝宝到公园或野外，聆听大自然丰富的声音，如风声、水声、虫鸣、鸟叫等，还可自己录制一些自然声响或购买光盘，经常播放给宝宝听。选择合适的曲目，在宝宝睡觉或醒着的时候，都可以播放给宝宝听。

游戏 8：当妈妈

目的：增强宝宝主动学习、模仿语言和做事的积极性，全面开拓其智能

方法：拿来宝宝常玩的一些娃娃，和他一起玩"当妈妈"的游戏，让宝宝抱娃娃，启发他，娃娃哭了怎么办，饿了怎么办。让他给娃娃喂奶，哄娃娃睡觉，让宝宝抱着娃娃摇晃，轻轻拍打并发出哄娃娃睡觉的声音。

动作能力训练游戏

游戏 1：旋转画圈

目的：使宝宝的小手有一定的控制能力

方法：用一根20厘米左右的粗线，系住一个带环的棉绒小玩具，拿住粗

线的一头将玩具在空中画圈旋转，让宝宝观看，然后引导宝宝自己拿着线绳甩，如果他甩不出圆形，可再次示范，并把着他的手臂甩出圆形，再放开手让他自己甩。

游戏2：抬脚踢皮球

目的：训练宝宝眼、脚的协调能力

方法：对宝宝来说一只脚支撑身体平衡，另一只脚抬高踢球比较困难，可先扶住他的脚，从踢的动作开始，慢慢进展到站着踢以及边走边踢。

游戏3：大腿上骑马

目的：锻炼宝宝的平衡感及胆量，让宝宝享受快乐时光

方法：成人坐着，双腿并拢，让宝宝面向成人坐在成人的大腿上，双手扶住宝宝的肩膀（较大的宝宝可牵着双手），上下震动或左右摇晃双腿，让宝宝随着你的双腿一起摇动，时而逗宝宝一下，比如突然将两腿分开，将宝宝夹在两腿之间，说："哎呀，摔个屁股蹲儿。"这个游戏不受场地的限制，在家里或在外面当宝宝因为无聊而吵闹时，都可以和宝宝玩腿上骑马的游戏，让宝宝觉得有趣，又增强掌握平衡的能力。要注意安全及宝宝是否有害怕的表情。在吃饭前后半小时之内不要进行此游戏，以免宝宝溢奶或是呕吐。

游戏4：扶栏模仿跳

目的：练习跳的动作，发展宝宝的大动作能力

方法：让宝宝手扶栏杆站立，用玩具逗引并向他示范双脚轻轻跳的动作，使他借助双手支撑的力量，模仿用双脚跟连续蹉动，有"跳"的意思即可。

游戏5：独走练习

目的：训练宝宝独走的能力

方法：当牵着宝宝的手走得较好时，成人可以和宝宝各用手牵着玩具走，慢慢成人可以逐渐松手陪着走，还可以让宝宝在爸爸和妈妈之间来回走，两人的距离渐渐增大，宝宝喜欢在爸爸和妈妈之间练习独走，因为在父母中间最有安全感。影响宝宝独走的早晚，关键是宝宝能否自己站稳，如果能保持站立平衡，宝宝就能自己走。另一个原因就是心里害怕，父母可用陪着走的方法让宝宝不知不觉地自己走。让宝宝看别的小朋友学走也是一种鼓励。有了自己走的愿望，学走会更加快些。

游戏 6：摘果子

目的：发展宝宝的手眼协调能力、上肢的运动能力以及解决问题的能力

方法：在宝宝举手能够得着的地方拉一根绳子，将各种水果模型或图片用夹子或钩子悬挂在绳子上，告诉宝宝将水果摘下来投入筐中。

游戏 7：拿小球入瓶

目的：训练宝宝的手眼协调能力

方法：准备一个瓶口直径为 2.5 厘米的小瓶，直径为 2 厘米的小球 3~5 个，示范把小球放入瓶内，让宝宝自己拿一个小球，试着放入瓶内。教他用食指和拇指拿稳小球，到瓶口把食指松开，让宝宝自己用左手扶住瓶子，右手拿住小球放入瓶中。注意不要让宝宝误吞小球。

游戏 8：蜡笔作画

目的：发展手指的灵活性，培养宝宝对色彩、图画的兴趣

方法：让宝宝坐在小桌前，你先用蜡笔在纸上画出一个娃娃脸或小动物，再涂上各种颜色，激起他的兴趣，然后给他蜡笔，教他用全手掌握笔，并扶住他的手在纸上作画，再放开手，让他在纸上任意涂画。

社交和自理能力训练游戏

游戏 1：宝宝学走路

目的：让宝宝学会与同龄人交往

方法：把宝宝带到小朋友多的地方去玩，引导他和小朋友们招手、点头、笑，然后与正在学走路的小伙伴一起学走路。妈妈用右手拉着自己的宝宝，宝宝的左手拉着妈妈，右手拉着拖拉玩具，和同龄的小朋友一起学走路会更有乐趣。

游戏 2：给娃娃穿衣服

目的：培养宝宝的爱心

方法：找出宝宝穿不下的衬衫或别的衣服，拿一个大一点儿的玩具布娃娃，教宝宝将衬衫穿在他的玩具娃娃身上。

游戏 3：按节拍做动作

目的：训练宝宝对儿歌节拍的理解力

方法：妈妈一边念儿歌，一边同宝宝做动作表演，如"小熊小熊你转个

圈"（转圈），"小熊小熊你敬个礼"（敬礼），"小熊小熊你弯弯腰"（弯腰），"小熊小熊你跺跺脚"（跺脚）。妈妈可以随意说下去，让宝宝按着节拍做动作。

游戏 4：叫宝宝名字

目的：让宝宝认识自己的名字，以便发展积极的人际关系

方法：家长邀请几个小朋友一起来参加。家长试着对自己的宝宝喊出他的名字，观察宝宝的反应。也让别的家长喊自己家宝宝的名字，看宝宝对别人名字的反应，让宝宝观察其他小朋友对自己的名字是怎样反应的。

游戏 5：膝上骑毛驴

目的：培养亲子感情，使宝宝体会到骑毛驴的快乐

方法：让宝宝坐在膝盖上，和宝宝面对面，不停地颤动宝宝，给他讲一个阿凡提骑毛驴的故事，根据故事情节让宝宝在你的膝上颠来颠去，还有一些"急刹车"，会让宝宝觉得很有趣，也可以自由改变故事情节。

游戏 6：拿勺子吃饭

目的：训练宝宝吃饭的自理能力

方法：宝宝同成人一起吃饭时，让他自己拿勺子吃几口饭。宝宝经过练习已经学会用勺子舀到食物，并且能自己送到嘴里，这就很不容易，应当得到称赞。在宝宝饥饿时，让他自己吃几口，如果宝宝累了成人再接着喂，或休息一会儿自己再吃几口，总之鼓励宝宝自理，尽量让他主动自己吃饭。

游戏 7：认识男孩女孩

目的：让宝宝认识自己的性别，进一步认识自我，发展自我意识

方法：先出示男孩、女孩卡片，让宝宝知道自己的性别。拿出一些男孩和女孩的衣服及饰品，帮助宝宝区分自己是男孩子还是女孩子。然后家长问宝宝："你是男孩子还是女孩子？"看宝宝是否能认识自己的性别。

游戏 8：告别奶嘴

目的：让宝宝告别奶嘴

方法：奶嘴对于很多孩子更多的是一种安慰，所以父母应该给孩子足够的安全感和满足感，让他逐渐脱离对奶嘴的依恋。可以先缩小使用奶嘴的范围，如只在家里用，慢慢只在晚上使用，和宝宝定好规矩，坚持始终如一地实行。用其他的东西来转移宝宝对奶嘴的依恋。

CHAPTER 13

1岁1~3个月宝宝早教方案

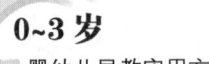

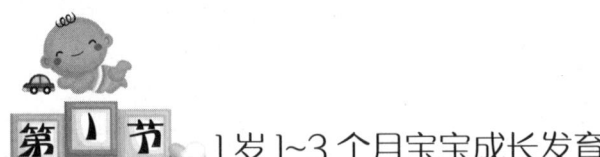

第1节 1岁1~3个月宝宝成长发育

宝宝身体发育对照表

发育指标		男童			女童		
		下限值	平均值	上限值	下限值	平均值	上限值
1岁3个月	体重（千克）	8.48	10.70	12.92	7.99	10.09	12.19
	身高（厘米）	74.7	80.3	85.9	73.3	78.9	84.5
	头围（厘米）	44.5	47.7	49.7	43.6	46.0	48.4

宝宝成长小信号

1. 囟门：有的宝宝前囟已闭合，大部分宝宝已接近闭合。

2. 牙齿：平均为4~12颗。14个月左右在上齿槽两侧各长出一颗第一乳磨牙。

3. 生长发育：宝宝长到1周岁时，身体的生长速度开始减慢。从宝宝1周岁到少年期之前，宝宝的体重、身高会稳定增加，但没有刚出生后的那几个月快。此时，宝宝头部生长速度是最慢的。他的外貌仍如几个月大的宝宝，腹部和头部仍占据整个身体的大部分，而且宝宝的腹部仍然很突出，胳膊和腿又短又软，似乎没有肌肉，面部显得圆而软。

宝宝心理发育

1. 宝宝的知识在增长，脾气也在增大，当不如意时，会哭、闹、扔东西、发脾气，表示不服从，这是由于宝宝的语言能力还处在萌芽期，因此关键性的思想难以用语言表达出来。当他发脾气时不要呵斥他，小宝宝的注意力很容易分散，用别的事情吸引他，他会很快忘掉不愉快的事情。

2. 宝宝的很多习惯都是在幼儿时期模仿成人形成的，因此成人要起到模范作用，这样宝宝自然能从成人的言行熏陶中得以健康成长。

3. 父母的温情和爱抚在1岁多的宝宝眼中已经不如以前那么重要了，你的关照已经变成了一种限制，会使他不耐烦，因此在安全范围内要适当地放手让他自由活动。

宝宝敏感期提示

1. 敏感期开始：秩序敏感期，两头可延伸到1岁至2岁半。宝宝需要一个稳定且有秩序的环境来帮助他认识事物、熟悉环境。在每个孩子的心里，都天生具有强烈的秩序感，这种秩序感是孩子安全感的来源之一，是他对事物做出准确分辨与判断的基础，也是建立道德意识的奠基石。这个阶段的宝宝表现为给物品找"主人"，将所有的东西"归位"，不合心意的事情必须重来，喜欢的事情重复做。

2. 敏感期延续：继续运动敏感期、手的敏感期、空间敏感期、细小事物敏感期和走的敏感期等。

宝宝智能发育特点

1. 大动作：能自己走得很稳，开始手脚并用爬楼梯或台阶，向上爬和向下爬（先把脚放下），平衡能力增强，能弯腰捡东西。即使摔倒也能自己爬起来。

2. 精细动作：会用杯子喝水，但容易把水洒得到处都是。吃饭的时候喜欢自己握匙取菜吃，但是拿不稳。还会将积木叠搭、用笔涂画、拿筷子等。

3. 感觉：喜欢看图画，喜欢用蜡笔乱涂乱画，会用手势表达自己的意思，在想出去玩时会把鞋递给你并说："出去！"喜欢模仿成人打电话，会称呼父母以外的其他亲人，听名称能够指出身体上的五官及其他一些身体细节5个以上的部位。在宝宝背后叫他的名字，宝宝知道叫自己并走过来。

4. 语言：宝宝在14个月的时候词汇量增加很快，一天可能学会20个字，即使不会说话，也会学习语言，只是没有表现出来，大多数宝宝能理解80~100个日常用语，能说出1~2个成人听懂的句子，会通过手势、身体姿势和动作理解语言，喜欢说象声词以及模仿动物叫声。

5. 社会性发育：探索新环境、结交新朋友的愿望更加强烈，喜欢和小朋友一起玩耍，但还是各自玩各自的。这阶段是独立性与依赖性共同增长的时期。

宝宝智能发育评价

1. 大运动能力：向前方抛球，能朝一个方向，且抛球时手和身体都不会靠在墙上和家具上。

2. 精细动作能力：喜欢把东西从抽屉里拿进拿出或从小瓶里拿到小球，会伸曲手臂丢东西，能在小棍上套东西，能用4块积木排成一列火车。

3. 认知能力：一般宝宝已认识红色，出示红、黄、蓝、绿四色积木或图片时，宝宝能正确指出红色。能认不同的几何图形。

4. 语言发展：能说10~19个字，但发音不一定清楚，会叫爷爷、奶奶或其他亲人，能说一些简单的词或者词组。念三字儿歌，宝宝能说出两句儿歌最后一个押韵的字。

5. 社交行为：有同情心，当有小朋友哭时，能感受他人的情绪，表现出痛苦的表情或跟着哭。

宝宝教养要点

1. 教宝宝认识颜色、形状、图片，鼓励宝宝涂鸦。
2. 教宝宝学会区分大小和方圆，引导宝宝记住事物的特点。
3. 听故事、儿歌，唱数字歌，启发宝宝用言语表达自己的要求。
4. 理解宝宝的语言和动作，满足宝宝的正当要求。
5. 提供宝宝与同伴交往的机会，促进言语和社交能力。
6. 搭积木，玩套塔、几何形板等，促进手的精细动作的发展。
7. 让宝宝抱着玩具走或拖拉玩具走及退后走，多方向行走发展动作能力。
8. 经常带宝宝到户外活动，提高宝宝独立走、跑的能力。
9. 玩完玩具时，要鼓励他收起来，并放到该放的地方。
10. 培养宝宝良好的饮食习惯，注意饮食安全和卫生。
11. 让宝宝学习穿脱衣服及鞋袜，并放到固定的地方。
12. 训练宝宝主动排便，大小便时能用语言表达，主动去坐便盆，并配合洗浴。
13. 培养宝宝独立生活的能力和习惯，给宝宝锻炼的机会。

第 2 节　1 岁 1~3 个月宝宝能力训练

1.认识物品的形状：将不同形状的积木放在宝宝面前让他感知，一次只告诉他一种形状，比如方形，让他跟着学习拿方形积木放入纸盒内。此时的宝宝应该认识三种以上的图形。可以把范围扩大，可以由点、波浪线、直线，扩大到圆形、方形、三角形、梯形等。

2.继续认识不同颜色：在认识红色的基础上，可教宝宝认识黑色、白色等，把家里日常用品分类，创造认识颜色的环境。比如，把相同颜色的物品放在一起，让宝宝置身其中，让他感知各种颜色，待他认识后，再让他从不同颜色中挑出一种颜色，反复多次后就能记住。不要急于变换不同的颜色。认识颜色是有一个科学发展规律的，按红、黑、白、绿、黄、蓝、紫、灰、棕（褐色）这个顺序去认识颜色将事半功倍。一定要将一个颜色牢牢记住，再认另一个颜色。

3.学画直线：在地上或者在纸上用笔画直线，你先画一条直线，让宝宝学着画，然后把两条直线进行比较。要鼓励宝宝画得好，但也要指出画得不好的地方，让他在比较的过程中学会画直线。

4.认识动物并学动物叫：买一些有关动物的图书或专用图片，先给宝宝讲一个动物故事，同时让他仔细观察动物的形体外貌，要告诉他这个动物的特点，让宝宝模仿动物叫，如拿出小猫玩具，发出"喵喵"的叫声，还有小羊、小狗等，宝宝会很快乐地发出特有的叫声，会大大激发宝宝开口说话的兴趣，同时观察宝宝对哪种动物感兴趣。在认识动物时，要注意结合颜色来学习。

5.教宝宝分辨成人的表情：当宝宝表现好时，成人可以用微笑、鼓掌、亲吻来表示喜欢和赞许。当宝宝做了不该做的事时，成人可以用瞪眼睛、噘嘴、摆手等表示不可以。成人在宝宝面前经常做出高兴和生气的表情，让宝宝知道什么是喜、什么是怒。如宝宝拿糖给成人吃时，成人要表现出高兴的样子，使他知道做了成人高兴的事；宝宝做了不该做的事时，要一面阻止，一面表现出生气的样子，并说"妈妈生气了"，使他看见成人的表情后终止自己不应有的行为。

6. 训练宝宝分辨正误：宝宝还没有自己的行为是否正确的概念，要通过赞许或不认同的表情，让他知道做什么事是受到肯定的，而什么事是不对的、不应当做的。如他做正确的事，要表现出很高兴，做错事要及时制止并纠正。

7. 培养宝宝的情绪智力：（1）鼓励宝宝表达情绪：当他对别人微笑、友好以及有礼貌时就应该及时表扬他。（2）帮助宝宝控制情绪：当宝宝很生气甚至有无理行为时，要认可并帮助他控制这种情绪，尽量使他冷静下来。（3）与宝宝一起谈论情绪：当家长感到生气或高兴的时候，可与宝宝一起交流，告诉他生气和高兴的原因。（4）让宝宝自我激励：当宝宝做事有困难时，不要立即代劳，要启发他，当他经过自己的努力完成后应鼓励他，使他体会到成功的快乐，这样宝宝就会保持乐观、自信的心态。

8. 父母对宝宝的影响：（1）对宝宝有示范作用：男孩会逐渐学习爸爸的行为方式，转化成为自己的行为模式，女孩则会观察妈妈的表现。（2）对宝宝无形中造成的影响：宝宝跟爸爸能学习到更多的责任义务，和妈妈学习如何去关心、体贴他人。所以，一位内心积极、健康的爸爸和一位乐观、慈爱的妈妈对宝宝社会适应能力和安全感的建立具有不可忽视的作用。

9. 理解宝宝的偏激心理：宝宝1岁后，会发现很多他不懂却很感兴趣的东西，总想去摸一摸、动一动，还有了"领地"的概念，外人不可擅自入内，这种对自我意识的觉醒，看似很任性，其实是走向自立的一个正常阶段，是想用自己的方式体现自我，因此要正确理解宝宝的这种偏激行为。

10. 用"延迟满足"的方法让宝宝使用语言表达：当宝宝要东西时，成人要等他说出来再给。这个年龄的宝宝已经懂得很多意思，但语言表达仍处在单词阶段，习惯用动作表达需要和欲望。如果他想出去玩，他会用手指门，或拉着成人的衣服往门外边走。很多成人采取及时或快速满足的方法，宝宝就越来越懒得用语言表达。应当采取"延迟满足"的办法，促使宝宝用语言来表达自己的意思，教宝宝用"是"或"不是"，"要"或"不要"，并配合点头或摇头动作，最后坚持让宝宝说出来再给予满足。

第3节 1岁1~3个月宝宝亲子游戏

 认知能力训练游戏

游戏1：看字分玩具

目的：让宝宝通过认识不同颜色的汉字，培养视觉能力和色彩认知能力

方法：准备6个盒子，在盒盖上分别写上"红""黄""蓝""绿""黑""白"6个大字，准备一盒有相应6种颜色的小玩具，把玩具给宝宝，让他分到每个盒子里，第一次可念出盒子上的汉字，以后让他自己放入，把每种颜色的小玩具分完，因每一次放入时都会看到这种颜色的汉字，多放几回，不必帮助他也会找到。

游戏2：不同的触觉

目的：提供丰富的触觉与视觉经验，激发想象力，教授宝宝大小和形状的概念

方法：用小股布绳（不要过长）绞织成大小不同的圆环，同时要使圆环有不同的质感，一个光滑，一个粗糙，一个柔软，让宝宝感觉和触摸圆环的质地，比较圆环的大小等。

游戏3：钓到一条鱼

目的：这是表现因果关系的典型例子，可以培养宝宝大动作技能

方法：在宝宝最喜欢的玩具上绑一条绳子，把绳子绕在椅子或其他家具上，让他把玩具拉出，就像钓到了一条鱼。

游戏4：戴同样的帽子

目的：训练宝宝对颜色的识别能力

方法：用彩纸折成红、蓝、黄、黑、绿、白6种颜色的帽子各两顶，让宝宝在一旁观看，你先戴上一种颜色的帽子，让宝宝也戴上同一种颜色的帽子，依次戴上，看宝宝是否能按照指令找出同样颜色的帽子。

游戏 5：图片分类配对

目的：训练宝宝的观察能力

方法：先从日用品图片配对开始练习，准备袜子、手套、筷子、碗、硬币、小瓶子图片各一对，凌乱地放在桌上，让宝宝把这些用品一一配对摆好。每配好一对说出物品的名字，如果说不出，成人提醒后，让宝宝跟着再说一遍，以巩固对物品的认识。还可以找出内容相同但图不相同的图片，比如都是猫，但画面不一样。让宝宝从名称和特点两个相同处来配对。

游戏 6：按颜色放入

目的：增强宝宝对颜色概念的认知

方法：准备红、黄、蓝三种颜色的杯子各一个，三种同色的纽扣（或积木、玻璃球等），先在宝宝面前摆上一个红色的杯子和纽扣，妈妈拿起一个红色的纽扣，说"红色"，然后示范将红色的纽扣放入红色的杯子中，并说："红色的纽扣放入了红色的杯子中。"让宝宝重复做一次，熟练后，鼓励宝宝将另外两种颜色的纽扣分别放入相应的杯子中。

游戏 7：五官用处大

目的：发展宝宝的感知觉及语言和思维

方法：妈妈拿出一个苹果呈现在宝宝面前，让宝宝看到苹果。用另一只手蒙住宝宝的眼睛，问："苹果在哪里？"宝宝会伸手推开妈妈的手，用眼睛看或用手摸苹果。再蒙住鼻子、耳朵、嘴巴试一试，都不影响看苹果。告诉宝宝只有眼睛才能看见苹果以及爸爸、妈妈和小花小草等。如此类推地把其他器官的功能也向宝宝做出演示。

游戏 8：找出黑色

目的：训练宝宝认识第二种颜色的能力

方法：宝宝对所有红色的东西完全能认出来后，再开始练习认识黑色。家庭中有许多黑色的东西，如大多数电视机、遥控器、手机等，宝宝的玩具里黑色的积木、黑色的枪炮玩具、娃娃的黑头发等，要利用他喜欢的东西教他说"这是黑色的""递给我那个黑色的东西"，并反复练习加以巩固。

游戏 9：学认正方形

目的：训练宝宝的空间感知能力

方法：宝宝在1岁前后能从几何图形嵌板中拿出圆形的形板，并认识圆形。这个月可让宝宝试着从几何图形嵌板中拿出正方形。妈妈指着正方形说："给我拿正方形。"让宝宝抠出正方形，然后再让他把正方形放回嵌板内。如果宝宝不会，妈妈要给他讲解及示范。

游戏10：摸摸看

目的：通过触觉判断提升宝宝大脑中的组织力及推理能力

方法：准备一个大袋子，在袋子中装满各种形状、大小、粗细的物品，物品尽量以宝宝平常接触或使用的为主。请宝宝双手伸到袋子里摸一件物品，再将物品拿出来，看看是哪件物品。下一次宝宝在抓取前先将物品掺和一下再进行。

语言能力训练游戏

游戏1：回答提问

目的：训练宝宝用肯定或否定的话语表达自己要求的能力，并提高左脑的语言能力

方法：准备一些日常生活中宝宝容易理解的对话内容，将玩具放在宝宝面前，问他："这是宝宝的玩具吗？"引导他回答"是"或"不是"，还有"要"或"不要"。

游戏2：打电话

目的：为宝宝及早独立正确地使用电话打下基础

方法：让宝宝坐在你的腿上，把玩具电话或拔掉电话线的真电话放在你的耳边，并同他讲话："喂喂喂，是宝宝吗？"重复几次后，你可以用两三个字的短句同他交谈，要使用宝宝的名字和他能听懂的其他词语，然后把电话放在宝宝耳边，看他是否对着电话说话。等他掌握以后，可以真的给亲友拨一个电话，让他"实践"一下。

游戏3：说出押韵的词

目的：训练宝宝对音韵顺序的记忆和模仿能力

方法：成人背诵一首儿歌，并让宝宝配合着做动作，成人故意把押韵的词空出来。鼓励宝宝说出押韵的词或逐句试着念儿歌，看宝宝能说出哪个词就空出那个词让宝宝念。

游戏 4：开始学背儿歌

目的：训练宝宝语言的模仿能力和学说押韵词的能力

方法：当宝宝已经学会给儿歌的句子添上押韵的词时，就要开始学双词和3个字的短句。先把两个字连起来成为双词，再添上一个字，就是3个字的短句了。这个月背诵一两句，下个月背诵一两句，宝宝就能逐渐把整首儿歌背诵出来了。

游戏 5：变腔调说话

目的：通过改变语调和语速可以刺激宝宝学习语言

方法：妈妈一边给宝宝穿衣服，一边用两到三个词的简单句子谈谈你正在做什么，如一边换衣服，一边说"换、换、换"或"换衣服"。变换说话的节奏，可以快速或慢速地说："哎、哎、哎，我爱你。"

游戏 6：学会称呼成人

目的：训练宝宝是否能按人的性别年龄给予正确的称呼的能力

方法：当宝宝学会叫爸爸、妈妈以后，经常会因此受到表扬。如果家里来了年轻的男性客人，妈妈应教他"叫叔叔"；来了年轻的女性客人，要教宝宝"叫阿姨"；以及年纪大的男女称呼"爷爷奶奶"等。这种能力与宝宝在家时能否有机会接触生人有关。有的家庭很少来客人，宝宝没有学习的机会。经常与亲属来往，可以锻炼这种能力。

游戏 7：宝宝学动词

目的：使宝宝掌握初级动词

方法：妈妈与宝宝一起做游戏，妈妈高兴得大笑，爸爸问宝宝："妈妈怎么了？"引导宝宝回答："妈妈笑。"然后进一步引导："妈妈和宝宝在一起，高兴就笑了。""宝宝也笑一笑呀！"要利用各种机会让宝宝掌握动词"笑""吃""看"等。

游戏 8：学说双语词

目的：提高语言能力，学习主谓双语句

方法：妈妈手拿玩具对宝宝说"宝宝看"，让宝宝也说"宝宝看"。然后让宝宝拿着玩具对家长说"妈妈看""爸爸看"，还有"宝宝拿""妈妈拿""宝宝吃""妈妈吃"等。

游戏9：背儿歌学数数

目的：培养宝宝的记忆力

方法：教宝宝背数数歌，使他既能学会背儿歌，又能学会数数。如"一二三，爬上山；四五六，翻跟头；七八九，拍皮球；伸开手，十个手指头"。同妈妈一起伸开双手，就能顺利地背到十了。

游戏10：了解认识家人

目的：教宝宝一些日常生活中必要的语言，培养其语言能力

方法：妈妈指着宝宝唱道："大宝，大宝在哪儿？这里，这里，就在这里！"接着由两个人指着爸爸唱道："爸爸，爸爸在哪儿？这里，这里，爸爸在这里！"这样持续下去，首先让宝宝知道自己的名字，知道"爸爸""妈妈"，接着再反复让他听"爷爷""奶奶"等其他家人的称呼，让他了解家人的意义。要在日常生活中随时随地教宝宝一些词语，如"好""有""讨厌""喜欢""吃饭了""我吃饱了"等。

动作能力训练游戏

游戏1：瓶子里取玩具

目的：提高宝宝的协调能力和动作技能

方法：收集几个广口瓶，在每个瓶子中放入宝宝喜欢的玩具或彩色纱巾，开始时盖子松一些，以便宝宝的手指可以轻松地取出玩具。

游戏2：练习按按钮

目的：培养宝宝的精细动作技能

方法：给宝宝一个电话机，最好是键钮很大的那种，让他按键钮。熟练后再让他练习按小一点儿的按钮，如电视或空调遥控器的按钮等。

游戏3：撞一撞

目的：展示因果关系，发展宝宝的精细动作技能，锻炼同时处理两个物体的协调能力

方法：成人和宝宝各拿一个小球或积木，让球和球或积木和积木相撞。也可以用球和积木或其他不易碎的物体撞击，看看会发生什么。

游戏4：击打沙锤球

目的：加强宝宝的精细动作技能和大动作技能，展示因果关系

方法：把一个沙滩球用绳子吊在天花板上，吊的高度是宝宝能轻易碰到的，然后教宝宝如何击球，熟练掌握后，可将球升高，让宝宝够着击球。

游戏5：宝宝飞咯

目的：锻炼宝宝的胆量，让宝宝的挫折承受能力有所增强

方法：爸爸先抱着宝宝转几圈，或是上下运动，让宝宝适应"空中的感觉"。然后由爸爸、妈妈两人，一人抓住宝宝的脚，一人握住宝宝的腋窝，将宝宝的身体抬高后进行上下和左右的摇晃与摆动。也可将宝宝放入大浴巾上，爸爸、妈妈各提浴巾的两角晃动，并说："宝宝飞咯，飞咯，宝宝飞得好高哦。"注意时间不宜过长，10分钟左右即可。

游戏6：够取玩具

目的：发展宝宝的感知觉以及大运动能力和思维能力

方法：妈妈将宝宝喜欢的玩具给宝宝玩，突然将宝宝的玩具拿走，放在宝宝够不着的桌子上。鼓励宝宝想办法拿到玩具，可以用棍子把玩具拨到近处或把玩具拨到地上；也可以绕到离玩具近的桌子那一边或站在椅子上够取玩具。

游戏7：给瓶子配瓶盖

目的：训练宝宝对大小的评估能力

方法：拿3个大小不等的瓶子，拧开盖子散乱地放在桌上，让宝宝自己找合适的盖子扣到瓶子上，暂时不要求宝宝拧上螺旋口。也可以找一些大小不同的盒子，让宝宝自己练习配上盖子。有的宝宝会用眼睛估量，有的宝宝经过动手试试才能找到合适的盖子。多做几次，眼睛的估量就准确了。

游戏8：积木金字塔

目的：发展宝宝手的技巧，锻炼精细动作的延伸

方法：教宝宝将3块积木排成一排，积木之间要有空隙，再教宝宝将两块积木架在第二层上，每块积木骑跨在相邻的两块积木的空隙上，最后将一块积木架在顶层，并骑跨在相邻两块积木的空隙上。推倒积木，让宝宝自己独立试一试。

游戏9：运积木入筐

目的：训练宝宝能独自走稳而不碰东西

方法：将小椅子相距50厘米排成两排，然后在一端放上小筐，另一端放

上一堆积木,妈妈与宝宝一同站在有积木的一端,引导宝宝每次手中拿一块积木运到另一端的小筐里,直到运完为止。

游戏10：双手抓握练习

目的：训练宝宝双手同时各拿一件物品的能力

方法：妈妈让宝宝拿着一根棍棒,再将另一根棍棒递向宝宝另一只手旁,示意宝宝用手拿住,若宝宝掉下第一根棍棒,可重新用语言提示宝宝拿住棍棒,然后再拿住另一根棍棒,逐渐减少帮助。鼓励宝宝双手抓住杯子喝水；用双手同时拉两辆玩具车,使其共同前行；妈妈向宝宝伸出左右手食指,引导宝宝同时抓握。

 社交和自理能力训练游戏

游戏1：给娃娃洗澡

目的：培养宝宝关心、爱护他人的能力

方法：给宝宝拿一个洋娃娃,先演示一下怎样给洋娃娃洗澡,比如用毛巾擦脸、擦身,并说："娃娃讲卫生,天天洗澡。"然后让宝宝试着做类似的动作。

游戏2：玩"过家家"

目的：让宝宝在游戏中获得与别的宝宝或多人平等交流的愉悦体验

方法：准备一些"过家家"的玩具,如塑料小碗、小桶和小铲子之类,在游戏中穿插各种对话,比如互相借工具等物品。

游戏3：鸭妈妈找小鸭

目的：培养宝宝的社交能力

方法：妈妈和宝宝分别扮演鸭妈妈和小鸭,你们一起到花园寻找食物,鸭妈妈和小鸭"嘎嘎"叫着,妈妈累了,闭上眼睛睡着了,小鸭走开并躲起来,鸭妈妈睡醒了,焦急地寻找小鸭,小鸭在躲的地方"呷呷"地回答,这样一叫一答,鸭妈妈终于找到了小鸭,并亲切地将小鸭拥进怀里。

游戏4：堆球扔球

目的：使宝宝能够配合别人做游戏和对别人的行为有正确的反应,发展人际交往能力

方法：妈妈和宝宝面对面坐在地板上,相距60厘米左右,妈妈把球放

在地板上，轻轻推向宝宝，让宝宝能抓到球，两人相互推球。也可以互相扔球，但不要扔得太高。熟练后，妈妈可以偶尔做一次假的扔球动作，看看宝宝是否有接球的反应，当他发现妈妈没有扔球过来的时候，会觉得很有趣。当宝宝掌握后，可加大两人之间的距离。

游戏5：分清你和我

目的：让宝宝分清"我的"和"你的"这两者的不同

方法：妈妈对宝宝说："把我的眼镜拿给我，好吗？"当宝宝给拿来了，要说："谢谢你，这是我的眼镜。它是我的。"然后继续用别的东西做这个游戏。

游戏6：绳子拉玩具

目的：锻炼宝宝自己解决问题的能力

方法：让宝宝坐在婴儿椅上玩玩具，如果宝宝将玩具掉到地上，这时找一条绳子（1米左右），一端系上一个宝宝喜欢的玩具放在地上，另一端让宝宝拉着，引导宝宝用绳子把玩具拉回来。当宝宝发现这个动作可以让玩具再回来时会非常高兴。慢慢让宝宝自己尝试去做。

游戏7：学会介绍自己

目的：发展宝宝的社会交往能力及培养活泼、大方的性格

方法：在和小朋友一起玩或亲友一起聚会的时候，鼓励宝宝和同伴及亲友打招呼，并介绍自己的姓名、年龄，如果宝宝不会说话，妈妈可帮助介绍。

游戏8：找便盆坐便

目的：训练宝宝大小便自理能力

方法：在宝宝1岁后可训练宝宝大小便坐盆。当宝宝需要大小便时，妈妈要告诉宝宝去固定的地方找到便盆，拉起衣服，扒下裤子坐到便盆上。有时宝宝觉悟得太迟，还未走到便盆就尿了，或是来不及扒下裤子就拉出来了，不要批评失败，只赞扬成功。并且定时叫宝宝坐盆，逐渐地他会懂得要提前一点儿，以免来不及。

游戏9：玩套塔

目的：训练宝宝的专注能力和克服困难解决问题的能力

方法：找出玩过的套塔，让宝宝按大小顺序套入。先由妈妈给示范，将

圆圈依次套入塔内,形成下大上小的塔形。然后由宝宝来做,妈妈记下时间,看宝宝能坚持多久,是否能学会依次套塔。每个宝宝专注的时间不同,不要要求太高,只要经常让宝宝自己做事,每次都会比上一次专注的时间长,有了进步就应当肯定。

游戏10:学会察言观色

目的:训练宝宝对人脸部表情的理解和是否能用表情表示自己情感的能力

方法:自制表示哭、笑、生气3种表情的图片,拿给宝宝看,并学着图片里的样子做出笑脸、哭脸和生气的样子,也可以用手机拍下来看,让宝宝加深印象。宝宝平时很会看成人的表情,看成人高兴,宝宝会跟着高兴;看成人生气,宝宝就不敢作声;如果成人很伤心,宝宝也会陪着掉眼泪,并帮着拿纸巾。能看懂人面部的表情才能善于与人相处,这是与人交往必须学会的本领。

CHAPTER

14

1岁4~6个月宝宝早教方案

第1节　1岁4~6个月宝宝成长发育

宝宝身体发育对照表

发育指标		男童			女童		
		下限值	平均值	上限值	下限值	平均值	上限值
1岁6个月	体重（千克）	8.87	11.25	13.63	8.43	10.65	12.87
	身高（厘米）	76.5	82.7	88.9	75.8	81.6	87.4
	头围（厘米）	45.2	47.6	50.0	44.1	46.5	48.9

宝宝成长小信号

1. 囟门：大部分宝宝囟门已闭合。

2. 牙齿：平均为8~16颗。16个月左右在下齿槽两侧各长出一颗犬牙，18个月左右在上齿槽两侧各长出一颗犬牙。

3. 生长发育：此时的宝宝常常会出现扁平足和偏斜脚，这是因为宝宝在刚开始站立和行走时，没有掌握走路的技巧，难以保持身体的平衡，其身体的重量全部由脚来承担，因此会出现扁平足；而宝宝在走路时，重心不稳，从而造成偏斜脚。当宝宝基本掌握了走路的技巧后，其行走的重心转移到了脚心，这些问题就会得到改善。

宝宝心理发育

1. "我的"意识变得强烈起来，开始任性，容易发脾气。这时的宝宝逐渐变得不听话。当他不高兴的时候，就会用乱扔东西以及其他方式表达他的不服从和不高兴。但也不要责骂、呵斥宝宝，这时的宝宝注意力很容易被转移，只要诱导宝宝把注意力转移到他喜欢的事情上去，宝宝很快就会忘掉不愉快的事情。

2. 如他正在兴致勃勃地玩，此时叫他来吃饭，他会无动于衷。如果硬把他抱到饭桌上，他会大叫或挣扎打挺或继续回去玩，拒绝吃饭。此时不要强迫宝宝，要耐心地引导宝宝慢慢将注意力转移到吃饭上。

3. 他的脾气在不知不觉中有所增长，越来越有自己的主意，当成人批评他时，会通过噘起小嘴、尖叫等一系列的小动作来表达自己的不满，以此来缓解内心的压力。

宝宝敏感期提示

1. 敏感期开始：模仿敏感期，两头可延伸到0~3岁。模仿是很重要的智力发展过程，是儿童学习的一种方式。这个阶段宝宝表现为你做什么，他也做什么，从语言到动作无不模仿。所以，成人要给孩子提供良好的模仿范本；尽量放慢自己的语速和动作，满足宝宝模仿的需要，正确引导宝宝的模仿行为。

2. 敏感期延续：继续手的敏感期、空间敏感期、细小事物敏感期、走的敏感期和秩序敏感期等。

宝宝智能发育特点

1. 大动作：拉着手能上下楼梯，还会投掷，会举手过肩抛球，能拖拉着玩具或抱着球走，能倒着走几步，扶着栏杆自己上楼梯，还会爬上椅子伸手够东西。

2. 精细动作：会用力朝固定方向扔球，会用杯子喝水，用勺子自己吃饭，喜欢敲打物体，会把3~4块积木叠放在一起。能模仿翻书，一般能连续翻两页。能模仿画线。

3. 视觉：视力可达0.4，能看见细小的东西，如爬行的小虫、蚊子等，能注视3米远的小玩具。

4. 听觉：能寻找不同高度的声音，能听懂成人简单的语言，听懂叫自己的名字。

5. 语言：会说几十个字，几句2~3个字的简单话，说话特点是单音重复、一词多义或以词代句。给宝宝读儿歌时，宝宝能脱口说出儿歌里押韵的字音。会使用"有""没有"，如在宝宝的注视下，将玩具熊放在枕头下，问："有没有小青蛙呀？"宝宝会回答"有熊"或"没有小青蛙"。

6. 社会性发育：能记住若干事物的特点，会认路回家，会自己脱衣服。能按吩咐替父母拿东西，如水杯、拖鞋等，能正确拿来3件以上东西。

宝宝智能发育评价

1. 大动作能力：能牵着成人的手下楼梯，能自己迈步下2级台阶。会跑几步（约3米），但必须由成人扶停。会爬坡、滑滑梯，随音乐节奏摇摆身体。

2. 精细动作能力：能把10粒葡萄干放入透明玻璃杯内，还能用手拿出或倒出。能把三角形块放在三角形嵌板中。能用拇指和食指拿稳小球并放到盘子里，能放4~5个。

3. 认知能力：如把宝宝的东西和成人的东西放在一起，他能找出自己的东西。知道物品都有名称。能在有圆形、方形、三角形的嵌板中，挑出正确的图形。

4. 语言发展：能注意听成人的指令并且做出正确的回应，能有意识地说出10个名词或动词（"爸爸""妈妈"这样的词除外）。有人问宝宝叫什么名字时，宝宝能正确回答自己的名字。

5. 社会行为：能表示同情，给布娃娃盖被、喂饭。自我意识进一步增强，对于自己的玩具有保护意识，当有别的小朋友来拿他的玩具时，他会拒绝。

宝宝教养要点

1. 认动物，学动物叫。鼓励宝宝说出自己的名字、年龄及常见动物的名称。

2. 学习分类、比较。做角色游戏，如买东西游戏等。

3. 学习了解前、后、左、右等空间关系。

4. 多给宝宝讲故事、唱儿歌。理解宝宝的语言和动作，满足宝宝的正常要求。

5. 适时用语调、动作及表情表示对宝宝行为的称赞和批评。

6. 提供宝宝与同伴交往的机会，促进其语言和社交能力的发展。

7. 教宝宝搭积木、玩套板，促进手的动作能力的发展。

8. 经常带宝宝到户外活动。训练宝宝独立走、跑的能力。

9. 培养宝宝的独立生活能力和习惯。

10. 教宝宝学习穿、脱衣服，配合洗浴。鼓励宝宝做干家务的好帮手。

11. 养成良好的睡眠、饮食习惯。

12. 培养宝宝的劳动技能和热情。对于不断探索的宝宝，要注意安全，防止发生意外。

第2节 1岁4~6个月宝宝能力训练

1. 学会模仿：最好每天有一定的时间和宝宝一起搭积木、捏橡皮泥等，有意识地给他做一些示范，让他去模仿、去感受。

2. 学配对：可将两个不同的物品放在一起，告诉他这些物品的相同点，让宝宝先认知、触摸，然后把这两个物品和其他物品混放在一起，让宝宝把它们找出来，如果一时找不出来，要耐心讲解几次，直到他能够完全自己找到为止。

3. 学会插入与拔出：可用一只空的大可乐瓶子，里面装满细沙，将不同颜色的几只蜡笔插入瓶里并说出蜡笔的颜色，插好后一支一支拔出，让宝宝照着做。

4. 学习比较高矮：教宝宝比较铅笔、瓶子、杯子的高矮，让宝宝学会用重叠法进行高矮的比较。先学会目测哪一个最高，如果目测铅笔最高，将铅笔拿出来放在一边，再拿瓶子和杯子比，瓶子高出来，杯子最矮。宝宝可以把这三种东西并排按顺序放：铅笔最高，瓶子在中间，杯子最矮。

5. 认识一些简单的自然现象：可以教宝宝认识白天和黑夜，然后教他认识下雨和刮风，一次不要教太多，要让宝宝记住并且能够独立认知，再教下一种。

6. 训练识字能力：此时是宝宝形象思维发展的关键期，可通过识字练习培养宝宝的认知能力，有条件可教宝宝识字和教他同时说几种语言，这对宝宝来说不是难事，要采用寓教于乐的方式吸引宝宝的注意力。当他表示不愿意学习时不要勉强，一般每次5~10分钟，一周之内学习5~6个字词，不要有硬性规定,一定要让宝宝反复练习。

7. 继续教宝宝练习说名字:如家长用提问的方式问宝宝:"你叫什么名字啊?"鼓励他说出自己的名字和小朋友的名字。也可以用呼叫的方式喊他的姓名,让他作"有"的回答。

8. 由单词句到电报句:1岁半以后宝宝的语言能力发展得很快,由原来的单词句(如"爸爸""妈妈""电灯"等)逐渐发展到跟成人学舌,但是语言的句子还不完善,非常简单,被称为电报句,如"妈妈走","走"的含义很多,另外往往顺序颠倒,如"两只眼睛有"等,这时应利用游戏,促进宝宝的语言发展。

9. 学习照料布娃娃以培养宝宝能关心别人:可以让宝宝模仿妈妈照料自己那样,看看娃娃是否饿了、冷了,有什么需要,用关心的动作表达感情,模仿照料娃娃以培养同情心。如看到其他幼儿哭泣时会过去安抚,也能受他人痛苦的感染,做出痛苦的表情,想办法安慰和减少他人的痛苦。所以,不要反对男宝宝玩娃娃,每个宝宝都会喜欢拟人的娃娃和拟人的动物。

10. 在教宝宝时不该犯的错误:(1)不可对宝宝恶言;(2)不宜过分责备宝宝;(3)不宜压抑宝宝的意见和要求;(4)不能强迫宝宝干什么或不干什么;(5)不可以威胁宝宝;(6)不要抱怨宝宝;(7)不要讽刺宝宝。

第3节 1岁4~6个月宝宝亲子游戏

认知能力训练游戏

游戏1:飞走又回来

目的:培养宝宝的视觉跟踪能力

方法:手持一束红色的绢花在宝宝眼前放一会儿,突然把花一藏,对他说:"红花飞走了!"这时他会很惊奇,然后把花拿出来说:"红花又回来了。"

这时他会很高兴，手脚也跟着动起来，反复几次后，再藏起来，他会做出寻找的表现。

游戏2：宝宝带路回家

目的：训练宝宝的视觉记忆力和观察力

方法：带着宝宝到家附近走一走，出发前告诉他："一会儿请你带我回家好不好？"然后让宝宝记住路旁都有什么建筑或标志，他会用心去记认，如果他走错了路，要及时纠正，并教他如何辨认回家的路。

游戏3：说出是什么

目的：提升宝宝的触觉判断能力，促进综合记忆、感觉和判断能力的提高

方法：准备一只较大的布袋子，拿来一些宝宝比较喜欢的物品，包括小碗、小勺子、奶瓶、玩具等，放在宝宝面前，一样一样地说出物品的名称再放入袋子里，然后让宝宝把手伸进袋子里摸一摸，摸出一件物品说出是什么，说对了，拿出来，说的不对，放回袋子里，由你来摸。反复练习，很有乐趣。

游戏4：感觉物体质地

目的：锻炼宝宝的感觉能力，教他认识各种物体的质地并能加以简单描述

方法：让宝宝摸不同质地的物体，如毛毯、桌子、皮包、石头、纸张、墙壁等，并在触摸时告诉宝宝：毛毯柔软、石头硬等。让宝宝学说表示感觉的词和短语。

游戏5：找出同类

目的：训练宝宝区分、数数和分类能力

方法：给实物玩具配图片。把玩具熊放在灰熊照片下方，把玩具象放在大象照片的下方等，看看哪幅图下有最多的动物玩具。

游戏6：学认白色

目的：帮助宝宝建立颜色的概念，增强宝宝的自信心

方法：准备一张白纸和一件白色的衬衫，让宝宝认识白色。在各种颜色的物品中找出同一种颜色的不同物品，比如说："宝宝，这个纸片是白色的，宝宝的衬衫也是白色的。"这样，提问宝宝纸片颜色的时候，可以指指他衬衫的颜色进行提示。如果宝宝熟悉了白色，可将白色的物品放在有各种颜色的物品中，让宝宝将白色物品找出来，宝宝找到了要表扬他。

游戏 7：认三角形

目的：训练宝宝区分几何图形的能力

方法：先让宝宝从几何图形嵌板中找出三角形，然后将三角形块放入三角形嵌板中，再让宝宝在他的玩具中寻找三角形，如三角形的积木。如果找不到三角形的物品，可用硬纸板自己裁制，还有三角形的红领巾、画图用的三角板等，利用不同的物品让宝宝认识三角形。

游戏 8：毛巾下找熊

目的：在"找不到"到"找到"的过程中，锻炼宝宝的挫折承受力

方法：在地板上放一条毛巾，毛巾下面藏一个玩具熊，这样做的时候要让宝宝看到，问宝宝："熊熊在哪儿呀？你能找到吗？"当宝宝找到玩具的时候，要及时夸奖。然后增加一条毛巾，把玩具仍然放在第一条毛巾下面。当宝宝开始找时，把玩具转移到第二条毛巾下面，帮助宝宝在第二条毛巾下面找到玩具。以此类推，再增加毛巾的数量，很快宝宝就会发现规律，很容易就找到玩具了。

游戏 9：照镜子做表情

目的：让宝宝学会观察他人的情绪以及各种情绪所代表的意义，培养宝宝的同情心

方法：妈妈做示范，宝宝跟着做动作和表情。可以一人拿一个镜子照着做。妈妈的表情可夸张一些，让宝宝充分认识。例如，"我生气，气呼呼；我高兴，笑眯眯；我难过，呜呜呜；我开心，笑哈哈"等。让宝宝跟着一起做，等宝宝熟悉之后，可以问宝宝："生气是什么样子的？""笑眯眯是什么样子的？"让宝宝来做表情。

游戏 10：学会用日用品

目的：训练宝宝的认知能力

方法：日常生活中让宝宝观察成人的活动，如用牙刷刷牙、用杯子漱口、用梳子梳头、用毛巾洗脸等，宝宝虽然不会说自己所认识的东西的名称，但是会用动作来表示。成人应趁势把每样东西的名称告诉宝宝，并让他说出来，如"牙刷刷牙""毛巾洗脸"等，渐渐地宝宝就会理解每件日用品的用途了。

语言能力训练游戏

游戏1：认识物品

目的：借此丰富宝宝的词汇量，并促进他的左脑语言能力的发展

方法：将玩具小汽车、娃娃、布偶、积木、杯子、椅子等物品摆好，逐一拿起来问他："这是什么？"让他回答，如果他不知道就告诉他，以温和的态度教他认识各种物品。

游戏2：学说"我的"

目的：训练宝宝会说代词，丰富宝宝的语言能力

方法：当宝宝拿着一件心爱的玩具在玩时，故意问："这是宝宝的玩具吧？"他会马上说："宝宝的。"这时要教他说："这是我的。"教他用"我"来代表自己，反复练习几遍，再拿他的东西问他，他就逐渐会说"我的"。

游戏3：等一等

目的：提高宝宝的语言能力，增强自信心，促进社交能力，让他知道你正在听

方法：当宝宝很兴奋地想告诉你什么，但又一下子无法找到合适的词时，请你保持沉默，让他自己努力找到所需词汇，等他说完后，重复他所说的，并向他做出解释。

游戏4：你几岁

目的：训练宝宝的理解能力

方法：从宝宝10个月起，当成人问"你几岁"时，宝宝会竖起食指回答。当宝宝会开口说话后，大部分的宝宝会说"1岁"，少部分宝宝会说"我1岁"。要教宝宝用"我"代表自己，宝宝只有理解了它的意义，才能更快地学会。

游戏5：对问回答

目的：训练宝宝对身体的认识和用语言表达的能力

方法：妈妈同宝宝两人互相对问，如妈妈问："耳朵？"宝宝立刻用手摸自己的耳朵后提问："眼睛？"妈妈用手摸眼睛又提问："嘴巴？"宝宝摸到嘴巴后又提问："鼻子？"妈妈继续问："头发？"这时宝宝有可能不会，妈

妈可以顺便提醒他，这样宝宝能在游戏中认识其他的身体部位。也可在生活中随时随地地学习，使宝宝更多地认识身体的部位。

游戏6：上和下

目的：训练宝宝下蹲、站起、双手上举的动作，听懂并能说出简单的英文

方法：妈妈与宝宝面对面站立，边教宝宝说"up"，边双手用力往上举，然后说"down"，同时收双手下蹲，反复做几次。

游戏7：打招呼

目的：使宝宝学会用"Hello"与别人打招呼

方法：妈妈套上小猴子的手偶与宝宝打招呼："Hello，你好！"并代替宝宝或鼓励宝宝说："Hello，你好，小猴！"依次换上其他手偶，用"Hello"与宝宝打招呼，不断地引导宝宝边挥手边说，让宝宝模仿挥手、拍手、摇头的动作，并教宝宝识字：Hello，你好。

游戏8：宝宝的字卡书

目的：刺激宝宝视觉的认知、辨识、记忆能力，强化宝宝的理解能力，增进阅读的效果

方法：爸爸、妈妈用字卡先从两个字开始，通过一张张的图卡，来协助宝宝认识单字。循序渐进，字体要随着年龄的增长越来越小，内容要逐渐增多，时间也渐渐加长。不要急着要求宝宝一直玩，只要持续进行，成效就会变好。等宝宝的字汇能力增加到一定程度，就帮宝宝准备一本书，这本书的内容由以前教过的字卡组成，并以宝宝的生活经验为主。

游戏9：模仿打电话

目的：拓展宝宝的语言范围，用游戏的方式诱导宝宝说话

方法：给宝宝准备一个电话、手机玩具，或用一块长方形的玩具当做手机，学成人打电话。妈妈也同样将玩具放在耳边，问："喂！你是谁呀？"宝宝回答："我是宝宝。"妈妈说："我去买菜，你去不去呀？"宝宝赶快回答："我去呀！"如果宝宝拿着当电话的玩具不知道说什么，可以先慢慢教他答话，熟练之后，再进行对话。

游戏10：洗手歌

目的：培养宝宝情绪愉快地学习语言技能，体验正确的洗手方法

方法：妈妈和宝宝坐在地垫上，跟着节奏读儿歌《洗小手》："洗小手，

洗小手，先卷袖子后洗手，手心搓一搓，手背搓一搓，换只手，再搓搓，抱起来，甩三下，一、二、三。"

 动作能力训练游戏

游戏1：拉绳取珠子

目的：既可锻炼宝宝手指的灵活性，还可促进宝宝的思考推理能力

方法：准备几个中间有孔的大木珠或塑料珠子，用细线绳一个一个穿过、拴牢，再拿一个窄口瓶子，瓶口正好容纳一个珠子为宜，将拴好的珠子都放入瓶中，让宝宝将珠子拿出来，刚开始他不知道拉一根绳子，要告诉他，几根绳子同时往外拉拉不出来，只有一根一根地拉，才能拉出来，让他试几次就会知道。

游戏2：摸摸跑回来

目的：提高宝宝注意力和身体协调能力

方法：对宝宝念："宝宝、宝宝真好玩，摸摸桌子跑回来。"引导他向桌子跑去，摸完跑回来。开始可和他一起跑，会玩后再去摸别的东西。

游戏3：学打保龄球

目的：培养宝宝大动作技能，增强自信心

方法：把三个空的纸巾筒放成一排，让宝宝从几十厘米远的地方把一个球滚过来，将它们撞倒，当宝宝熟练掌握后，把纸巾筒放远一点儿，并增加几个纸巾筒。

游戏4：沿画线走路

目的：训练力量和平衡性，发展宝宝的精细动作技能

方法：在空地上画一条约1.5米的直线，教宝宝沿线走路，当他熟练了这一技巧后，把线画长些，再走一遍，还可以让他自己画线或画圆圈走。

游戏5：练习包糖果

目的：锻炼宝宝手的灵活性

方法：将干净的糖纸压平，准备一些干净的圆形小石子、花生等，教宝宝用糖纸将它们包起来，做成糖果的样子。

游戏6：玩积木搭桥

目的：训练宝宝立体感及思维能力

方法：准备两块同样大小的方积木做桥墩，并相距一段距离摆好，将一块长板积木放在两块方积木上搭成一座桥。妈妈做完示范后，让宝宝用同样的方法搭桥。还可以让宝宝自己发挥想象，搭一座弓形的桥或别的形状的桥，锻炼宝宝的结构想象力，训练宝宝对方位、方向、立体感的图像思维能力，对今后学数学和物理都有很好的帮助。

游戏7：跟着做

目的：提高宝宝的观察力和反应能力

方法：邀请几个小朋友或者是全家一起，由一位家庭成员充当头领，引导大家来做游戏，头领站在其他人的对面，边说"抬起左胳膊"，边做示范，大家跟着抬起左胳膊。头领说"张大嘴巴"，大家也跟着做。头领也可以做一些连续的动作，如高抬腿原地跑；或是同时做两个动作，张大嘴并且抬起左腿……引导宝宝做这些动作，直到宝宝能够独立完成。

游戏8：大风和树叶

目的：让宝宝练习跑、走交替，听信号行动

方法：让宝宝扮树叶，蹲在地上，妈妈扮大风。如果妈妈说"起风了"，宝宝就站起来。妈妈说"大风来了"，宝宝就跑。妈妈说"风小了"，宝宝走。妈妈说"风停了"，宝宝蹲下。开始让宝宝走多于跑，逐渐多说"大风来了"，让宝宝逐渐增加运动量，多跑跑。

游戏9：想想是什么

目的：训练宝宝利用触觉辨认物品的能力

方法：把宝宝已经认识的4~5件日常用品放入布口袋中，留出只能伸一只手的空隙，然后让宝宝把手伸进去摸，另一只手也可以在口袋外面帮助摸。当宝宝摸到一样东西时，妈妈可引导其回想过去用过的东西，然后让宝宝说出物品的名称，说完后打开口袋验证。

游戏10：练习穿珠子

目的：训练宝宝手眼精细的协调能力

方法：先教宝宝穿鞋带，让宝宝把鞋带的硬头插进孔洞内，然后成人帮助把鞋带拉出来。再由成人把鞋带的硬头插进孔洞，让宝宝从洞口的另一端拉出来。让宝宝把两个步骤连起来完成整个过程并能穿上1~2个孔洞，熟练后，让宝宝练习穿珠子，逐渐增加珠子的个数，要多练习才能穿得多、穿得快。

社交和自理能力训练游戏

游戏1：帮妈妈做饭

目的：培养宝宝乐于助人的精神

方法：妈妈在厨房里做饭时，可以让宝宝在安全的情况下帮忙递盐、拿醋等，并教他认识这些东西，还可以在吃饭的时候让他拿碗、筷子等。

游戏2：宝宝的地盘

目的：训练宝宝的一种安全感和自信心，促进情绪调节

方法：宝宝也喜欢属于他自己的安全的地方，可以在家里辟出一角，专门放置他喜欢的玩具和图书等。注意宝宝一个人在那儿专心致志地玩时，不要去打扰他。

游戏3：请进门

目的：教宝宝养成正确的习惯，培养宝宝的社交能力

方法：宝宝在房间里，你在外面"当当当"地敲门，说："当当当，我可以进去吗？"让宝宝回答："好，请进！"接着互换角色，由宝宝敲门试试看。

游戏4：模仿当医生

目的：锻炼宝宝的交往和合作能力

方法：准备一些小听诊器等医用品玩具，让宝宝学当医生，拿一个布娃娃当病人，让宝宝给布娃娃看病，模仿当医生的感觉。

游戏5：杯子喝水不洒

目的：训练宝宝的自理能力

方法：先往水杯里倒1/4的水，让宝宝端杯已做到不洒之后，再让他将杯中的水喝干净，然后将杯中的水逐渐添加至1/2左右，妈妈陪同宝宝一起做"干杯"游戏，增加乐趣，使宝宝逐渐适应用杯子来代替奶瓶。

游戏6：学习打电话

目的：教宝宝学会使用电话，传授文明用语

方法：妈妈先向宝宝介绍电话的用途，然后教他怎样拨号、听声、问话、答话以及对拨号音、忙音等提示音的识别，最后妈妈和宝宝一起模拟打电话，在这个过程中向宝宝传授电话用语。熟练后可给爷爷、奶奶或外公、外婆打一个电话，让宝宝体验一下。还可以教宝宝手机的使用方法。

游戏 7：想办法进洞

目的：培养宝宝的探索能力

方法：在一块硬纸板上挖一个方形的洞，大小与积木的宽度和高度相同，把两块长短不同的方形积木系在绳子的两端，在短积木的两个面上贴上小轿车的图片，在长积木的两个面上贴上大巴士的图。告诉宝宝两辆车都要进这个洞，让宝宝将两块积木连同绳子一起塞入硬纸板上的洞里，要对准了才能塞进去，否则就进不去。引导宝宝想办法将积木塞入洞里。

游戏 8：能干的小助手

目的：训练宝宝与人配合的能力

方法：鼓励宝宝帮助成人拿东西，如吃饭时帮妈妈拿碗、盘子；奶奶择菜时，让宝宝帮奶奶拿板凳；爸爸干活儿时，让宝宝帮忙递锤子、拿钳子等，这种能力是平时观察的结果，也是经验的积累。

游戏 9：学习擦鼻涕

目的：训练宝宝自我保洁的能力

方法：每天给宝宝准备一块清洁的手绢，叠好放在衣兜里，只用于擦鼻涕、擦脸、擦手，患感冒的宝宝鼻涕很多，应用纸巾擦鼻涕。擦鼻涕的时候用手压着一个鼻孔擦另一个鼻孔，然后把纸巾并拢，再用同样的方法擦第二个鼻孔。平时如果有少量的鼻涕时，可以用手绢擦干净，然后把手绢用过的一面往里叠，放在衣兜里。

游戏 10：训练自己午睡

目的：训练宝宝自律的本领

方法：每天午饭后，让宝宝先如厕，然后告诉宝宝脱掉鞋子和衣服，自己上床睡觉。妈妈帮助宝宝盖好被子，拉上窗帘，宝宝看到要睡觉，就不会提出任何要求，不必拍、哄宝宝，也不要同宝宝说话，连续几天，习惯成自然，宝宝上床后就会很快入睡了。午睡定时睡，定时起，从小养成良好的行为习惯。

CHAPTER 15

1岁7~9个月宝宝早教方案

第1节 1岁7~9个月宝宝成长发育

宝宝身体发育对照表

发育指标		男童			女童		
		下限值	平均值	上限值	下限值	平均值	上限值
1岁9个月	体重（千克）	9.31	11.83	14.35	9.01	11.25	13.49
	身高（厘米）	79.2	85.6	92.0	78.5	84.5	90.5
	头围（厘米）	45.5	48.1	50.5	44.5	46.9	49.3

宝宝成长小信号

1. 牙齿：平均为12~16颗牙。20个月左右在下齿槽两侧各长出一颗第二乳磨牙。

2. 生长发育：这个阶段的宝宝身体的增长速度比第一年慢，但是神经系统的发育速度比较快，语言、动作和心理等各方面的能力仍继续发展。宝宝这时的肚子还是比较大，自己能够控制大小便了。此时的宝宝因为不用奶瓶喝奶了，所以特别喜欢吸吮手指，尤其是在睡觉前，宝宝会一边吸吮手指，一边东瞧西瞧。

宝宝心理发育

1. 明显表现出个性。喜欢音乐、画画或运动等的宝宝会对自己的爱好表现出浓厚的兴趣，父母应尽量满足宝宝的某种爱好。

2. 这个时期的宝宝开始萌生出同情心。宝宝会像成年人一样抱布娃娃，哄布娃娃睡觉。还会模仿父母做各种家务，像扫地、擦桌子等。

3. 在爸爸、妈妈面前会大喊大叫，摔东西，发脾气，这是因为他的语言表达能力低于实际思维能力时，不能用语言表达自己的意愿和想法，会急得喊叫或大哭。另外，他也会通过这种方式吸引成人的注意力。

4.这时的宝宝比较喜欢有规律的生活，如果出现突然的变化，如从自己家搬到奶奶家或者被送去托儿所，宝宝会感到不适应，会大哭大闹，要经过很多天才会适应新的环境。

宝宝敏感期提示

1.敏感期开始：语言敏感期，两头可延伸到0~6岁。语言的启蒙始终伴随着婴幼儿，甚至是胎儿期，对着胎儿说话。宝宝咿咿呀呀学语就开始了语言敏感期。宝宝1岁半以后，进入语言的快速发展期，会开口讲话、背诵儿歌、说简单到复杂的句子。这时要不断地给他注入"养分"，多和他说话、给他讲故事，良好的语言教育会使宝宝的表达能力增强、与人交往的能力提高。

2.敏感期延续：继续手的敏感期、空间敏感期、细小事物敏感期、走的敏感期、秩序敏感期和模仿敏感期等。

宝宝智能发育特点

1.大动作：能自己跑，还能自己上下楼梯，会蹲下捡掉在地上的东西，喜欢大运动的活动和游戏，如跑、跳、爬高等。将球踢出，宝宝会追球跑。

2.精细动作：能一只手拿杯子喝水，用勺吃饭，把相同的餐具叠在一起。能把6~7块积木叠放起来，会把珠子穿起来，还会用蜡笔在纸上模仿着画垂直线和圆圈。

3.感觉：记忆力和想象力有所发展，如果把一件玩具藏起来，他会努力去寻找。空间知觉和时间知觉逐渐发展，如爬高、躲起来、天黑睡觉、天亮起床等。

4.语言：开始掌握名词以外的词，如冷、热、拿、打等，会说出100~200个词或说完整的句子。会表达日常需要，如吃饭、喝水、小便等，喜欢问这问那。

5.社会性发育：特别喜欢小伙伴，有群体活动的初步适应能力，能短时间离开妈妈。

宝宝智能发育评价

1.大动作能力：能用脚尖走，拖重物行走，自己扶栏登1~2级台阶。会跑,但还不能自己停下来。能按指定的不同方向抛球。

2. 精细动作能力:能用玻璃丝穿过扣眼 5 毫米以上。会三指捏物,能用拇指、食指捏拿小球放进盘子里,可模仿着放 4~5 个。

3. 认知能力:能理解成人说的话和行动的含义,能回答比较简单的问题。例如,当宝宝听到门响,有人进门之后,问他:"谁来了?"他会回答。将实物放在桌上,让宝宝从旁边的图片中找出相应的图片与实物放在一起配对,宝宝能配成 3 对以上。

4. 语言发展:能回答简单的问题,有意识地说出简单的话语。会分辨声音,模仿一些声音,如狗叫、猫叫、公鸡叫、火车、汽车声等,能说 5 种以上。

5. 社交行为:喜欢和小朋友在一起玩。会开口表达个人需求。能按照指令去拿杯子、书、拖鞋等物品,能正确拿来 3 件以上。

宝宝教养要点

1. 认识圆形、方形、三角形;懂上、下方位;了解对应关系,会配对。
2. 给宝宝讲故事,鼓励其回答问题。学习数的概念。
3. 宝宝进入了第一反抗期,要注意宝宝良好的个性培养。
4. 培养等待、容忍的品行——延迟满足。
5. 这个阶段是宝宝语言发展的突发期,要鼓励宝宝说话。
6. 练习前后翻滚,越过障碍物。
7. 教宝宝奔跑、跳跃、抛接球、拍大皮球,促进其动作协调。
8. 教宝宝学折纸、穿珠子、拆装玩具、捏橡皮泥、用棍取物。
9. 可以有意识地培养宝宝自己开关室内的不带锁的门。
10. 学习穿脱衣服和用勺吃饭。逐渐不用成人喂,完全自己吃,并吃得干净、不洒饭。
11. 控制零食量,防偏食、挑食。不宜多吃巧克力、糖果及太甜太油腻的糕点。
12. 养成良好的进餐习惯,即定时、定点吃饭,按食谱安排每天饮食。
13. 培养宝宝爱劳动的好习惯及生活料理能力。能够知道大小便前应该做的事,减少大小便失控的次数。

第2节 1岁7~9个月宝宝能力训练

1.性别的认识：结合图片里的人物，告诉宝宝"哥哥"和"姐姐"的区别，"哥哥"头上没有小辫子，"姐姐"头上有小辫子，还可以结合家里成员，让宝宝观察"爸爸"和"妈妈"的区别，再告诉他"我是男（女）孩子"，让他学会说出自己是"男（女）孩子"。

2.学会数数字：先从"1"开始，不要急着认识太多，让他能够心到、手到、口到、眼到地读出"1"就成功地迈出了第一步，然后再认识"2"，始终要吸引宝宝的学习兴趣，有兴趣学习会事半功倍，要缓慢地做示范，大声反复地读出数字，要有目光交流。

3.继续认颜色：成人要继续教宝宝认识颜色，搜集绿、黄两种颜色的多种物品，如用绿色的丝带捆绿色的书、绿衣服、绿鞋；再拿出绿扣子、绿盒子、绿粉笔等物品，一一让宝宝识记，使宝宝能从各种物品中认识绿色和黄色的共同特性，并温习黑色和白色。

4.学会区分轻和重：让宝宝爬上凳子，从高处取下轻的和重的东西，当他取下重的易碎的东西时，看他是否先把东西放在凳子上，从凳子上下来后再拿上东西，反复体验，让他知道重的东西掉下来砸到脚会很痛，易碎的还会碎。

5.培养宝宝注意力的方法：（1）利用宝宝的好奇心：给他选择一些新颖、色彩丰富、富于运动变化的玩具，让他集中注意力观察、摆弄，以此训练他注意力集中度，还可带他到新的环境去"看稀奇"，让他看一些从未见过的花草、建筑、动物等。（2）在游戏中训练专注力：宝宝在游戏中注意力集中程度和稳定度会提高，可玩"猜猜是什么"的游戏，先将几样东西让他看1~2分钟，然后撤掉一个或两个，让他猜猜是什么东西被撤掉，他会很感兴趣。（3）明确活动的目的，自觉集中注意力：在日常生活中，可训练宝宝带着目的自觉集中和转移注意力，如帮忙找东西等。（4）别打断宝宝的行为：如宝宝全神贯注玩的时候不要去打扰他。

6. 教宝宝排位置：成人用大纸画一张脸，再用小的纸片画上脸部器官（眉、眼、鼻、口、耳），让宝宝摆在正确的位置上。然后再帮助宝宝将画好的身躯、四肢、手足、衣服等摆正。

7. 教宝宝说出自己的名字：成人要教宝宝正确地说出自己的名字（包括姓），并使宝宝能够说出小朋友的名字，爸爸、妈妈的名字。但是，一般情况下要让宝宝称呼自己的父母为"爸爸"和"妈妈"，不要直呼其名。

8. 教宝宝用"我"代替名字：宝宝往往用名字形容自己的东西。家长拿属于宝宝自己的东西，鼓励他说"我的衣服""我的床""我的鞋子"，而代替"宝宝的衣服""宝宝的床""宝宝的鞋子"等，这是宝宝自我意识的萌芽。说对了要称赞和表扬他。

9. 继续学插入和拔出：让宝宝多和同伴玩插拔游戏，如在盛有沙子的盒子里，让宝宝将4支绿、黄彩笔一支一支依次序插入沙中，笔与笔之间有一定的距离（间隔2~3厘米），先练习横排插入，然后拔出。

10. 练习穿珠子：教宝宝会用绳穿上几个珠子，宝宝会将绳子穿入小孔内，但要在孔的另一侧将绳子提起，这个动作要经过反复练习才能熟练，渐渐可加快速度，并提高准确性。这是手、眼、脑协调训练的好方法。

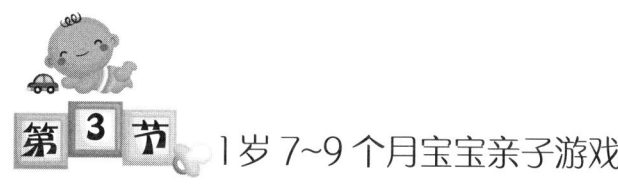

第3节　1岁7~9个月宝宝亲子游戏

游戏1：青蛙跳

目的：训练宝宝的视觉分辨能力

方法：用泡沫板裁出两块青蛙的形状黏合在一起，两层中间要空出来，以便宝宝将手伸进去，把纸铺在桌上或墙上，将宝宝的手套进"青蛙"中间，蘸上颜料后往纸上印，玩"青蛙跳"，成人先协助他，然后让他自己蘸颜料印画。

游戏 2：认识动物

目的：让宝宝了解动物以及训练宝宝的记忆力

方法：带宝宝到动物园去认识野生动物，如狮子、老虎、狼、大象、长颈鹿等，告诉宝宝这些动物是从山野中或森林中运来供人们观赏的，并且有的野生动物对人有攻击性，所以人类要观察，就必须把它们圈起来。

游戏 3：分配大小

目的：训练宝宝的观察力，通过对画面的观察找出相同与不同

方法：出示图片，图片上有一大一小两个娃娃和一大一小两只杯子，告诉宝宝："我们把这两个杯子分配给这两个娃娃，大娃娃分大杯子，小娃娃分小杯子，请宝宝分一分好不好？"拿一支笔，告诉他，哪个娃娃分哪个杯子用线连起来，也可用实物做。

游戏 4：认绿色

目的：训练宝宝了解颜色共性的概念

方法：带宝宝到菜市场买菜，妈妈先教宝宝认识一种绿色的蔬菜，然后让宝宝自己寻找其他的绿色蔬菜，如黄瓜、菠菜、油菜、芹菜等，也可以带宝宝到有水果的地方，告诉宝宝绿色的水果有哪些。宝宝回家后告诉妈妈，在自己的玩具和家庭用品中哪些是绿色的东西，以进行巩固。

游戏 5：了解各种工作

目的：培养宝宝的学前技能，学习新单词和新概念，并提供符号训练的机会

方法：从杂志上搜集一些人们工作的图片，如农民、厨师、老师等，做成一本画册，当你读这本书时，告诉宝宝图片中的人在干什么、在哪儿工作、工作的重要性等。

游戏 6：它们爱吃什么

目的：学习事物的对应关系

方法：在硬纸板上画小猫、小狗、小兔、骨头、青草等，然后问宝宝这些动物爱吃什么，引导宝宝将动物和它爱吃的食物画线连起来。

游戏 7：比赛排扣子

目的：让宝宝认识大、小，并能按从小到大的顺序排队

方法：妈妈出示纽扣："宝宝，看妈妈这里有这么多漂亮的纽扣，咱们

一起来玩'扣子排队'的游戏吧。"妈妈将扣子倒在桌子上,让宝宝按从小到大或从大到小的顺序给纽扣排队,还可以和妈妈比赛,看谁排得快。妈妈可以有意让宝宝取胜。同时可教宝宝识字:纽扣。

游戏8：认识几种黄色

目的：训练宝宝分辨颜色的能力

方法：日常生活中接触黄色的东西比较多,如香蕉、梨、芒果等,宝宝的衣服也有黄色的,玩具中的积木、珠子、套碗等黄色的也很多。妈妈除了教宝宝认识黄色外,还应教宝宝学会识别黄色的深浅。通常深黄色比较容易辨认,浅黄色要同白色分清。

游戏9：比套碗

目的：训练宝宝目测和比较大小的能力

方法：把9个一套的套碗次序弄乱,先用眼睛大致观察一下,然后按大小次序排列,如果不容易分辨两个大小时,就把它们背对背侧放于桌上比较,将9个套碗按大小顺序排队,并按从小到大的次序依次把小碗套入大碗内摆放好。

游戏10：白天和晚上

目的：让宝宝懂得白天有太阳,晚上有月亮,并能指出太阳、月亮的图片

方法：准备太阳、月亮的图片,先给宝宝讲图片的内容：早上太阳升起来了,小朋友们在做早操；天黑了,月亮出来了,小朋友都回家睡觉了。然后让宝宝分别指认太阳和月亮,反复练习直到宝宝能听指令指认为止。

语言能力训练游戏

游戏1：说简单句

目的：鼓励宝宝表达需求,引导他多说一些有名词和动词的简单句

方法：给宝宝戴一个小猫头饰,让他学猫叫,并问："你是谁呀?"宝宝回答："猫。"这时教他说："我是小猫。"如他想吃饼干,教他说："我吃饼干。"

游戏2：指五官找字

目的：提高宝宝的语言理解能力

方法：准备一些身体五官的字卡,指着宝宝的嘴巴等,并给他看相应的

字，反复练习后问他："宝宝的嘴巴在哪里？"让他指出嘴巴并从字卡里找出嘴巴。

游戏 3：帮助拿东西

目的：加强命名的能力，提高宝宝的记忆力

方法：说几样宝宝在房间里能拿到的东西，让他帮你拿，开始说一个，让他帮你拿一个，然后再连着说出两个、三个让他一起拿来。

游戏 4：感觉的表达

目的：学说表达感觉的词语

方法：让宝宝反复触摸冷热不同的水杯或在吃饭时碰到较烫或较凉的食物，教他说"烫""凉"等，将感觉和字联系起来。其他感觉也如此。

游戏 5：大风吹来了

目的：训练嘴和脸部的肌肉控制能力，这有助于宝宝清晰地发音

方法：在床上和宝宝面对面互相吹气。他对着你吹气时，你假装倒下，吹气时做鬼脸并发出有趣的声音，他见你倒下也会模仿倒下。

游戏 6：宝宝当老师

目的：增加词汇量及增强宝宝的记忆力

方法：唱宝宝最喜欢的一首儿歌，漏掉其中的一些关键字，如"小白兔，白又白，两只××竖起来。"让他来纠正，说出"耳朵"两个字。

游戏 7：说出来

目的：加快宝宝说话的进度，宝宝说话的能力与家族遗传因素有关，也与语言环境有关

方法：如果宝宝仍然用手去指物，妈妈要慢慢说出物名，让宝宝跟着说出来，才把东西给他。渐渐引导宝宝用语言而不必用手去指物。在游戏或讲故事时让宝宝用语言回答问题，做动作时让宝宝说出自己在干什么。有时宝宝说出来后，妈妈听不懂他要表示什么，这时要特别耐心地观察宝宝到底想说什么，如果说对了，大家都感到愉快，如果猜错了，容易产生误会甚至让宝宝产生对抗。

游戏 8：认书名

目的：训练宝宝的记忆能力

方法：妈妈拿着书给宝宝讲故事前，先让宝宝看看书的封面，并猜猜里

面讲的什么故事,然后把封面的书名说一遍,让宝宝也跟着说,看熟了封面,妈妈再有表情地朗读宝宝爱听的故事。宝宝认识了封面上的图,再经常听书本中的故事,就会慢慢认识书名了。

游戏 9:将句子延长

目的:训练宝宝把词汇连接起来的能力

方法:宝宝会说的名词最多,还会说一些动词、形容词、代词,如果把这些词连接起来,看着具体的东西,就能把要说的话延长。例如,妈妈拿出一个娃娃,让宝宝一面替娃娃做事,一面说"我给你喂饭吧"或"好!我们出去散步吧"等,妈妈和宝宝你一句、我一句,让宝宝一面想一面说,使字句渐渐延长。

游戏 10:请你跟我做

目的:提高宝宝的语言理解能力,培养宝宝的语言节奏感

方法:妈妈边做动作边读儿歌,让宝宝也做同样的动作。"请你这样跟我做,我就这样跟你做,小手指一指,眼睛在哪里?眼睛在这里(用手指眼睛)。""请你这样跟我做,我就这样跟你做,小手摸一摸,鼻子在哪里?鼻子在这里(用手摸鼻子)。"然后慢慢让宝宝单独做。可做各种各样的动作,让宝宝学说"伸伸手""弯弯腰""踢踢腿"等短语。

 动作能力训练游戏

游戏 1:学画蜡笔画

目的:锻炼宝宝的精细动作技能和手眼协调能力

方法:给宝宝几支蜡笔,鼓励并示范给他看如何画图,边画边讨论画的内容,告诉他颜色并鼓励他用几种不同颜色,不管他画了什么,都要加以表扬。

游戏 2:小鸡啄米

目的:训练宝宝的运动和协调能力

方法:和宝宝分别扮演鸡妈妈和小鸡,把豆粒或米粒撒在地上,一边唱着儿歌,一边学小鸡啄米,将地上的米粒捡到盒子里,比一比谁捡得多。

游戏 3:跳过去

目的:训练宝宝身体平衡性和腿部肌肉

方法：在地板上放一条绳子，让宝宝大步跨过去，等到他能够做到后就让他跳过去。接着，在第一条绳子旁边间隔一段距离再放一条绳子，让他跳过这两条绳子。

游戏 4：这样摸一摸

目的：训练宝宝的大动作技能和全身的平衡性及肌肉的伸展能力

方法：晚餐后，休息一会儿，在家里或到小区花园里活动时，可以带着宝宝锻炼，做弯腰摸膝盖动作，然后摸踝关节，最后尽可能地弯腰摸脚趾。

游戏 5：画宝宝的脸

目的：增加宝宝的知识，让宝宝感受到快乐

方法：给宝宝一个圆形的大纸，再给他许多圆形的小纸片。指着最大的圆纸说："这张纸就像宝宝的脸，脸上有什么是用来看东西的啊？"如果宝宝不会用小圆圈的纸片当眼睛，可以提醒他。再问他："脸上有什么是用来吃东西的？"教宝宝自己去想脸上的五官，尽量不要直接告诉他。还可给他一面小镜子照一照，看看脸上的五官都长在什么位置，协助宝宝在大圆纸上添上眼睛、嘴巴、鼻子等。

游戏 6：互相踩步子

目的：训练宝宝协调性和记忆力

方法：在沙滩上跟着宝宝的步子，他踩在哪儿，你也踩在哪儿，他怎么做，你也怎么做，然后再交换位置。注意步子不要太大。

游戏 7：橡皮泥创作

目的：训练宝宝手的灵活性和两手的协调配合能力

方法：把各种颜色的橡皮泥放在桌上，让宝宝任意搓捏橡皮泥，可以捏成圆团做"鸡蛋"，按扁做成"烧饼"，还可以用小刀或筷子把橡皮泥切成各种形状。

游戏 8：练习行走平衡

目的：训练宝宝在与肩同宽的板条上行走时保持身体平衡的能力

方法：找一块宽20厘米、长1米、厚2~3厘米的木板，放在地上让宝宝在上面练习行走平衡。宝宝站在木板上时，两脚应略微并拢，一边保持身体平衡，一边慢慢向前移动脚步。开始先由成人牵着，待宝宝熟练后，再让他自己走。

游戏 9：将球踢入球门

目的：训练宝宝远程射门的能力

方法：准备一个大纸箱或一条长板凳等当球门，让宝宝练习踢球入门，成人给宝宝设定一个目标，如让宝宝离球门 1.5 米开始，渐渐加大距离到 3 米左右，让宝宝向着目标踢球。鼓励女宝宝也参加踢球活动，因为女宝宝踢球入门的准确率更高。

游戏 10：用棍穿卡片

目的：训练宝宝区分图形和手眼协调的能力

方法：准备圆形、方形、三角形三种形状的卡片各 3~5 张，混合放在盒子里，每种卡片中间都开有圆孔，让宝宝按圆形、方形、三角形各一个为一组的次序，将卡片用线穿上或穿入棍子内，看 5 分钟内宝宝一共穿入几组。

社交和自理能力训练游戏

游戏 1：学做小客人

目的：发展宝宝与人交往的能力

方法：去小朋友家，首先要向小朋友的家长问好，向小朋友问好，同小朋友一起玩时，不要自己去拿玩具，也不要拿成人的东西，给宝宝玩具或食物时要说："谢谢！"得到成人的许可才能接受，临别时要向主人说："再见！"

游戏 2：交个好朋友

目的：让宝宝有几个好朋友，并能与他们打招呼、一起玩耍并互相记住名字

方法：带宝宝到花园等小朋友多的地方玩时，见到小朋友，鼓励他主动打招呼，并做自我介绍，记住彼此的名字，鼓励他约小朋友下次再相聚，并定好时间和地点。

游戏 3：练习画画

目的：训练宝宝画画的基本能力

方法：宝宝首先学画点，由在一定范围内画点，到给一个确定的目标画点，如给动物点眼睛。然后学画直线或横线，并尽可能画得长。再学画弯线，并使弯线能交成圆圈。接着学画十字和栅栏，并要求当中的交叉线垂直。

游戏 4：练习点手指

目的：锻炼宝宝抓、握、伸等手的小肌肉能力

方法：让宝宝将右手五指伸开，用左手食指去点右手的小指、无名指、中指、食指和大拇指，再从右手的大拇指开始点，到食指、中指、无名指和小指，每点一个手指头弯曲一下五个手指头并说一次宝宝的名字，再用右手去点左手。反复练习，可唱着儿歌点。

游戏 5：小花狗有礼貌

目的：让宝宝懂得交往过程中的情景环节

方法：妈妈对宝宝说："我们来踢皮球，好吗？你来做小花猫，我来做小花狗。"然后分别戴上小花猫和小花狗头饰。"小花狗"不小心碰了一下"小花猫"，"小花狗"说"对不起"，引导"小花猫"说"没关系"。然后提问："谁碰了一下小花猫？小花狗说了什么？小花猫又说了什么？"让宝宝简单地回答。

游戏 6：不怪罪别人

目的：训练宝宝解决问题的能力

方法：有的宝宝自己不小心撞到家具摔了跟头，就生气地怪桌子不好。还有的成人也是如此。妈妈要告诉宝宝遇到问题应主动想办法克服，下次就不会犯同样的错误。怪罪别人不能解决问题，只有自己动脑筋想办法才是解决问题的根本。

游戏 7：一起伸出手

目的：训练宝宝听从命令正确反应的准确度

方法：两个人或多人一起玩。大家把双手放在背后，然后轮流喊口令。如妈妈先发口令说"手心"，大家快速把手心向上伸出；然后把双手放回背后，再由宝宝发出口令说"手背"，大家则把手背向上伸出，看谁出错或出手太慢的次数最多。

游戏 8：逛超市

目的：训练宝宝对自己欲望的抑制能力

方法：第一次跟妈妈去超市购物，就要事先嘱咐好，告诉宝宝购物的目的。宝宝若到了超市有要求，要等回家后再商量，得到许可才能买。宝宝如果表现好，妈妈要给予奖励，如果表现不好，告诉宝宝下次不能跟着来购物，让宝宝逐渐学会抑制自己，服从计划。

游戏 9：这是谁用的

目的：训练宝宝的观察力和尊重别人的意识

方法：让宝宝先从认识家中的生活用品开始，如最小的鞋是宝宝的；稍大的鞋是妈妈的；最大的鞋是爸爸的；这块肥皂是大家用的。让宝宝知道大小以及物品有固定的和共同的使用者。

游戏 10：睡前自己洗脚

目的：训练宝宝的自理能力

方法：宝宝每晚 8 点半喝完奶后，让他洗手、洗脸、漱口，妈妈帮助准备温水洗屁股、洗脚。洗脚时，妈妈可鼓励宝宝自己洗，指导宝宝先自己脱去鞋袜，双脚泡入盆内，提起一只脚，清洗每个趾缝，再洗另一只脚，然后把脚擦洗干后，穿上拖鞋，自己把用过的东西收拾干净。

CHAPTER 16

1岁10~12个月宝宝早教方案

第1节 1岁10~12个月宝宝成长发育

宝宝身体发育对照表

发育指标		男童			女童		
		下限值	平均值	上限值	下限值	平均值	上限值
2岁	体重（千克）	10.01	12.57	15.13	9.58	12.04	14.50
	身高（厘米）	82.3	89.1	95.9	81.3	88.1	94.9
	头围（厘米）	46.0	48.4	50.8	45.0	47.4	49.8

宝宝成长小信号

1. 牙齿：平均为18~20颗。2岁左右在上齿槽两侧各长出一颗第二乳磨牙。到2岁时，大部分宝宝的乳牙可长齐。

2. 生长发育：2岁左右的宝宝，生长速度与之前相比会减慢许多。宝宝头的大小达到成人的90%。随着活动能力的增加，会变得更加活跃，长出更多的肌肉。胳膊和腿逐渐加长，脸变得有棱有角，下颌线变得明显，腹部前突已经比以前减轻。随着宝宝骨骼的钙化和肌肉的发育，特别是大脑神经系统的不断发育与完善，宝宝的动作已逐渐变得精确，身体的平衡能力和手眼协调能力已有较大的提高。

宝宝心理发育

1. 这个阶段的宝宝在自我意识开始发展时，出现"自尊心"，所以在教育宝宝时，要耐心诱导，每一点进步都要表扬，和宝宝自己的进步比，不要和别人比，以免挫伤宝宝的自尊心，使他心理发育受到阻碍。

2. 能用声音表现自己的喜怒情绪，高兴时会笑得很开心，生气时会发脾气，有很强的自主意识，要自己穿袜穿鞋，穿鞋时常分不清左右。

3.喜欢模仿成人的动作，并且对自己能独立完成一件事情的技能感到骄傲，也很爱表现自己。喜欢在家庭晚会等节目中扮演主持人的角色。

宝宝敏感期提示

1.敏感期开始：音乐敏感期，两头可延伸到0~5岁。0~2岁培养宝宝对音乐的感知力和领悟力；2~3岁培养宝宝的音乐节奏感；3~4岁可进行正规的音乐学习。

2.敏感期延续：继续手的敏感期、空间敏感期、细小事物敏感期、走的敏感期、秩序敏感期、模仿敏感期和语言敏感期等。

宝宝智能发育特点

1.大动作：能够自由自在地奔跑，但不稳，跑时不能急转弯；能独脚站，自己上下楼梯，沿着直线走，四肢着地前进。会骑四轮车，会主动起脚踢球，能取到球，举过肩，并向成人方向抛球。

2.精细动作：堆积木5~6个，手指、手腕灵活运动，会折纸、捏橡皮泥、拼图、贴贴纸等，会使用夹子夹物，能熟练地穿4~5个扣子，将线拉出。

3.语言：知道父母的名字，并能告诉别人，可能会直呼父母的名字。会通过语调表示怒火和伤心。能够声情并茂地使用语言，如学爸爸的咳嗽声。会自己哼一两句歌词。喜欢问为什么。

4.社会性发育：喜欢听故事，给宝宝讲故事，宝宝的注意力能集中2分钟以上。能够独立完成一些简单任务，如取报、取奶等。快2岁时，在玩时会有语言的交流，并开始玩交互性强的游戏，如互相追逐等。

宝宝智能发育评价

1.大动作能力：可双足跳离地面2次以上（同时离地，同时落地）。将玩具放在宝宝够不到的桌上让宝宝自己去取，宝宝会先上板凳后爬上椅子够玩具（有人协助、监护）。

2.精细动作能力：可用手翻书页，每次一页，连续翻3次以上。会用蜡笔画线条，会自己穿鞋，会用毛巾擦手，会解扣子，会扣一个扣子。

3.认知能力：能说出5种以上的自然现象，包括白天、夜晚、天晴、下雨等；听完一个简短的故事，能说出1~2个人物及1~2件事情。知道日常用品的用途,如拿出肥皂、碗、水杯等问宝宝:"这是做什么用的?"宝宝能回答4种以上的用途。能辨别3种左右不同职业的人物图像。

4.**语言能力**:能用"我"代替自己的名字,如问他:"这是谁的衣服,谁的床啊?"宝宝会说:"我的衣服,我的床。"教宝宝背诵数字1~5,拿出几个苹果或其他物品教宝宝数数,宝宝便能很快学会数数。能背诵整首的儿歌,一般能告诉别人自己2岁了。

5.**社交行为**:能在一种不愉快的情绪中,经劝说控制住自己的情绪。

宝宝教养要点

1.教宝宝懂方位:上、下、前、后。

2.理解对应关系、所属关系,学习对应概念:大小、多少、高矮。

3.给扑克牌分类接龙,能分清一类以上。

4.教宝宝背数首儿歌、诗歌。

5.训练宝宝看图讲故事、回答问题、复述见闻的能力,会称呼人。

6.经常和宝宝玩"过家家",增强宝宝的创造力。

7.增加跑、跳、攀登、投接球活动,会双脚跳。

8.要求宝宝学会自己的事情自己做,改掉吃手的坏习惯。

9.增强宝宝的食欲,严防偏食。少食高脂、高糖食物,预防肥胖。

第2节 1岁10~12个月宝宝能力训练

1.**学会认识长短**:取两支长短不一样的筷子,告诉宝宝哪支长、哪支短,让他自己去摸、去比较,在这样的学习里,学会比较长短。

2.**让宝宝学会切分1/2和1/3**:可以用一个面团,先揉成球形,再压成圆饼,给宝宝一把塑料小刀,让宝宝自己切分成1/2,即在中间把圆形切成两个半圆形,如果宝宝切成一大一小,可以重新再来,家长可以帮宝宝在中间画一道线让宝宝练习,经过反复练习,就可以切分成两个一样大的半圆形了。用同样的方法教宝宝切分1/3，凡在餐桌上有机会切分的东西都可以让宝宝练习去切，通过切分，宝宝学会目测，认识1/2和1/3的部分和它们的整体，这是一种基本的数学概念认识，要经常练习。

3. 学会识别前后、上下：将宝宝的手放在前面或后面，告诉他哪是前面、哪是后面；把识字卡片放在桌上或桌下，告诉他哪是上面、哪是下面，让他自己放并能够说出。

4. 教宝宝认识自然现象：继续培养宝宝的观察力和记忆力，并启发宝宝提出问题及回答问题。如观察早上天很亮，有太阳出来；晚上天很黑，有星星和月亮；有时没有太阳，是阴天，或者下雨和下雪；有时刮大风，在下大雨时会出现闪电和雷声。通过以上讲述，使宝宝认识大自然的各种现象。

5. 学画的最佳年龄：这个时期，宝宝只要能握笔在纸上乱画，对他来说就是很大的进步，应鼓励他涂鸦，大胆地画，画大一些，还可教他画点、线和圆圈，可模仿实物画。由于宝宝比较容易掌握画圆形，应从圆形开始。

6. 养成乐观的性格：（1）给宝宝一定的决策权，即在可能的情况下，让他自己决定选择什么、不选择什么。（2）教会宝宝调整心态，在他心情不好时要帮他找到缓解的方法，如转移他的注意力、和他一起游戏等，让他重新振作起来。（3）营造一个幸福的家庭环境，乐观性格的形成主要得益于家庭环境，在幸福家庭中成长的宝宝成年后具有乐观性格的比在不幸家庭中长大的比例大。

7. 继续教宝宝背诵儿歌：经过2~3个月的学习，有些宝宝能背诵3个字一句的儿歌4句，有些能记住第一句和最后一句。宝宝喜欢与别人一起背诵儿歌，也能自己背诵。如果有一两句还不太熟，在共同背诵时可以得到别人的提醒而慢慢学会。已经背会一首，就喜欢再背另一首新的。

8. 对宝宝进行音乐启蒙教育：从宝宝出生到2岁，属于感知运动阶段。这一阶段所建立的所有认知基础，是日后感知觉发展和智慧的起点。音乐是开启人类智慧宝库的钥匙，对宝宝进行早期音乐启蒙教育会对他的智力发展起到独特的作用。平时可选择一些旋律优美、节奏鲜明、情趣健康活泼的中外名曲给宝宝听，还可以模仿着一起唱，让他展开丰富的想象力，边听边进行动作模仿。

9. 给宝宝一些挫折感教育：让宝宝经历一些挫折是必要的，否则他长大以后难以接受各种压力,难以适应环境。不要一味地纵容、溺爱宝宝或总把他的一切放在首位,以免他养成以自我为中心的习惯而"无法无天",必要时也可忽略一下宝宝的需求。

10.让宝宝拥有一个自己的天地:每个2岁的宝宝都想有个自己的家,在一个隐蔽、别人看不见的角落安静地做自己的事,要尊重宝宝的爱好,让他有一个自己的小天地,使他重演他看过的、留下深刻印象的幻想游戏,总结学习所得的经验。

1岁10~12个月宝宝亲子游戏

认知能力训练游戏

游戏1:彩色的灯

目的:训练宝宝的色彩分辨能力,从而提高他的视知觉能力

方法:准备几个转动时能发出五颜六色光芒的电彩球,晚上将灯关掉,把彩球放在地上旋转,彩球五颜六色的光不断闪烁,宝宝会开心地呼喊,这时趁机问他都有什么颜色,让他回答或教会他3种以上的颜色。

游戏2:蒙眼尝味道

目的:训练宝宝的味觉能力

方法:吃饭前告诉宝宝先玩一个游戏,给他蒙上眼睛,戴上围裙,用筷子夹一种食物,让他说出吃的是什么菜,什么味道,答对了奖励他吃自己喜欢的食物。

游戏3:听命令做动作

目的:训练宝宝听觉反应能力,促进宝宝的知觉能力发育

方法:说一些命令式的简单词组或句子,让宝宝做出相应的动作,如摸身体部位:右手、肚子、大腿等;肢体动作:举手、伸胳膊、两手抱起来、跳一下、走等。

游戏 4：玩扑克牌

目的：训练宝宝认识数字和图形

方法：先教宝宝区分红心、方块、黑桃、梅花这些花色，并学会自己分类，然后教他玩扑克牌接龙游戏，即按顺序从小到大排列，熟悉后可让他自己玩。

游戏 5：练习画蛋

目的：通过游戏有效提高宝宝的挫折承受力，并使其获得成就感

方法：把图画书摆在宝宝面前，指出里面那幅"蛋"的图画给他看。妈妈在白纸上画一个"蛋"形圆圈，让宝宝模仿。让宝宝画个很圆的圈可不是件容易的事，在这一过程中，要不断鼓励宝宝。反复练习，一旦宝宝取得了成功，他将会非常有成就感。

游戏 6：分辨不同质感

目的：培养宝宝的细心和耐心

方法：把天鹅绒、丝、灯芯绒、皮毛、革等不同布料做成各种小布片，摆到宝宝面前，让宝宝反复触摸这几种布料的不同质感，并和周围熟悉的物品联系起来，让宝宝摸摸布片，再摸摸与之相关的物品，他就会很快分辨清楚并记得了。当宝宝熟练后可将他的眼睛蒙上，让他单凭触觉来分辨。

游戏 7：分四等份

目的：训练宝宝认识几何图形，学习分四等份

方法：妈妈给宝宝看准备好的彩色纸，让宝宝说出都有什么形状的纸，请宝宝把每张纸都分成四等份。如果宝宝一点儿都不会，妈妈可以和宝宝每人拿着一张同样形状的纸，边做边引导宝宝操作，把纸折叠两次然后按折痕剪成相等的四份。把剪成的四份纸片再还原成原样贴在白纸上，还可引导宝宝用数字表示分了几份。

游戏 8：分类贴纸

目的：能将正确的颜色贴在正确的位置上，训练宝宝分类、集合的辨识能力

方法：先准备各种圆形、三角形、正方形的贴纸，贴纸可以有红、黄、蓝、绿等颜色，然后为宝宝准备各种图案，图案有不同的形状、不同的颜

色，如红色的圆形，宝宝就将红圆贴纸贴在红色的圆形图案上；黄色的三角形，就用黄色的三角形贴纸贴上去，等等。

游戏9：分组排数字

目的：测试宝宝对数字排列的认识程度

方法：用带数字1~10的玩具，先让宝宝按顺序3个一组排列，最后加上10成为1~10的排列；也可以要求宝宝从任何一个数起，排3个连续的数、2个连续的数，或4个、5个连续的数等，宝宝把数字当玩具玩的同时，实际上是在做加法的练习了。

游戏10：练习贴脸谱

目的：训练宝宝对脸上器官方位的认识能力

方法：用布剪一个直径20~25厘米的椭圆形布脸，成人用布或纸剪成大小合适的眼睛、眉毛、鼻子、嘴唇、耳朵和头发，分别剪开，让宝宝分别摆放在布脸上。成人不必指导，让宝宝自己摆放，看宝宝摆放是否准确。有时会有错误，经过成人纠正才学会正确摆放。可能过几天又会出现以前的错误，因为宝宝并未记牢各器官的位置，所以不必强求，以后再练习。

语言能力训练游戏

游戏1：它们是谁的

目的：培养宝宝观察判断和归纳事物的能力，从而促进语言表达能力，还有利于思维的社会性发展

方法：准备一些日常生活中常用的、宝宝比较熟悉的物品，包括图书、奶瓶、眼镜、头饰、皮包等，每一种东西准备一张相应的识字卡，然后拿一种物品问宝宝"奶瓶是谁用的……头饰是谁用的……皮包是谁用的……"等。让他先答出物品的名称，再回答是谁用的，然后给他看相应的识字卡，并和实物对应起来。

游戏2：看图讲出来

目的：训练宝宝的语言理解能力

方法：在给宝宝讲解故事书时，要一边讲，一边把书上的图画指给他看，并告诉他图中的人在干什么，慢慢地让宝宝自己说出图中的人在干什么。

游戏 3：圈里圈外

目的：培养宝宝的语言学习能力，传授"里"和"外"的概念

方法：在空地上用粉笔画一个圆圈，让宝宝站在圈里，你站在圈外，告诉他"进""出"，然后两人跳越所画的线交换位置。

游戏 4：写上名字

目的：增强宝宝的识字技能，训练辨认符号的能力

方法：在白板上贴一些字母，每天早餐后，拼写一个新单词，先从宝宝的名字开始，然后是宠物、姐妹的名字等。

游戏 5：提问回答

目的：训练宝宝的语言表达能力和理解能力

方法：找一些宝宝画报，给他讲故事，并针对画中的内容向他提问。如"故事中有几只小山羊？""两只。""它们在干什么？""在吃青草。"

游戏 6：宝宝爱学习

目的：通过听故事，教育宝宝从小爱学习，指导宝宝学会欣赏古诗

方法：妈妈给宝宝朗诵古诗《咏鹅》，并配以简单的动作。反复读几次，以加深宝宝的印象。还可把着宝宝的手指着一字一句地读，当读到最后一个字时，声音加重，并让宝宝拍一下手，然后指导宝宝接说每一句的最后一个字。

游戏 7：你问他答

目的：锻炼宝宝的语言表达能力

方法：宝宝比较喜欢用对答的方式进行交流，因此，日常生活中，可经常问他问题。比如，"你叫什么名字，几岁了，家里几口人"等，启发他回答问题。

游戏 8：理解不同职业

目的：训练宝宝对不同职业的理解

方法：在日常生活中要给宝宝随时介绍各种职业，给人看病的是医生，商店卖东西的称为售货员，正在工地施工的是工人，在庄稼地里劳动的是农民等；还可以借助图书给宝宝介绍不同职业的人，如做饭的称为厨师，开汽车的称为司机，开飞机的称为飞行员，在剧场演戏的称为演员等。

游戏9：小鸡吃虫和米

目的：让宝宝学说儿歌，知道小鸡爱吃的是虫、米，练习"虫""米"的发音

方法：妈妈找出小鸡吃米的图片，让宝宝观察：图上都有什么？有几只小鸡？小鸡们都在干什么呢？妈妈给宝宝讲图片的内容，告诉宝宝小鸡爱吃虫和米。教宝宝读小鸡的儿歌，并练习快速指字，可让宝宝认字：虫、米。

游戏10：用代词回答

目的：训练宝宝的理解能力

方法：生活中成人问宝宝："你几岁啦？"宝宝会马上回答："我2岁。"这是宝宝了解了别人的问话而做出的合乎逻辑的回答。对别人的问话的理解需要经过大脑，通过想象才能做出适合的代词的转换。能力良好的宝宝会不假思索地顺利回答。平时多练习，多指导宝宝，慢慢地就能正确地理解了。

动作能力训练游戏

游戏1：追着玩具跑

目的：锻炼宝宝全身肌肉的活动能力

方法：准备几个能够拖拉的玩具小动物，带着宝宝到户外和小朋友一起坐在场地的一端，告诉小朋友，小鸭或小鸡要跑了，然后你拉着玩具小动物在前面小跑，让小朋友跟在你后面追，追一会儿停下来休息一下。

游戏2：伸伸臂弯弯腰

目的：促进力量、平衡和协调能力的发展，鼓励宝宝进行模仿性活动

方法：把桌椅放到一边，做一些弯腰和伸展身体的动作，让宝宝模仿你的动作伸展身体，活动脚踝，做腹部运动，注意不要运动过度。

游戏3：各抓一个

目的：锻炼宝宝的协调能力，传授大小、形状和数数的概念

方法：将3个小东西（如积木或球等）放在地板上，然后用双手各抓一个，再用手臂夹住一个，鼓励宝宝学做这个动作。

游戏4：一起拼图

目的：培养宝宝学会辨别物体的细节，锻炼宝宝小手的灵活性

方法：准备拼图玩具，或将图案纸用胶水和硬板纸粘贴在一起，裁成大

小相同的4块或6块，宝宝越小，拼图板面积越大、数量越少。将图案打乱，父母和宝宝一起将其拼成完整的图案。

游戏5：越过障碍物

目的：培养宝宝身体的灵活性和协调性，发展宝宝思考及解决问题的能力

方法：妈妈为宝宝创设一个充满障碍的环境：在地板上放几个枕头，用两把小椅子搭成门，准备一个大纸箱子（把两边打开做成"隧道"，方便宝宝从中间穿过），再散放一些充气玩具。场景创设好之后，就可以让宝宝游戏了。妈妈在障碍物前逗引宝宝，要用语言告诉他怎样越过障碍物，鼓励宝宝把游戏坚持到底。当宝宝顺利爬到终点，妈妈要及时鼓励宝宝。

游戏6：摸摸是哪里

目的：强化宝宝的触觉学习及大脑的接受敏感度，健全人际关系

方法：将宝宝的眼睛蒙起来，妈妈带领宝宝到室内某一个位置，摸摸看是哪里，如门、柜子、窗户等，请宝宝先猜猜是哪里，摸到的是什么。再拿掉眼罩，看看猜得对不对，让宝宝反复感受，直到猜对为止。

游戏7：小人走走走

目的：训练宝宝手指的灵活性，认识身体各部位的名称，发展身体的感受能力

方法：爸爸、妈妈先做示范，握拳后，只伸出食指和中指来扮演"小人"，在宝宝身上像两条腿走路一样交替前进、后退，爸爸、妈妈可以边"走"边说："走走走，走到你的肚皮上，站一站，跳一跳。"然后，再继续边"走"边说，可以"走"到宝宝的各个身体部位，引导他认识自己身体各部位的名称，以巩固对身体各部位名称的认识。

游戏8：亲子时光

目的：增强亲子感情，巩固宝宝的爬行能力

方法：爸爸做大蚂蚁，宝宝做小蚂蚁。先由爸爸背着宝宝走过障碍物到达前方终点。回来时，爸爸双手和双脚各夹一个玩具，走回起点线；而宝宝必须将一个沙包或其他玩具放在身体的一个部位（如夹在颈部或放在背上），但不能掉下，然后双手、双脚着地爬回起点。还可与爸爸、妈妈一起进行一场爬行比赛。

游戏9：搭积木金字塔

目的：训练宝宝在积木平衡和积木构型上的能力

方法：在宝宝学会搭桥的基础上，搭出上3下2的门楼或在搭桥的基础上搭出多层金字塔。有些宝宝只需要看一眼就能记住要搭的积木外形，不用再看图或实例就能自己搭出来，这就是构型的能力。一般搭积木能力良好的宝宝，其图像思维能力也较好。

游戏10：尽情玩泥巴

目的：可促使宝宝增强运动能力，培养更佳的思考力、创造力和意志力

方法：有条件可专门为宝宝开辟一个玩沙土和水的地方，放置一些具有黏性的土，成人先给宝宝做示范，将黏土和水搅拌好并揉搓成土球，再让宝宝自己动手做。黏土和水是最好的材料，可塑性高，变化大，应让宝宝尽情尝试。

社交和自理能力训练游戏

游戏1：自我介绍

目的：锻炼宝宝的社会交往能力

方法：1岁以后就可以训练宝宝自我介绍的能力，介绍的内容可以是大名、小名、几岁了、在哪儿住、最喜欢哪个人、平时爱做什么、喜欢吃什么等。

游戏2：自己擦

目的：让宝宝自己照顾自己，做力所能及的家务，增强宝宝的自信心

方法：当宝宝拒绝你给他擦脸和手的时候，给他一块擦嘴用的小毛巾，故意在宝宝面前做出擦脸和手的动作，宝宝看到也会跟着这样做。还可以给宝宝一块湿布，教宝宝擦桌子，不管做得好不好，都要给予表扬和鼓励，以增强宝宝的自信心。

游戏3：帮小熊请客

目的：培养锻炼宝宝的观察能力、思维能力和手眼协调能力

方法：妈妈告诉宝宝，今天小熊请客。然后出示图片，客人有小兔、小猫、小狗、小鸡，让宝宝了解它们分别爱吃什么。拿4个盘子，分别放在4张图片旁边，接着出示食物，问："小兔爱吃什么？"让宝宝取出来。如取对了，就鼓掌和称赞。如取错了，要让宝宝再想一想，重新取，直到取对为

止。妈妈指示宝宝"把胡萝卜放进小兔的盘子里",宝宝就把取出的胡萝卜放进小兔的盘子里。以此类推,让宝宝在4个盘子里分别放上每个动物爱吃的食物。

游戏4：模仿表情

目的：增强宝宝的人际交往能力

方法：将杂志上剪下的各种表情图片贴在方形的硬纸板上,在这些纸板上钻孔,然后用丝带穿在一起,扎起来,一本表情书就这样诞生了。和宝宝一起看这些图片,每看一张,就谈论一下这个表情,并鼓励宝宝模仿,让宝宝将自己的情绪宣泄出来,这对宝宝来说非常重要。

游戏5：拿书来看

目的：鼓励宝宝与成人互动

方法：当宝宝让你给他读书时,妈妈要坐在那里,让宝宝自己把书拿过来,必要时让宝宝拿你指定的书,如"把那本小熊的书拿过来",读完了再让宝宝放回去。

游戏6：红灯停绿灯行

目的：让宝宝了解红绿灯,了解交通规则,锻炼自己解决问题的能力

方法：妈妈推着玩具小汽车,并发出"嘀嘀嘀"的声音,教宝宝读儿歌："小汽车,嘀嘀嘀,红灯停,绿灯行,黄灯亮,不要急。"和宝宝以玩游戏的形式共同开汽车,出示红灯就停下来,出示绿灯就继续开,反复玩几遍。

游戏7：一网不捞鱼（集体游戏）

目的：让宝宝多参与集体游戏

方法：这个游戏可多个小朋友一起做,先由一个成人和一个小朋友两人手拉手做成一个渔网,其余的宝宝排成单行一个一个穿过渔网,并一起说："一网不捞鱼,二网不捞鱼,三网捞到一条大尾巴、大尾巴鱼!"然后马上把网放下,看哪个小朋友被网住,被网住的小朋友去替代做渔网的小朋友,让他去做鱼,接着重新开始游戏。

游戏8：一网不捞鱼（亲子游戏）

目的：锻炼宝宝的应变能力,活跃家庭气氛

方法：父母双手相握成渔网,宝宝当鱼。游戏开始,宝宝自由地在渔网内外跑动。父母边说儿歌边准备捞鱼："一网不捞鱼,二网不捞鱼,三网才

捞鱼。"说完以后，宝宝要尽量躲开渔网，如被网住，问宝宝："你是大鱼还是小鱼？"若答"大鱼"，父母说"把它送到鱼市上去"。若答"小鱼"，父母就说"把它送回水里去吧"。放开宝宝，重新开始游戏。

游戏9：喂小动物

目的：提高宝宝的手眼协调能力和用勺子吃饭的能力

方法：妈妈在纸上画一些小动物，如小猴子、小兔子、小熊，把小动物的嘴巴剪成夸张的大嘴巴，再准备豆子、米之类的东西，跟宝宝说："我们现在是动物园的饲养员，小动物要吃饭了，咱们一起给它们喂饭吧。"妈妈做示范，教宝宝掌握拿勺子和喂小动物的方法，边喂边说："一二三捏住小勺子，四五六送进小嘴巴。"

游戏10：小娃娃有礼貌

目的：培养宝宝见人问好的习惯；学习儿歌，丰富词汇

方法：妈妈出示小木偶娃娃，告诉宝宝，小娃娃见了人就知道问好，爷爷奶奶都喜欢他，大家都夸他是一个有礼貌的好宝宝。和宝宝一起分析、讨论怎样做一个有礼貌的好宝宝，同时教宝宝儿歌："小宝宝，有礼貌。见了人，问'你好'。爷爷奶奶哈哈笑，夸他是个好宝宝。"

CHAPTER 17

2岁1~3个月宝宝早教方案

# 2岁1~3个月宝宝成长发育

 宝宝身体发育对照表

发育指标		男童			女童		
		下限值	平均值	上限值	下限值	平均值	上限值
2岁3个月	体重（千克）	10.30	12.98	15.58	9.97	12.41	14.97
	身高（厘米）	84.6	90.5	97.7	83.5	89.6	96.6
	头围（厘米）	46.3	48.7	51.1	45.3	47.7	50.0

 宝宝成长小信号

1. 牙齿：平均为18~20颗。此时，宝宝的乳牙已出齐，并有了一定的咀嚼能力，但乳牙表层的釉质还很薄。

2. 生长发育：宝宝2岁后，体重缓慢增加，每年约增加2000克。颌面骨发育及面形渐渐变长。满2岁是宝宝成长过程中的一个新的里程碑，这时的宝宝有了自己的思维、自己的个性和更多的自主行为，是宝宝从婴儿向具有思维和自我意愿过渡的时期，宝宝开始了人生的第一个逆反期，经常乱发脾气，不管问什么，总是回答"不"。这个过程会使宝宝变得暴躁、吵闹。但宝宝真正的目的，是想了解这个世界是如何运作的，并且希望参与其中。因此，在这个阶段到来后，千万别去抱怨宝宝的"逆反"，试着从另一个角度看待这些问题，多多珍惜宝宝成长过程中的可爱之处。

宝宝心理发育

1. 2岁左右的宝宝会表现出"自私"，不愿把东西分给别人，他只知道"这是我的"。他还不能正确区分什么是正确的，什么是错误的。

2. 在自我意识开始发展时，开始识别自己的感受，也尝试着感知别人的感受。表现出"自尊心"，在教育宝宝时，要耐心引导，对待宝宝的每一点

进步都要表扬。

3. 他不再像以前那样时刻依赖着成人，能够自己活动或做游戏。宝宝的情绪多数时间都比较稳定和愉快，但是有时也会发脾气，表现出"不听话"，妈妈不要感到恼火，其实宝宝的这种执拗，正是开始按照自己的意识行事的一种表现。

宝宝敏感期提示

1. 敏感期开始：绘画敏感期，延伸到4岁。2~4岁的宝宝正处于绘画涂鸦期，也是幼儿绘画的最初阶段。这个阶段的宝宝对涂鸦充满着极大的热情，他们会很自然地拿起画笔，尝试用涂鸦的方式来表示周围的事物。宝宝还热衷于与父母分享他们的绘画作品，希望获得爸爸、妈妈的赞扬。对宝宝而言，绘画帮助他们发挥想象力，临摹帮助他们增强观察能力和注意能力，动手绘画还锻炼了手臂肌肉，提高手眼协调能力。因此，不管宝宝是幼儿还是长大成人，学习绘画对他们来说都是非常有益的。

2. 敏感期延续：继续手的敏感期、空间敏感期、细小事物敏感期、秩序敏感期、模仿敏感期、语言敏感期和音乐敏感期等。

宝宝智能发育特点

1. 大动作：走、跑很稳，独自上下楼，用双脚登斜面（爬山），横着走平衡台，东西掉在地上会马上蹲下去捡起来，喜欢大运动量的活动。跑步喊"停"，宝宝能平稳停止。

2. 精细动作：能一只手拿杯很稳地喝水，用勺吃饭；用筷子可以夹住红枣放到盘子里。叠起6~7块积木，会把珠子穿起来，还会用蜡笔在纸上模仿着画垂直线和圆圈。将拼图打乱，宝宝会自己拼出（10块左右的拼图）。

3. 视觉：能识别物体的大小、距离、方向和位置。两眼调节作用好，视力达0.5。可区别竖线和横线，认识蓝色，能分清6~8种颜色。

4. 听觉：能跟着音乐和别人相互配合伴奏，听到别人提及某个事物的名称，便把注意力转向这个事物。

5. 语言：会说整句话了，开始使用"我""你"人称代词，基本能分清"我"和"你"，能接听电话，词汇量增长很快，几乎每天都能说出新词。

6. 社会性发育：能说清楚父母的姓名、家庭住址，背出家里的电话号码。

会自我介绍说："我是×××。"爱问"这是什么""那是什么"等问题，与父母交流开始减少，渐渐表现出与其他同龄宝宝交往的兴趣。

宝宝智能发育评价

1. 大动作能力：能立定跳远15厘米宽，脚后跟不踩到线。当成人在距离宝宝2米远的地方把大皮球（直径10~15厘米）滚到宝宝面前时，能熟练地捡到并抱起来。能双手接住从1.5米处轻轻弹过来的球，但接得不太稳。

2. 精细动作能力：会模仿画竖线，长度超过2.5厘米，倾斜于垂直线的夹角小于30°，会画两条不相交的线，能用6块积木搭起金字塔。会拧瓶盖，用手掌把橡皮泥搓成团状。

3. 认知能力：能正确指出长和短的物体以及"大小""多少"等相反概念，已分清前后、左右。能按指令做动作。能分别辨认在卡片上的1、2和3这3个数字。能分辨男女，知道自己是男孩或女孩。

4. 语言能力：能用正确的语言回答自己的所需，能了解并说出一些物品的用途及归属，如问："这件衣服是谁的？"宝宝会说："这件衣服是我的。"会用声音表示喜怒。

5. 社交行为：懂得批评的意思，知道要避免批评。有简单的是非观念。

宝宝教养要点

1. 教宝宝复述见闻、说完整句子、背儿歌、按节奏唱歌。
2. 教宝宝理解前后、左右、多少、长短、高矮。
3. 看图书、讲故事，养成爱学习的习惯，培养守规矩、懂礼貌的品格。
4. 培养宝宝的观察能力，如认识事物的特点和自然现象。
5. 让宝宝学会自我介绍，如名字、年龄、性别，教他说出妈妈的名字。
6. 在游戏中激发宝宝的运动能力。给宝宝读儿歌，结合实物学数数。
7. 鼓励宝宝随意涂鸦、模仿画画、拼插造型，以发展想象力和创造性思维。
8. 鼓励宝宝跑、跳、上下楼梯，以增强体质，促进大脑的协调发展。
9. 让宝宝广交朋友，学习与同伴分享玩具和食品。
10. 教宝宝自己吃饭、洗手、洗脸，训练宝宝自己的事情自己做。
11. 教宝宝学会使用筷子进餐，警惕宝宝的危险行为。
12. 不要盲目限制脂肪摄入量。

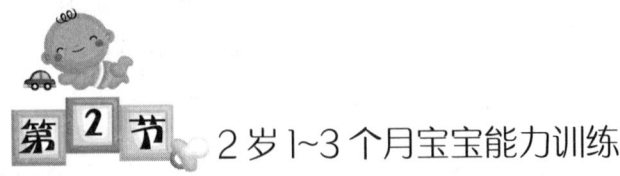

第2节 2岁1~3个月宝宝能力训练

1. 学会表达诉求：有的宝宝不喜欢说出自己的诉求，只是哭或是用手去指，这个时候，一定要启发宝宝用话语说出需求。

2. 懂得容量大小：拿两个大小不一的瓶子，让宝宝自己往小瓶子里倒水或装沙，然后再倒入大瓶子里，这样的游戏可以让宝宝慢慢知道容量大小的含义。

3. 学会认识时间：2岁以后的宝宝对钟表开始感兴趣，因为成人常说时间、看钟表，因此可在这个时期教他如何看时间，多数宝宝由于不理解而记不住，但不必勉强，只要慢慢教他，他自然就会认识时间了。

4. 培养宝宝的性别意识：早期性教育的重要内容是培养宝宝的性别意识，在性别意识培养中，应让宝宝认识男女性别各自的特点而不是缺点。在日常生活中，可以结合家庭成员教宝宝认识性别，如"妈妈是女的，你也是女的"，逐渐让宝宝能够回答"我是女孩"。也可以指着故事书中图上的人物问："谁是哥哥？""谁是姐姐？"让宝宝辨认性别。还可以通过穿衣打扮、行为规范等，无形中把性别意识传递给宝宝。

5. 要耐心回答宝宝提出的问题：2岁左右的宝宝，总是会不断地提问："这是什么？那是什么？"这是宝宝通过这种方式来记人名、认识事物，也是宝宝聪明的一种表现，因而父母一定不可以不理会宝宝的这类询问，要反复做相同的回答，不能因为刚刚回答过而责备宝宝，也不要敷衍了事，要满脸笑容地回答宝宝的问题，还要尽可能地让宝宝听懂，如果能举出实例最好。宝宝懂了之后自然会满足，再继续提出新问题。也可以偶尔反问宝宝："这是什么？那是什么？"如果宝宝会，一定会回答，答对以后一定要夸奖他，这样可以增加宝宝的信心。

6. 让宝宝从小懂得"爱惜"：（1）让宝宝从爱惜自己的图书、玩具做起。玩具玩过后放在固定的地方，图书不要弄破等。（2）以身作则：家长自己对一切物品都要很爱惜，包括公共物品。（3）让宝宝参加力所能及的家务劳动。

只有付出辛苦的劳动,才能体会劳动成果来之不易而尊重别人的劳动。(4)不要轻易满足宝宝的要求:不能宝宝要什么给什么,如果他不爱惜物品,要让他体会到不良后果。

7.适当鼓励宝宝的冒险精神:宝宝正处在对什么事物都感兴趣的阶段,不管是什么,总是想去看一看、摸一摸,特别容易摔跤、闯祸,应当在注意宝宝安全的同时鼓励他的冒险精神和探索兴趣,因为这个时期是培养宝宝的勇敢性格和冒险精神的关键时期,如果随意阻止他的行动会使他形成胆小怕事、处处退缩的性格,从而失去积极探索的兴趣。

8.让宝宝使用合理的称谓:所谓教育,折射出父母的价值观念、思想感情、道德品行,父母应当注意合乎礼仪,公正、平等地称谓别人,给宝宝以良好的示范,在社会生活中引导、纠正他的不合理称谓,使他品行端正、人格正直。

9.教宝宝学说英语:这个阶段的宝宝学习能力比较强,可适当地教他一些英语,日常生活中对他说事物或用品的英文名,让他记住几个英语单词,也可以教他用唱歌和读儿歌的方法学说英语单词。

10.要及早培养自控力:首先,要培养良好的生活习惯;其次,帮助宝宝认识自己行为的对与错,让他知道"可以这样做,不可以那样做";最后,成人要以身作则,还要充分利用一些健康的儿童作品去影响他,要及时肯定宝宝的正确行为,还可根据宝宝的特点,选择合适的游戏,在游戏中充分结合自制力、坚持度、自觉性和延迟满足这四项自控能力培养要素来进行。

第3节 2岁1~3个月宝宝亲子游戏

 认知能力训练游戏

游戏1:学拼图

目的:提高宝宝的视觉记忆力

方法：从简单的图画开始，先示范将拼图拼成一幅完整的画面，让宝宝仔细观察，说出画面的内容，然后打乱画面，让他自己动手拼好。

游戏 2：你摸我猜

目的：锻炼宝宝的触觉感知能力，同时丰富他的词汇量

方法：拿一个装了东西的布袋子或纸盒，成人先伸进手去摸，边摸边说出这个东西的触感，让他猜猜你摸到了什么，再让宝宝摸一摸，让他说出有什么感觉，你猜一猜，再拿着宝宝摸到的东西看看是否同他说出的感觉一样，如不一样可加以纠正。

游戏 3：分饼干

目的：告诉宝宝"多""少"的概念

方法：在吃点心时，拿出5块饼干，先拿3块饼干分成两组，一组1块，另一组2块，让他说出哪一组多、哪一组少；再把5块饼干分成两组，一组2块，另一组3块，让宝宝说出哪组多、哪组少。完成游戏后，吃掉饼干。

游戏 4：声音在哪里

目的：提高宝宝听觉的灵敏度

方法：将上好发条的音乐玩具藏在房间的某个地方，把宝宝带进房间，让他仔细辨别声音的来源，并找到玩具。可配合读儿歌。

游戏 5：认识花卉

目的：培养宝宝的观察力和记忆力

方法：和宝宝一起翻看印有各类花卉的大挂历，教他认识这些花卉以及它们开花的季节，然后可提问他：什么花春天开？什么花夏天开？什么花秋天开？……

游戏 6：看物认颜色

目的：教宝宝认识更多的颜色

方法：教宝宝认识常用的颜色：红、黑、白、黄、绿、蓝。可以将卡片和实物结合起来认识，如红色的苹果、绿色的草地等。以后要逐步认识紫色、灰色、棕色等。

游戏 7：描述白天黑夜

目的：掌握时间概念，使宝宝认识"白天""黑夜"的特征和人们的主要活动

方法：和宝宝一起看表现"白天"和"黑夜"的图片，和他谈谈白天和黑夜人们主要做什么，鼓励宝宝用语言描述白天和黑夜人们在做的事。

游戏8：学画山水画

目的：训练宝宝画画的能力

方法：找一些山水画，妈妈同宝宝一起看，并用笔来画。先教宝宝拱起的曲线，连续画几条曲线，也可以断开，有前有后，就更像画中的山。水可以由几条斜线表示，有些水从山上流下，常在两山之间，另一些是在地上流淌的河流，可以用细细的横线表示。让宝宝记住这些基本的表现方法，画起来就会容易些。

游戏9：上下各有谁

目的：让宝宝学会方位词"上""下"，初步理解上下的方位概念

方法：找一张图片，上面有一棵大树，树上有一只百灵鸟在唱歌，树下有小松鼠采满了一篮果子。妈妈指导宝宝观察图上的事物："宝宝看，这儿有一棵大树，百灵鸟和小松鼠来了。"妈妈采用一问一答的方式，介绍图片中的动物。妈妈问："什么在树上？"宝宝回答："小鸟在树上。"妈妈问："小鸟在哪儿？"宝宝回答："在树上。"妈妈再问地上有什么或小松鼠在哪儿，让宝宝快速地指出来。还可以编一个故事讲给宝宝听。

游戏10：左和右

目的：训练宝宝的方位知觉

方法：当宝宝学会用筷子时，妈妈可以问宝宝："你用哪只手拿筷子？"宝宝举起右手，这时妈妈可以引导宝宝说："拿筷子的手是右手，右手一边的身体部位还有'右眼''右耳''右腿'等。"学会指认右侧的部位后，再学认左侧就会比较容易。

语言能力训练游戏

游戏1：小兔爱吃什么

目的：帮助宝宝了解生活常识，提高他的语言表达能力

方法：准备好小篮子、蘑菇、萝卜、白菜等玩具或图片，分散地放到2米开外的地方，和宝宝一起玩兔妈妈和兔宝宝找食物的游戏，一蹦一跳地和宝宝一起把兔子爱吃的食物找到，放在篮子里。用丰富的语言引导宝宝把句子说完整。

游戏 2：给物体找名称

目的：让宝宝认识文字，并将文字与实物联系起来

方法：在家中收集一些物体的图片，注意将图片与物体的名称剪开，让宝宝将写有名称的纸条和图片一一配对。

游戏 3：打电话

目的：促使宝宝的语言能力进一步提高

方法：可利用玩具电话锻炼宝宝说话的技巧："喂，请问是宝宝的家吗？""他有没有上幼儿园？""请问爸爸在不在？"

游戏 4：每天练唱歌

目的：锻炼语言的理解力和表达能力

方法：每天抽出一定的时间，和宝宝一起练习唱歌，可选择一首较短的儿歌唱，先是跟着成人唱，然后让宝宝学会自己唱。注意一定要让宝宝把字音咬准。

游戏 5：谈论照片内容

目的：提高宝宝的语言能力和长期记忆力

方法：拿出你和宝宝一起去过的地方的几张明信片或照片，和他谈论每张照片，比如说："这里有蓝天、白云和草地。记得我们那天都玩什么了吗？我们在草地上野餐了，还玩了荡秋千。这张图里有秋千，还有哪张中有秋千呢？"问宝宝是否能认出某张特定的照片，如果能，问他还能记住什么特别的人或事等。

游戏 6：学当小医生

目的：激发宝宝的想象力，增强宝宝的自信心

方法：在盒子里放入好玩的帽子、玩具、听诊器等，让宝宝假想自己是医生，引导宝宝戴上帽子和听诊器，像个医生一样，煞有介事地给你看病。你要装出很难受的样子，说："医生，我好像感冒了，头好疼。"鼓励宝宝学着医生的样子给你看病，并开药。还可以问宝宝一些复杂的问题，比如说："医生，这个药一天吃几次啊？"也许宝宝回答得天马行空，但不要紧，让他沉浸在游戏中吧。

游戏 7：变化的汉字

目的：培养宝宝的观察力和对字的灵敏度

方法：先让宝宝从比较容易的汉字开始学，如"二"字，让宝宝加一竖，就变成"工"字，"工"字向上出头为"土"字，向下出头为"干"字，"二"字加一撇一捺为"天"字，"天"字向上出头为"夫"字等。宝宝开始认识这些微小区别时，成人应当用粗大的笔，写2~3厘米大小的汉字，让宝宝仔细看清楚，宝宝如果自己学写，最好写3厘米左右的大字。变化汉字的笔画要少，要让宝宝了解字的意义再做新的变化。

游戏8：小蝌蚪和青蛙

目的：让宝宝学习儿歌，认识蝌蚪，知道蝌蚪的妈妈是青蛙

方法：准备青蛙和蝌蚪的图片，先教宝宝认识青蛙和蝌蚪，告诉宝宝："蝌蚪的妈妈是青蛙。"教宝宝学小蝌蚪在水里游来游去的样子，同时学习儿歌："小蝌蚪，摇尾巴，游来游去找妈妈，妈妈妈妈你在哪儿？游来一只大青蛙。"

游戏9：介绍自己和家

目的：训练宝宝的口头表达能力和记忆力

方法：平时教宝宝说出自己的名字、年龄、性别、父母姓名、父母工作单位等，最关键的是能说出家庭住址和电话号码，如果能记住父母的电话号码就更好了。经常引导宝宝在亲友面前做自我介绍，反复练习，宝宝会记住更多的自己和家人的信息。

游戏10：学英语

目的：增强宝宝的记忆，发展语言能力

方法：宝宝学习英语有很大潜力，2~3岁时能记大量词汇，而且发音准确。不过要经常复习，不复习就容易忘记，所以最好从日常接触的食品、图书中的动物、交通工具及人物学起。先学名词，加上动词和主语就成为单句，平时问安及礼貌用语经常用，就容易学会和记牢。从小培养宝宝的文明礼貌习惯及用英语进行交流的能力。

动作能力训练游戏

游戏1：玩玩橡皮泥

目的：锻炼宝宝的用手技巧，发展宝宝的创造力与想象力

方法：先让宝宝认识橡皮泥中的主要颜色，而且学会捏出不同的形状，如搓成长条、小粒等，可把不同形状的橡皮泥拼接在一起，做成小动物。

游戏 2：扔沙包击物

目的：帮助宝宝发展手眼协调能力

方法：把几个又高又轻的塑料瓶、杯子和空罐堆放在一起，给宝宝示范怎样扔沙包将它们击倒，也可以用球击，坐着或站着以及远近不同距离扔。

游戏 3：边做边唱

目的：锻炼宝宝精细动作技能，增强宝宝对乐曲旋律的理解能力

方法：和着"划、划、划划船"的歌曲旋律，吟唱儿歌，同时做相应的手部运动，也可增添一些自己的内容，如"握、握、握握手""挥、挥、挥挥手臂"等。

游戏 4：独自单足站稳

目的：教宝宝学会保持身体平衡

方法：和宝宝面对面站立，用一只手牵他的手，另一只手帮助他抬起右脚，只用左脚着地站立，慢慢放开手，看他独自站立的时间，休息一会儿，再学习右脚着地站立，看哪边站立时间长一些。

游戏 5：拼图拼起来

目的：锻炼宝宝的挫折承受能力，同时学习知识

方法：准备相同的动物图片或人物照片各两份，妈妈先将一份图片或照片裁成几部分，将裁完的图片和原来的图片同时摆到宝宝面前，让宝宝把图片拼成原来的样子，可对照原来的图片或让宝宝照照镜子，对着自己的脸看人物图片的五官应该在什么位置，这样就容易多了。

游戏 6：牵手荡秋千

目的：这是个简单又百玩不厌的游戏，能让宝宝体会到极大的乐趣

方法：爸爸和妈妈走在宝宝两边，三人并排走路，爸爸、妈妈分别抓住宝宝的一只手，一边走，一边说："一二三，荡秋千喽！"宝宝被爸爸、妈妈提了起来，宝宝的身体会前后"荡"起来。如果是冬天，还可以牵着宝宝在雪地或冰上滑行，让宝宝体验到游戏的快乐。

游戏 7：跳起来拍气球

目的：强化宝宝的中枢神经系统及运动能力

方法：妈妈用绳子垂吊几个气球，高度约离宝宝伸手可及 20 厘米处。让宝宝由地上跃起，用手来拍打气球，宝宝必须仰头，在手眼协调下才能完成

这项游戏,也可以让宝宝拿着拍子,边跳边拍打气球。要小心宝宝脚下不稳而跌倒。

游戏 8:一层层垒积木

目的:增强宝宝的挫折承受能力,让宝宝逐渐建立自信

方法:妈妈先拿着积木砌一座"房子",让宝宝模仿妈妈拿积木一块一块地垒,可能没垒几层就倒了,这时妈妈要改变战术,从最简单的堆起,可将几块积木平铺起来,建一条大马路,拿着宝宝的玩具小车在马路上滑,然后在马路上盖一座小房子,一层一层往上垒,慢慢地宝宝自己也许可以垒三四层了,对于这个游戏也自然乐在其中。

游戏 9:练习使用筷子

目的:锻炼宝宝手的技巧

方法:给宝宝一双小巧的筷子作为玩具餐具,同宝宝一起玩"过家家"的游戏练习用手握筷子。让宝宝用拇指、食指和中指操纵第一根筷子,用无名指和小指固定第二根筷子,练习用筷子夹起碗中的枣子和用纸包的糖果。一旦宝宝能将东西夹住就要给予表扬,奖励一块糖果。熟练后就可以练习用筷子吃饭了。

游戏 10:漂亮的项链

目的:锻炼宝宝的精细动作,培养宝宝的良好情绪

方法:买一大盒形状各异、花花绿绿的串珠玩具,妈妈亲自示范,穿好一串戴在自己的脖子上,让宝宝模仿妈妈的样子,动手给自己穿一条漂亮的项链。不同的串珠组合在一起总能让宝宝有兴奋的感觉,让宝宝把串珠全部倒出来随意挑选,穿了拆,拆了再穿。

 社交和自理能力训练游戏

游戏 1:心情对话

目的:让宝宝学会说出内心的感受

方法:每周抽出一段时间跟宝宝来一次心情对话,打开自己的内心世界,互相讲出令自己开心的事情、疑惑的事情和不满的事情,并且对改变自己的心情提出一个建议。

游戏2：数数各有多少

目的：让宝宝帮你做家务，锻炼他的数数能力和配对能力

方法：在叠衣服时，让宝宝帮忙，教他如何整理并数一下有多少件衣服，如多少件衬衣、多少条短裤、多少双袜子，分类数。

游戏3：让宝宝知道

目的：让宝宝凡事都有思想准备，能积极参与，加强宝宝的自我意识

方法：在做任何事之前都要先跟宝宝做一番介绍，使他明白后，一方面能积极参与配合，另一方面有助于加强宝宝的自我意识。

游戏4：独处时间

目的：让宝宝享受独处的乐趣，培养宝宝的自立性

方法：先告诉宝宝："我们来做个游戏，你在这间房，妈妈在另一间房，看谁能自己和自己玩，谁坚持得久，谁就胜利了。"给宝宝喜欢的书或玩具，在宝宝没注意的情况下静静地观察他，大概一小时后，如果宝宝没有哭闹着找你，你就可以告诉他："宝宝，你真棒！"然后给他适当的奖励。

游戏5：完成小任务

目的：培养宝宝的爱心、耐心和同情心

方法：如果出去旅行，给宝宝分派一个小任务。如保管某样东西，交给他方法，然后让宝宝独自去做好这件事情。回来之后，妈妈对宝宝的保管工作要给予表扬，让宝宝觉得自己是个"小大人"，可以顺利完成工作了。

游戏6：妈妈生病了

目的：保护宝宝最初的同情心

方法：妈妈可和宝宝玩"过家家"的游戏：妈妈生病了，爸爸不在家，让宝宝照顾妈妈，给妈妈倒水、吃药、安慰妈妈等。妈妈可装做很难受的样子或者哭泣，引导宝宝安慰妈妈，如果宝宝不知所措，妈妈可让宝宝抱抱自己，慢慢让宝宝学会安慰和帮助他人。

游戏7：学给娃娃更衣

目的：训练宝宝穿衣自理的能力

方法：先让宝宝帮玩具娃娃脱掉衣服，如果宝宝从未做过，在脱第一只袖子时需要成人帮助，让宝宝脱第二只袖子。帮玩具娃娃穿衣服时，让宝宝

穿第一只袖子，成人再帮助穿第二只袖子。让宝宝懂得穿衣服时要动一下胳膊才能穿上袖子。

游戏 8：正确用筷子

目的：培养宝宝精细动作和自理能力

方法：宝宝会用勺子自己吃饭后，应学会用筷子。最关键的是教宝宝正确握筷子，可先在游戏中练习。家中最好用公筷或用公勺，让宝宝学会使用。右手拿筷的宝宝语言中枢在左脑，当右手做精细动作时，指导手的神经从左脑发出信息，从而使左脑的语言中枢也同时得到锻炼。

游戏 9：家庭照片拼图

目的：让宝宝对周围的人有更多的了解，进一步提高宝宝的人际交往能力

方法：将家庭成员的照片裁成几部分，制成拼图，让宝宝将这些图拼完整，然后放在白纸上，妈妈可以和宝宝一起讲述拼图里的人是谁、和宝宝有什么关系等。还可以跟宝宝一起回忆聚会时宝宝感兴趣的情节以及其中的人物。

游戏 10：学会使用香皂

目的：训练宝宝用香皂洗手

方法：妈妈让宝宝看看自己脏兮兮的小手，先让他自己用水洗，再看看洗掉没有，如果没有，妈妈就用香皂来来回回在那儿擦，然后让宝宝搓一搓，会有许多泡泡，泡泡渐渐由白变黑，再用水冲走，宝宝在玩香皂泡泡的过程中学会了使用香皂。

CHAPTER

18

2岁4~6个月宝宝早教方案

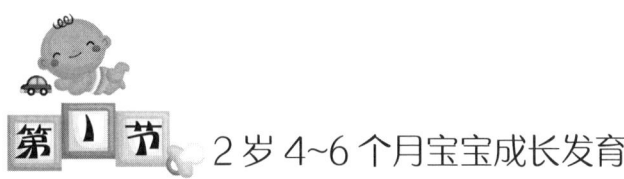

第1节　2岁4~6个月宝宝成长发育

宝宝身体发育对照表

发育指标		男童			女童		
		下限值	平均值	上限值	下限值	平均值	上限值
2岁6个月	体重（千克）	10.59	13.37	15.97	10.32	12.86	15.41
	身高（厘米）	86.2	91.3	99.1	85.4	90.8	98.1
	头围（厘米）	46.6	49.0	51.3	45.7	47.9	50.2

宝宝成长小信号

1. 牙齿：平均为18~20颗。

2. 生长发育：宝宝躯体和四肢的增长比头围快，为了支持身体重量和独立行走，宝宝的下肢、臀部、背部肌肉发达。由于骨骼增长快，钙、磷的沉着亦增加，骨容量随年龄增长而增大，骨液的酸度和消化酶也逐渐增强，并且幼儿期肠管相对较长，小肠内有发育很好的绒毛，所以宝宝的消化和吸收能力很强。这对正在生长发育、物质代谢需求旺盛的宝宝是很有利的。

宝宝心理发育

1. 宝宝开始有了想象力，但比较简单，只是对实际生活的简单重现。想象力会使思维更为活跃丰富。

2. 此阶段宝宝的思维方式仍明显地带着行动性，思维与行动密切联系。与周围人有广泛复杂的交往，从而促进了情绪和情感的发展，出现高级的情感萌芽。如给他简单的事情做，完成后会感到很愉快。

3. 和小朋友相处，会引起友爱、同情等情感体验。能认识简单的行为准则，如"对"或"不对""不可以"。

宝宝敏感期提示

1. 敏感期开始：自我意识敏感期，1岁6个月至3岁之间出现。从开始说"我的"到开始说"不"，到开始打人、咬人，再到模仿他人，渐渐地宝宝有了自我意识，这时的宝宝出现最多的现象是划分"我的"，以便清除"你的"，同时通过说"不"，使用自己的意志和感觉，"我说了算"是最重要的，如果发生不符合他心思的事情就会大哭大闹，宝宝的表现完全以自我为中心。正是这种自我意识的发现，让宝宝体验到自我意识表达的乐趣，成长为意志坚定而独立的个体。诚如专家所说，"将来孩子成为什么样的人，他们的力量是否强大，这个强大的能力首先来源于自我意识的敏感期"。因此，对宝宝在自我意识敏感期的表现没必要去纠正，过一段时间自然就会过去了。这个时期尽可能地尊重宝宝的选择，满足宝宝的需要，当你一遍一遍满足他的需求的时候，他的自信心也就此萌发了。

2. 敏感期延续：继续手的敏感期、空间敏感期、细小事物敏感期、秩序敏感期、模仿敏感期、语言敏感期、音乐敏感期和绘画敏感期等。

宝宝智能发育特点

1. 大动作：能向前跳远，能从一级台阶跳下来，会单脚试跳1~2次，会走小斜坡，能向上攀登小攀登架，能从20厘米的台阶上跳下，能接中反弹球2次以上。

2. 精细动作：会穿脱简单的衣服鞋袜，能很好地用勺进食，来回倒水不洒，会用杯子喝水及握笔绘画，会捡豆放入瓶中，每分钟捡15~20颗豆。

3. 视觉：能认识简单的时间，能记住在0.5秒之内通过自己眼前的东西。但不能持续观察图片较长时间，一般到3岁时才能注视5~6分钟。

4. 听觉：能自己一边唱儿歌一边用肢体进行表演，能跟着歌曲合唱，并能分辨出不同材料发出的声音，能按命令伸出左手、右手、左腿和右腿。

5. 语言：提问"你"时用"我"回答，能背几首儿歌、唐诗，可回答图上"谁""干什么""在何处""好和坏"等问题。会唱3个音阶的儿歌，会说若干英文单词。可初步理解简单的故事和儿歌内容，经提示能说出故事的主人翁。

6. 社会性发育：很难和这个年龄段的宝宝讲道理。但他和玩伴在一起时，开始学会等待，懂得遵守规则，不再自顾自玩，喜欢玩"过家家"或"打仗"之类的游戏。

宝宝智能发育评价

1. 大动作能力：能在离地 10 厘米、宽约 15 厘米的平衡木上行走自如。能在不扶任何物体的情况下，用单脚站 3~5 秒。在垫子上翻滚，会骑三轮车。

2. 精细动作能力：经示范会穿珠子，能穿 5 个以上。能画十字和正方形，能自己开合拉链，不用别人帮忙而解扣，自己穿袜子。

3. 认知能力：能认识 4 种以上的颜色并按要求选出其中 2 种，认识圆形、三角形、正方形等几何图形。能说出 3 种动物的名称、特征及生活特点和习性。

4. 语言能力：会用代词"我"来代替自己的名字，询问"这是谁的玩具？"能回答"我的！"会唱 2~3 首歌曲，且节拍、旋律、吐词较准。

5. 社交行为：乐意与小朋友一起玩"过家家"之类的合作游戏，会服从命令，表达意见，能按成人的指令很愉快地做一些力所能及的家务，如擦桌子、收玩具等。

宝宝教养要点

1. 理解前后、左右、多少、长短、高矮、快慢等概念。

2. 做泥塑、拼插造型、涂涂画画、拨弄积木等活动，促进手和眼的协调能力。

3. 配合儿歌读数字，结合实物学数数。

4. 从听故事到学习故事中的关键汉字，开展"汉字游戏"，开发创造性思维。

5. 培养宝宝的独立意识、自尊心、自信心、同情心以及自控能力。

6. 让宝宝广交伙伴，学习与人交往的能力，促进语言能力的发展。

7. 给宝宝充裕的运动时间，使其动作能力更协调。

8. 指导宝宝帮助做家务。养成讲礼貌的好习惯。

9. 培养宝宝良好的饮食习惯，适当为宝宝增加间食。

10. 让宝宝开始练习刷牙，培养生活自理能力，养成讲卫生的好习惯。

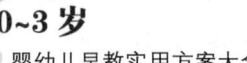
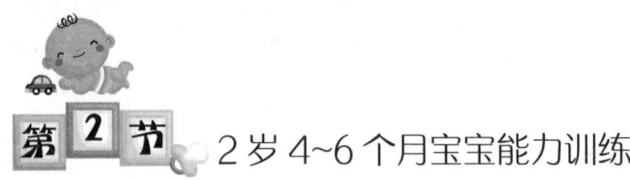

2岁4~6个月宝宝能力训练

1. 学会认识不同的职业：既可以用游戏的方法，也可以用实地观察的方法，让宝宝知道一些职业的名称和作用，比如营业员、售票员、司机、老师等。

2. 学会数数：先学会1~3的数字，再逐步增加，每次增加3位，直到宝宝能够完全独立数出1~10，再可往上加数，学数数不可孤立、枯燥地学，要有实物，要学会用手逐一点数地说出数字，还可以结合游戏来学。

3. 认识时间：通过语言让宝宝感知时间，如"晚上睡觉""早上起床"，还可以让他知道现在该吃早饭（午饭、晚饭）。

4. 智商的训练：对宝宝智商的培养，可以从识别和书写几何图形开始，用蜡笔教他画出一个正方形，将正方形左右两边拉长就是长方形；从正方形内的两角引出一条直线就分成了两个三角形；再画一个圆，就像皮球，从中引一条线就分成了两个半圆。

5. 情商的训练：训练宝宝情商可以通过学习礼貌用语来进行，家庭成员之间要先养成使用礼貌用语的习惯，宝宝通过日常生活的模仿，就会很容易学会。比如，早上起床后对他说："早上好！"让他给你拿东西要说："谢谢！"

6. 及早发现宝宝的天赋：（1）宝宝对于外界事物是否表现出广泛的兴趣，注意观察他的兴趣点。（2）宝宝是否口齿伶俐，语言流畅，常能用新鲜词汇表达意思，表现出非凡的口才。（3）宝宝是否经常问"为什么"，还会提一些怪问题，对自然现象有强烈兴趣。（4）宝宝是否在视觉、听觉方面有较高知觉，事事留意、记忆力强的宝宝天赋高，对宝宝的天赋要加以诱导和教育。

7. 应对宝宝反抗期的小诀窍：这个时期，宝宝会变得急躁、不听话、说反话、调皮，要了解他这一段的心理变化，保护他刚刚萌芽的独立意识，要注意尊重他的独立人格，满足他的合理要求，凡是不违反原则或不导致安全问题的事，就不必过分地限制、干涉和指责，帮他顺利度过这个反抗期。

8. 帮助宝宝消除嫉妒心理：幼儿时期的"自我中心"心理和对母亲的依恋，使宝宝以为妈妈是自己的，不能对其他宝宝好。家长应正确地对待宝宝的嫉妒心理，避免在宝宝间做简单比较或用同伴刺激他，否则不利于宝宝的心理健康，反而使他形成嫉妒、小气的不良心理习惯。

9. 帮助宝宝克服害怕心理：害怕是人的正常感受，是保护自己的方法。宝宝一般会怕黑，可在睡前陪他做一些事，不要随意改变他睡觉的环境或睡前程序，如有改变，事先要向他说明。宝宝还会怕陌生人和动物，要让他慢慢适应，先在远处让他观察，等他渐渐适应以后就可以接近了。

10. 给宝宝买玩具的原则：适应性、益智性、趣味性、节俭性四个原则，并且不管一次买了多少玩具，也要一件一件地给他玩，还要让他养成爱惜玩具的良好习惯。

# 第3节 2岁4~6个月宝宝亲子游戏

认知能力训练游戏

游戏1：趣味摸纸牌

目的：增强宝宝对图形的辨别力和认知力

方法：让宝宝从等腰、等边和直角三种三角形牌堆里摸一张牌，如果是直角三角形，就将所有的牌放回；如果是等边三角形，就拿出来放在一边；如果是等腰三角形就全归自己，包括放在一边的牌，互相摸牌会很有趣味。要让宝宝理解游戏规则。

游戏2：分辨相同声音

目的：提高宝宝对声音的辨别力与判断力

方法：准备10个相同的有盖的小盒子，再准备一些小球、豆子、米粒、石子、沙子，把它们每一种倒进两个盒子，让宝宝先数一数有多少个盒子，选出其中一个盒子摇一摇，让宝宝拿出另外一个盒子摇一摇，听一听声音是

否一样，如果不一样，再依次听剩下的盒子，直到找出相同声音的盒子，再打开看看是什么。

游戏3：排队乘火车

目的：锻炼排序技能，教宝宝数学概念，增加词汇

方法：将3个鞋盒用绳子连在一起，按顺序写上1、2、3，当做3个车厢，让宝宝拿3个动物玩具假装它们正排队上火车。告诉他第一、第二、第三分别是谁，让他将玩具放进相应的车厢内，尽量教他"第一""中间"和"最后"这些词，掌握这些概念后，可以再加3个盒子和3个动物，教他"第四""第五""第六"的概念。

游戏4：认识乐器

目的：认识钢琴、手风琴等键盘乐器，培养宝宝对乐器的兴趣

方法：先让宝宝欣赏分别用钢琴、手风琴两种乐器弹奏的同一首乐曲，让他比较一下听到的声音是否相同，并说出感受，然后认识一下这两种乐器。

游戏5：猜谜语

目的：锻炼宝宝的认知能力，通过猜谜语的方式认识物品

方法：猜谜语是一种很好的提高认知能力和培养认知兴趣的游戏，如"年纪不算大，胡子一大把，不管看见谁，总爱喊妈妈（打一动物：羊）"。引导宝宝从事物的特点上去猜谜语，如兔子有红眼睛、长耳朵等。

游戏6：摆数字

目的：训练宝宝对数字和数字顺序的认识

方法：先让宝宝复习1~10的数字，再分别摆出1~10的数字卡片，将10中的0换成1，成为11；再用2换掉1，成为12；用3换掉2，成为13。反复练习，让宝宝一面动手，一面动口，把10~20的数字熟练地摆放正确，如果兴趣高，还可以摆到25或者30。

游戏7：补充拼图

目的：帮宝宝学会辨别物体的特殊细节，提高宝宝的自信心

方法：从旧杂志上剪下各种完整或不完整的图片，将图片放在桌子上，如完整的小鸡和不完整的小鸡放在一起。引导宝宝观察两张图片有什么不一样，让宝宝找出不完整的图片所缺少的部分，并将它补充完整。不能急于求成，应让宝宝反复尝试，直到成功。完成后要给予表扬和鼓励。

游戏 8：按数取东西

目的：训练宝宝从背数过渡到点数

方法：宝宝学会从1背数到10，很容易就能背数到20。但是点数就困难得多，手跟不上，而且手常常随意乱点。这时不必急于让宝宝学点数，可以让宝宝学习按数取东西，如"给我1个""给我2个""给我3个"，看看能否拿对。日常生活中让宝宝摆饭桌是很好的练习，家中3口或4口人，每人一个碗，每人一双筷子，让宝宝摆放好。还可以通过食物和玩具让宝宝练习点数，使宝宝在玩耍中学习点数和数数。

游戏 9：奇妙的圆

目的：训练宝宝手眼协调和双手协作的能力，这是将来画画需要的能力

方法：宝宝喜欢自由画画，在画圈时，总是画得不圆，宝宝看妈妈用铅笔围绕着瓶底画就画出很规整的圆形，宝宝也想把瓶固定，右手沿瓶底边画，如果左手动了，画出的圆就会变形，妈妈要鼓励和示范，宝宝感到自己能画一个规整的圆，就会很高兴，逐渐掌握画圆的方法。

游戏 10：边唱边模仿

目的：引起宝宝模仿唱歌的兴趣

方法：播放一首有关小鸡和小鸭的歌曲，节奏要简单，内容要短小。妈妈可先教会宝宝小鸡和小鸭的动作：把双手握在一起，伸出左右手的食指，两食指并在一起做鸡嘴。小鸭只需两手心相对，手掌根靠在一起，让一只手的手指朝下，另一只手的手指朝上，这就成了鸭嘴，还可以手指开合动起来，边唱边做动作。

语言能力训练游戏

游戏 1：找图片识字

目的：促进宝宝的推理能力和语言理解能力的提高

方法：准备一些识字卡片，卡片上半部分是图，下半部分是文字，把识字卡的图和文字剪开，让宝宝把图片贴在相应的文字下面。可用生动的语言提示他。

游戏 2：这是谁的

目的：训练宝宝的语言能力

方法：把宝宝和家里人的东西，如鞋袜、书包、帽子、眼镜等放在一个盒子中，逐件将东西拿出来问："这是谁的？"示范并要求宝宝说"我的""妈妈的"等。

游戏 3：听电话传信息

目的：锻炼语言表达能力和记忆力

方法：假装妈妈不在家，给宝宝打电话告诉他事情，让他记下来，等爸爸回家告诉爸爸，熟练后可多告诉他几件事或给家里其他人传信息。

游戏 4：反义词练习

目的：让宝宝初识反义词

方法：先从看得见的具体实物学起，用实例使宝宝逐渐理解反义词。如当宝宝们玩跷跷板时，一个小朋友在高处，另一个小朋友在低处，让宝宝懂得高低的不同；又如将盒子里面的东西拿出来放在外面，再放进去，让宝宝找到外面和里面的不同；还有如公园里成人多、小朋友少，杨树高、桃树矮等。这些知识在日常生活中能够学到，如果宝宝经常参加游戏，这些词汇可以脱口而出，从而使宝宝对词的理解更深入。

游戏 5：闻气味猜名字

目的：培养宝宝的语言学习能力，增强记忆能力

方法：切一个柠檬和一个橘子，再准备一张带有香草味或其他容易辨认的香味的纸，放在宝宝面前，蒙上他的眼睛，让他闻气味并说出它们的名字。

游戏 6：拿放大镜看

目的：培养宝宝的快乐情绪，锻炼宝宝的语言表达能力

方法：给宝宝一个放大镜，通过放大镜宝宝会注意到看到的东西不一样，此时可告诉他"大"和"不一样"两个词汇。让宝宝拿着放大镜看报纸，他会惊奇地发现报纸上的字大了很多，从新的角度观察已经很熟悉的事物，可以扩展及丰富宝宝对事物概念的理解。在宝宝玩放大镜时，不要刻意指导宝宝该看什么，让他自由发挥和玩耍，以免宝宝失去兴趣。

游戏 7：学说反义词

目的：培养宝宝对外界事物的观察和思维能力

方法：准备若干张有反义词的看图识字卡片，和宝宝对坐在桌子的两

边，指着相应的图片做示范，然后用图片让宝宝练习这些反义词。熟练后拿出反义词的字卡，扣放在桌上，让宝宝先翻一张字卡，说出这个字的反义词，如果说对了，可继续翻；如果说错了，由妈妈翻字卡，并说出反义词。

游戏8：学礼貌语言

目的：训练宝宝养成有礼貌的好习惯

方法：宝宝往往爱模仿成人之间的客气话，如"谢谢""对不起"等。所以，家庭成员之间要经常用礼貌用语。如成人在早晨看到宝宝时说"你早"，并教导宝宝说"你早"。如果成人不小心碰到宝宝，要对他说"对不起"，同时教宝宝说"没关系"。得到别人的帮助后应马上说"谢谢"；离开家时，要与在家的人说"再见"；晚上睡前要同家人说"晚安"。这些日常生活中的礼貌用语，平时家庭成员之间都应遵守，这样宝宝才能逐渐养成有礼貌的好习惯。

游戏9：给成人挑错

目的：给成人挑错，让宝宝享受更多的乐趣，同时提高其挫折承受力

方法：每天睡觉前都给宝宝讲个故事，有些故事可以反复地讲，直到宝宝已经对故事情节非常了解。然后再给他讲这个故事的时候，故意讲错故事的某个情节，看宝宝的反应，如果宝宝说不对，就让他来说不对在哪里、为什么等，接着再来另一个变化。开始的"错误"可以很明显，以后越来越细微，可以考察宝宝对细节的注意力。

游戏10：找字宝宝

目的：通过找字宝宝认识生字

方法：妈妈准备几个小纸盒，把它们剪成一个个小纸牌，用彩笔写上汉字，说这是"字宝宝"，然后跟宝宝玩捉迷藏的游戏，妈妈将要学的"字宝宝"藏到家里的某一个角落，让宝宝去找，找到了妈妈就教宝宝读，并把"字宝宝"奖励给宝宝，通过找"字宝宝"，宝宝渐渐地会认识不少生字。

动作能力训练游戏

游戏1：解系扣子练习

目的：训练宝宝精细动作和双手协调能力

方法：先用大个的扣子练起，把扣子的一侧放进扣眼里，从扣眼的另一

侧把扣子取出，如果衣服已经系好扣子，这个动作可以解开扣子。学会后可以试着平时穿脱衣服时练习。先练习解系胸前的扣子，后练习解系领下的扣子。给宝宝买衣服时，尽量不要买后面开口系扣的衣服。

游戏 2：帮忙晾衣服

目的：认识数量及颜色，增进宝宝手指小肌肉的灵活性，有助于数学智慧和运动智慧的发展

方法：给宝宝一个容器，里面装着各种各样的衣服，一边晾衣服，一边问他："这是谁的衣服？"让他回答。如果你晾一件红色的衣服，让他给拿一个红色的夹子夹上等，晾完了，请他帮忙数一数一共晾了几件衣服。

游戏 3：套杯子

目的：锻炼分类、解决问题、手眼协调和精细动作技能，使宝宝更好地理解大小和内外这些关系

方法：准备一套塑料套杯，教宝宝如何将这些杯一个套一个地堆成一叠，大杯在最下面。可以从大到小套，也可以从小到大套。

游戏 4：追球捡球

目的：锻炼宝宝蹲、跑等大运动能力和手足协调性

方法：让宝宝捡地上滚动的大红皮球，他会弯着腰伸出手跑着去追球，如果球滚到桌子底下，让他利用小棍把球拨出来。

游戏 5：倒水不洒

目的：锻炼宝宝的手眼协调能力

方法：准备两只口径大一点儿的杯子，一只是空杯，另一只只装 1/3 杯水，教宝宝两只手来回倒水而不洒出杯外。学会后练习将杯子里的水倒入口径 3 厘米的瓶子中。

游戏 6：袋鼠跳

目的：锻炼宝宝的大运动能力

方法：先给宝宝介绍袋鼠的名称和它行走的特征，然后示范袋鼠跳的动作，鼓励他像袋鼠一样往上跳或去够取头顶上的玩具。

游戏 7：攀登架练习

目的：训练宝宝上下肢体的协调能力

方法：先让宝宝用上肢抓住上面的支架，再倒脚上架，逐步攀到架子

的顶端，由成人帮助转身，慢慢下来。有些攀登架与平衡木相连，宝宝可以接着走平衡木；有些攀登架与钻桶相连，宝宝可以钻过矮洞，再做其他活动。

游戏 8：学会用剪刀

目的：训练宝宝使用工具的能力和手眼协调、精细动作的能力

方法：准备一把儿童用的圆头剪刀，先让宝宝学会正确地拿剪刀，大拇指伸入一个把手，手指固定剪刀的刀柄，练习活动剪刀。妈妈在大纸上替宝宝剪开一个小口，让宝宝试着顺小口剪开，开始只要求剪纸条，以后可以沿着画出来的线去剪，经过多次练习，宝宝就能剪出大个的圆形和其他形状了。

游戏 9：迷你降落伞

目的：通过自己动手制作玩具，锻炼宝宝独立做事的能力

方法：让宝宝自己动手，在一块手帕的四个角上拴上四根等长的线，然后把这四根等长的线的另一端绑在小橡皮上，迷你"降落伞"就制成了。成人先示范给宝宝看，宝宝看懂以后让他自己来做，做好后可让"降落伞"在空中张开，再慢慢落下来。

游戏 10：听口令伸和握

目的：发展宝宝手、脑、口并用的协调能力，训练灵敏的反应能力

方法：妈妈和宝宝面对面坐下，伸直双手，手心向前，边说边做"打开"（伸直手指）、"关上"（握拳）的动作。刚开始，可以请宝宝跟着家长的口令，一起边说边做一样的动作。待宝宝熟练后，便可请宝宝跟家长做相反的动作，即家长边说边做"打开"的动作，宝宝就要边说边做"关上"的动作，如此反复变换口令。

社交和自理能力训练游戏

游戏 1：懂得需要等待

目的：训练宝宝有耐心，克服急躁的情绪

方法：同宝宝做耐心等待的游戏。比如，吃饭了，坐好等着妈妈把饭菜盛到自己碗里；玩滑梯，要依次排队上滑梯；荡秋千需要等别的小朋友下来……

游戏 2：会穿衣服了

目的：培养宝宝自立能力，增强宝宝的成就感

方法：在宝宝面前摆上几件衣服，有的有纽扣，有的有按钮，让宝宝自己选择衣服，并且穿上、脱下。当宝宝成功地穿上衣服并系好纽扣以后，要表扬他。熟练后还可以和宝宝比赛穿衣服，妈妈要故意落后半拍，并对宝宝大加赞扬。

游戏 3：钻山洞

目的：锻炼宝宝开朗大方的性格，以提升宝宝人际交往的能力

方法：请两三个家庭共同参与毛毛虫游戏。成人手、膝着地搭建长长的山洞，宝宝听信号从山洞下爬过。爸爸喊口令："毛毛虫，开始钻山洞喽！宝宝，快点儿爬，加油加油！"当所有宝宝都钻进山洞后，最后一位成人跑到最前面继续为宝宝搭建山洞。如此重复。

游戏 4：学礼貌行为

目的：让宝宝学习一些基本的礼貌用语，提高宝宝的人际交往能力

方法：成人做出打招呼、行礼鞠躬、再见等动作，让宝宝跟着模仿。也可让宝宝在镜子前做这样的活动，帮助宝宝了解具体的动作。还要告知宝宝这些动作的具体意义，比如说看到长辈就要弯腰行礼，叫做鞠躬；我们去别人家做客，当我们离开的时候，要挥动手臂，和别人再见等。

游戏 5：玩"过家家"

目的：训练宝宝对家庭日常生活的观察力

方法：给宝宝准备一些可以代替日常用品的小东西，如放饼干点心的塑料小碗、吃冰激凌的小勺、大小盒子、板凳、小毛巾等，然后妈妈同宝宝一起玩"过家家"，如替家里的小动物做饭、照料娃娃睡觉等。以后遇到小朋友来家里做客，宝宝会主动搬出他的玩具同小朋友一起玩"过家家"。

游戏 6：学做家务

目的：初步培养宝宝的劳动习惯和劳动能力，学习助人为乐的行为

方法：妈妈在洗衣服时，给宝宝一块手帕，让他学着洗，告诉宝宝手帕的用处，培养他讲卫生的良好习惯。或者是指导宝宝扫地、擦桌子，给宝宝一把小扫帚，让他模仿成人扫地的动作；给他一块小抹布，让宝宝学着擦擦桌子。

CHAPTER 18　2岁4~6个月宝宝早教方案

游戏7：主动收拾玩具

目的：让宝宝养成良好的生活习惯，主动收拾自己的玩具

方法：每次吃饭和睡前一定先让所有的玩具"回家"，再洗手准备吃饭，或做睡前的常规活动。所以在10分钟前，成人要提示宝宝结束游戏。把自己的玩具收起来，放入原先的盒子里，按玩具架设定的符号，把每种玩具放回自己的"家"。家长在一旁监护，但不必动手，让宝宝自己完成。做好给予微笑、赞许，从而养成自己收拾玩具的习惯。

游戏8：自己来做

目的：训练宝宝的自理能力，同时也要求成人放手让宝宝独立操作

方法：2岁半的宝宝会显得很能干，什么事情都喜欢"自己来做"，洗手、漱口、刷牙、洗脸、洗脚、洗屁股等，从模仿直接学习。如果宝宝已经长出20颗牙齿就应该自己练习刷牙了。刚开始不要给他用牙膏，以防宝宝吞下，待宝宝4岁之后能完全掌握刷牙方法后再用。

游戏9：他们都是谁

目的：初步理解血缘关系，培养宝宝热爱家人的美好情感，锻炼语言表达能力

方法：这个年龄段的宝宝已基本认清家庭成员了。妈妈把家庭成员的照片拿出来，让宝宝说出称呼，再把家庭成员按照家庭分类，哪些是外公家的，哪些是爷爷家的，妈妈是谁的孩子，爸爸是谁的孩子，他们长得像谁，宝宝长得像谁等。妈妈要告诉宝宝，这些亲人给过宝宝哪些关爱，激发宝宝热爱家庭成员的情感。

游戏10：记住家庭信息

目的：培养宝宝的记忆力和应变能力，提高自我保护意识

方法：妈妈先给宝宝讲一个故事：有一个小朋友和妈妈一起去超市买东西走丢了，后来又是怎样找到妈妈的。启发宝宝："如果你走丢了，怎么办？"（找警察叔叔）"警察叔叔送你回家，你能告诉他，你家住在哪里吗？"（××路××号××楼××）"如果家里没人怎么办？"（打电话找爸爸、妈妈）"爸爸、妈妈的电话号码是多少？"（××××××××）

CHAPTER 19

2岁7~9个月宝宝早教方案

第1节 2岁7~9个月宝宝成长发育

宝宝身体发育对照表

发育指标		男童			女童		
		下限值	平均值	上限值	下限值	平均值	上限值
2岁9个月	体重（千克）	10.86	13.70	16.28	10.63	13.05	15.79
	身高（厘米）	87.6	92.2	101.0	86.8	91.7	99.4
	头围（厘米）	46.8	49.2	51.5	45.9	48.1	50.3

宝宝成长小信号

1. 牙齿：平均为20颗。

2. 生长发育：宝宝双手动作和躯体动作在继续发展，并且比前一阶段熟练、复杂，而且增加了随意性，运动技巧也有了新的发展。2~3岁的宝宝，体格生长仍处于较慢的匀速生长期，但心理发育的速度加快，注意力和记忆力较以前有所提高。宝宝的感知思维也逐渐活跃，在自我意识发展的基础上，宝宝的自我评价和道德品质开始有了初步的发展，并且能用语言来调节和控制自己的道德行为。宝宝的个性逐渐显露。

宝宝心理发育

1. 明白了自己的存在，知道自己的身体部位。喜欢和父母一起外出。已经非常明白按照成人的规则和标准应该怎样去做。

2. 可能会因为事情偏离常态而感到心烦意乱，但过一会儿就能明白事情并不总是遵循固定的模式发展，有点儿改变也没关系。

3. 有些宝宝应该已经意识到在与小朋友的交往时需要付出爱心，有了好吃的或好玩的东西应该与人分享。

宝宝敏感期提示

1. 敏感期开始：阅读、学习的敏感期，两头可延伸到1~3岁。1岁内的宝宝愿意看图听故事，能指认故事中的图回答简单的问题，是宝宝培养阅读习惯的关键起始时期；2岁的宝宝在重复听故事和背诵故事中认识若干汉字，并对字产生了兴趣；3岁左右的宝宝在认字的基础上开始自己阅读简单的故事书，得到表扬后，阅读的热情很高。所以，该阶段也是培养宝宝阅读习惯的最好时期，宝宝会阅读了，思考能力和学习能力也随之提高。

2. 敏感期延续：继续手的敏感期、空间敏感期、细小事物敏感期、秩序敏感期、模仿敏感期、语言敏感期、音乐敏感期、绘画敏感期和自我意识敏感期等。

宝宝智能发育特点

1. 大动作：双手侧平举，能走过18~20厘米宽、高18厘米、长2米的平衡木，并能双脚跳下，能翻过133厘米的攀登架。能顺利通过障碍物前行，进入平衡能力发展及单脚跳跃能力发展的重要时期，同时也是身体协调性和双腿力量获得发展的重要时期。

2. 精细动作：能把一个杯子的水倒入另一个杯子而不洒，可有目的地用笔、剪刀、筷子、杯子，用刀切物品，用手卷物品，用剪刀剪线，可学会折纸、捏面塑等用手的精细技巧。能依大小顺序排列积木，积木可搭高10块。

3. 感觉：学会主动思考水为什么会结成冰，喜欢观察植物的发芽过程。

4. 语言：会主动接近别人进行语言交流，会复述经历、故事，可学会较复杂的用语表达，语言流畅，说话带表情，能表达自己的意思，会背词、简单的情景对话等。

5. 社会性发育：慢慢摆脱自我为中心，转而对很多小朋友参加的活动明显感兴趣，身体相互靠近，可以分离玩具，但多数宝宝喜欢每次只和一个小朋友玩耍。

宝宝智能发育评价

1. 大动作能力：能接住1米左右直接抛过来的球，但双手接得还不太稳。能将100克重的沙包投出1~2.5米远。长时间行走可走1500米左右，飞快地跑也不会跌倒。喜欢荡秋千。

2. 精细动作能力：能用绳在一分钟内穿上内径约为 5 毫米的木珠 10 个左右。

3. 认知能力：从一堆扣子中先示范取出 4~5 个同样的扣子做样板，宝宝可从一堆扣子中挑出与样板完全相同的扣子。还可将分好的扣子先按颜色合拢，再按大小和形状合拢。

4. 语言能力：能在 10 对反义词卡片中准确找出 6~7 对反义词，会用相册讲述自己小时候的故事，但内容简短。

5. 社交行为：很乐意帮助成人收拾衣服，能记住自己放衣服的地方。

宝宝教养要点

1. 看图找错，配对、找对应关系，发展观察力和想象力。
2. 建立规矩，理解时间概念。
3. 教宝宝用口手一致数数、背数 20 以上。
4. 看图讲故事并提问，激发阅读兴趣。
5. 教宝宝穿珠子、剪纸、折纸，发展手的精细动作。
6. 创造条件让宝宝参加较复杂的运动游戏，如亲子单脚跳、拍球赛、走 S 线等。
7. 鼓励宝宝做接球、踢球、攀登、玩沙、玩泥等各项运动，提高动作的协调能力。
8. 学习购物，参加简易的家务劳动，提高宝宝对家务劳动的兴趣。
9. 宝宝的高蛋白摄入要适量，不要空腹让宝宝吃甜食。养成午睡的好习惯。

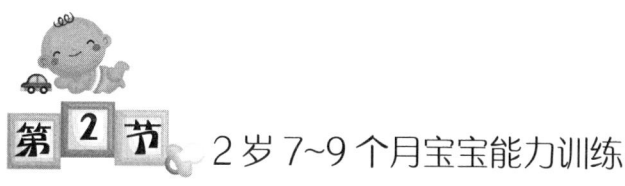

第 2 节　2 岁 7~9 个月宝宝能力训练

1. 继续认识职业：在之前认识职业的基础上，让宝宝认识新的职业，告诉他这些职业在什么地方、是干什么工作的，增加他对社会的感性认识。

2.教宝宝辨认方向：成人要继续培养宝宝的分辨力，如把玩具放在桌子上、椅子下、抽屉里、盒子外等。成人和宝宝一起站在镜子前玩分左右的游戏，按口令摸自己的"右眼睛""左耳朵""右膝盖""左肩膀""右眉毛""左胳膊"等，使宝宝进一步认识身体部位和分清左右。

3.耐心面对宝宝提出的问题：这个阶段的宝宝对世界的好奇心越来越强，会不断地追问你"为什么"，甚至一个小问题能引出十多个问题。在回答他的问题时要简明扼要，只要让他明白简单的道理就行了，或直接告诉他答案，但一定要正确，不可敷衍了事。

4.宝宝智商的训练：训练宝宝的智商可通过写数字和反义词来进行。写数字先从近似的数字写起，如2和3、7和1，先认后写，增加兴趣。在宝宝认识汉字的基础上让他学一些相关的反义词，如上、下，大、小等。可做配对游戏：说一个字，翻卡片找出它的反义词，找到一个再说下一个。这个游戏能提高宝宝的短时记忆能力。

5.多启发宝宝去思考：宝宝问"为什么"时，要根据他的年龄特点、知识经验而深入浅出地给予解释。对于一些问题，还可暂时不回答，然后提出建议，让宝宝自己去观察和验证，这样收效会更大，还可以利用游戏让他自己寻找答案。遇到困难时，应当要求宝宝独立解决，实在解决不了时再给予帮助，让他学会思考的能力。

6.培养阅读爱好：从小培养阅读习惯，不仅可以开阔视野和知识面，还可以提高智力水平。（1）要经常对刚会走路的宝宝讲话，让他建立词汇的概念。（2）有规律地大声朗读是帮助宝宝培养阅读爱好的最重要方法。（3）让他积极参与阅读，教他吟诵诗歌，听到自己的朗诵声，他会受到鼓舞，从而使语言表达能力进一步提高。（4）模仿成人阅读。（5）有规律地去图书馆，使他认识到读书是生活的重要组成部分。

7.懂得用语言交往：在和成人及别的小朋友交往时，教宝宝多用语言交往，比如彼此打招呼、见人问好、分手说再见等，这既是一个锻炼的机会，也是教宝宝文明礼貌、学会交际本领的方法。

8.学会控制身体重心：宝宝有了跑跳的能力后，活动更加稳定，这时要教宝宝一些动作，锻炼宝宝很好地控制身体的平衡，比如教宝宝用足尖走路后单足站立。可用游戏的方法进行，和他一起玩小燕飞，抬起足跟，伸出前臂向前行，或者学大公鸡抬起一只脚做单足站立。

9.培养动手能力：手部操作直接促进视觉、触觉及感知觉的发展和相互间的协调动作。宝宝用手玩玩具和操作日常生活用品，可以掌握使用物体的方法，以后逐步掌握成人使用工具的方法，还能进一步认识同一类物体的共性，使知觉更具概括性，并为概括表象和要领的产生准备条件。

10.学会说出自己和别人的姓名：姓名作为一个人的代号使人相互区别，宝宝在认识了很多人以后也要学会用姓名来区分。宝宝已经知道了自我，那么就要学会用自己的代号来表示，即学会说出自己的姓名，此时教宝宝说完整的姓名，不是小名，而且要教他学会说出一些熟悉的人的姓名，以后他会逐渐懂得以姓名来称呼同伴。

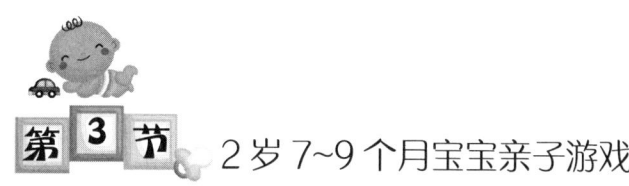

第3节 2岁7~9个月宝宝亲子游戏

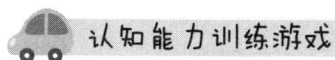

认知能力训练游戏

游戏1：画五官

目的：锻炼宝宝的观察能力，提高智力

方法：当宝宝会用圆圈画各种东西时，便可以让他练习画人物了，在圆圈内画上五官、头发，还可画上手脚，启发他仔细观察，慢慢增加部位甚至细致的部位。

游戏2：观察事物

目的：培养宝宝的观察能力，促进宝宝的智力发展

方法：带宝宝到户外，教宝宝逐渐学会先观察周围的情况，再集中观察某一特定的事物，可问他："前面有什么？"如前面有辆汽车，引导他说："那辆车在树旁边，树下有人卖东西，还有车是红颜色的、有轮子……"

游戏3：闪卡记忆

目的：提升宝宝的视觉记忆能力和智能

方法：准备几张卡片，在第一张卡片上画一个黄色的圆圈，在第二张卡片上画两个红色的圆圈，以此类推。把卡片全部放在身后，任意抽出其中一张，放在宝宝面前晃一下马上收起来，问他："刚才那个卡片上有几个圈，是什么颜色的？"

游戏 4：过红绿灯

目的：锻炼宝宝记忆和配合的技能，让他了解符号所代表的意思

方法：用纸板做一套红绿灯，并向宝宝说明红绿灯所代表的意思，你先装做驾驶一辆汽车，让宝宝指定不同颜色，你根据颜色所代表的意义停止、减速或通行；也可以反过来，你指定颜色，他驾驶汽车。

游戏 5：石头、剪刀、布

目的：理解游戏规则，使宝宝学会解决问题的办法

方法：在2岁半以前，宝宝就学会了用手指比画石头、剪刀、布，但那时他并不懂输赢的游戏规则，现在他的理解能力增强，再玩这个游戏就可以解决实际问题了，如只有一个玩具让谁玩，通过玩这个游戏可解决。

游戏 6：练习拨号码

目的：训练宝宝记住号码和按号码的位置拨号

方法：用一台玩具电话，先让宝宝拨第一排号码"1、2、3"，每次练习两个数，如1、2和1、3，或2、3和2、1，让宝宝随意边说边拨，直到熟练为止。然后再练习第二排"4、5、6"，成人每次念两个数，熟练后再练习拨3个数或者4个数，要让宝宝感觉好像在玩。还可以妈妈念数宝宝拨号，拨对了，让宝宝念数妈妈拨号，等到宝宝自己已经学会了，就让宝宝给奶奶打电话，当宝宝从电话里听到了奶奶的声音，知道自己拨对了，宝宝会非常高兴。

游戏 7：扑克牌接龙

目的：认识相邻数的关系，让宝宝在玩中学习，在不知不觉中受到启发和教育

方法：妈妈拿出一副扑克牌，将牌中的4个"7"都摆出来（并列），然后妈妈和宝宝各取一半牌，双方轮流出牌，以"7"为中心，按数的相邻关系接龙，如"7"的上方接"8"，"7"的下方接"6"等，每个"7"都可以接龙，每次只能接一张牌，无牌可接就由对方接着出牌，直到把所有的牌都出完，谁的牌先出完，谁就赢了。

游戏 8：冬夏有不同

目的：培养宝宝的日常观察能力和记忆力

方法：找一些冬夏对比的图片，同宝宝讲解在不同的气候条件下，人们的生活习惯有所不同，结合本地情况，和宝宝一起讨论季节。例如，在寒冷的冬天，要用暖气或空调取暖，出门时穿上棉衣、戴上帽子、围巾和手套，喜欢吃火锅、涮羊肉等，冬天人们可以滑冰、堆雪人等。在炎热的夏天，家里用空调，或者开电扇，孩子们穿裙子或短裤，吃西瓜、雪糕、冷饮等，可以去游泳、划船，在海边做游戏等。

游戏 9：我从哪儿来

目的：促进宝宝的自我认识，增进亲子感情，让宝宝了解到更多的人际关系，对宝宝日后处理人际关系非常有好处

方法：宝宝会很想知道他是怎样来到这个世界上的，他跟爸爸、妈妈为什么是一家人。可以和宝宝一起看胎儿成长图，告诉宝宝："爸爸、妈妈结婚后，妈妈的肚子里就种了一粒'种子'，这粒'种子'一天天长大，这就是你。"和宝宝一起看胎儿图，结合胎儿图讲一讲妈妈在怀他期间的情况，并出示妈妈怀孕的照片，讲一讲妈妈怀他的喜悦和辛苦以及为宝宝出生做的各种准备……直到有一天，宝宝想看看外面的世界，这时，宝宝就出生了，总算和爸爸、妈妈见面了。

游戏 10：认钱花钱

目的：让宝宝建立简单的物品价值观念

方法：准备1角、5角、1元不同的硬币，妈妈教宝宝排列钱币形状，由小排到大或由大排到小，并教宝宝认识上面的数字，告诉宝宝不同的钱币可以买不同的东西。随后准备一些要卖的东西，如娃娃、玩具等，给宝宝一些零钱，由妈妈来扮演售货员，请宝宝来买东西。

语言能力训练游戏

游戏 1：找认识的字

目的：提高宝宝识字技能

方法：在给宝宝读完他最喜欢的故事后，回到故事的开头，要他自己随便说个认识的字，然后在书中找到这个字。看看一共能找到多少个。

游戏 2：学习读名字

目的：加强宝宝识字技能，让宝宝知道一些符号

方法：将宝宝名字中的每个字写在一个小纸片上，然后用磁铁将纸片贴在白板上，让他按正确的顺序排列自己的名字，学会后让他学习其他人的名字排列。

游戏 3：用形容词表达

目的：锻炼宝宝的语言表达能力

方法：在日常生活中，有意识地教宝宝用形容词来表达，如"红色的小球""绿色的小树""美丽的花园"等，并尽可能地将这些句子同实物联系起来。

游戏 4：接反义词

目的：通过在"抢答"中获胜，增强宝宝的自信心

方法：爸爸、妈妈先说出"高"或"矮"等反义词。可以说得形象一些，比如，妈妈站着说"我很高"；这时，爸爸蹲下来说"我很矮"；拿着宝宝的玩具熊说"我是小胖子"；再拿一个长颈鹿说"我很瘦"。宝宝熟悉游戏规则后，就可以由他接着爸爸、妈妈的话说了。也可以由爸爸提问，妈妈和宝宝抢答，妈妈要假装抢答不到，或者回答错误，让宝宝抢答，如果宝宝答对了会很有成就感。

游戏 5：忘记不开心

目的：让宝宝有属于自己内心世界的对话时间，以培养宝宝的独立性

方法：请宝宝静坐在小坐垫上，闭着眼睛不要说话。爸爸、妈妈可以播放一些轻柔的音乐，安定宝宝的情绪。妈妈可以在一旁轻声说："宝宝，闭上眼睛想一想，今天有哪些特别有趣的事情吗？"直到音乐停止，问问宝宝的感受，是否已经把不开心的事情忘记了，而把开心的事情深深地记在心里了。

游戏 6：动物故事

目的：了解动物，并发挥宝宝的想象力

方法：给宝宝讲一个故事，其中至少要提到两种动物，在提到动物的时候，模仿他们的叫声，每提到一种动物，都要让宝宝模仿这种动物的叫声，如果他不知道，可以进行提示。当宝宝熟悉这个游戏后，让他自己来编故

事,其中也要包括几种动物,这时成人就要在一旁充当动物的配音了。如果宝宝提到了不会叫的动物,成人也要趁机教给宝宝一些知识,告诉宝宝有些动物是不会叫的。

游戏 7:听懂故事寓意

目的:训练宝宝对语言的理解能力

方法:先把寓言故事的情节给宝宝讲清楚,在讲故事时经常提问,让宝宝通过回答故事中的问题,理解故事的含义。如果宝宝对某个重要的情节不太懂,成人再用提问的方式引导宝宝,直到完全能听懂为止。成人还可以试试等到讲完故事后再提问,看宝宝是否能自己想出故事的寓意。

游戏 8:讲解故事寓意

目的:获得简单的知识,提高宝宝的语言及认知能力

方法:给宝宝讲故事时,让宝宝先一边听,一边看内容简单的图片,如日常生活用品、各种交通工具、各种动物等。妈妈问宝宝:"这是什么?"让宝宝自己说出,如宝宝不会,可以给宝宝讲画面内容,再让宝宝自己看,经常看宝宝就会记住图片内容了。画册比图片内容更丰富,它的每一页都是简单的单个图像,连起来就是一个完整的故事,边看画册,边听妈妈讲画册,也可以让宝宝自己讲,让他任意发挥,讲解自己理解的故事内容的寓意。

游戏 9:学会表达心事

目的:让宝宝学会自省和增强内心的独立性,促进宝宝的人格独立

方法:有些宝宝可能不擅长向爸爸、妈妈倾诉心事,这时父母可采取让他和自己对话的方式,来解读他的心情。问问宝宝今天遇见了什么开心的事情,或者是什么不开心的事情,然后让宝宝每天画下或写下来,或是用录音的方式记录自己想要表达的事情。让宝宝定期回顾这些"日记"。这样的活动需要持之以恒,直到宝宝养成习惯,将有助于宝宝了解自己并抒发情绪。

游戏 10:接电话传话

目的:观察宝宝在听人讲话时是否能抓住重点,记住主要意思向家人汇报

方法:妈妈同宝宝做接听电话的游戏时,先让宝宝记住一件事,等爸爸回来时,再告诉爸爸。熟练后再让宝宝记住两件事,逐渐增加,如先让宝宝记住对方姓什么,再记住有什么事情,还有对方的电话号码等。

动作能力训练游戏

游戏 1：请妈妈喝水

目的：培养宝宝手部精细动作能力

方法：准备一个带柄的小茶壶和小口杯，一起摆在桌上，让宝宝给妈妈倒水，在旁边指导他用双手捧着茶壶，慢慢将茶水倒进杯子里，然后放下茶壶，双手将茶水递给妈妈。

游戏 2：撕针孔纸

目的：锻炼宝宝的手眼配合能力，从而达到练习手部技巧的目的

方法：可先将纸在缝纫机上轧成条状，或用笔画上小点再扎上小孔，让宝宝先将条状针孔纸撕成条，熟练后再在纸上画成圆形、方形、三角形、长方形等形状，照形状扎孔，然后学习照形状撕纸。最后在纸上画上小动物的形状，如小兔、小鸡、小鸭等，让宝宝练习撕纸。

游戏 3：跳过溪流

目的：提高宝宝的敏捷性、平衡协调能力，激发想象力

方法：用粉笔在水泥地上画两条间距为 50 厘米的平行线，教宝宝如何下蹲并跳过两条线之间的溪流，在宝宝掌握后，可以将间距画得更大一些。

游戏 4：学包饺子

目的：锻炼宝宝手的灵活性和动手能力

方法：包饺子时，一定要让宝宝参加，让他学着搓圆、压扁，变着花样捏面团，也可以将他的"作品"和饺子一块煮出来，让他看一看。

游戏 5：动物怎样走

目的：激发宝宝的模仿能力和想象力，提高精细动作和大动作技能

方法：像动物一样行走，如小兔子蹲着跳，袋鼠像跳远一样跳，大象、青蛙等怎样跳，轮流说出动物的名称，然后做该动物特有的动作。

游戏 6：抢球踢球

目的：提高宝宝的协调能力，增强宝宝的自信心

方法：爸爸、妈妈、宝宝三人相互用脚踢球，看谁传得准、接得稳。可以妈妈在前面踢球，爸爸和宝宝快速追球，看谁先用脚抢到球，三人可轮换做，此时爸爸和妈妈可以假装跑不动，宝宝会非常积极地跑到妈妈身边，把

球追到，这会让他很有成就感。还可以用两个纸盒做球门，爸爸当守门员，妈妈和宝宝设法将球踢进门。

游戏 7："陶艺"作品

目的：锻炼宝宝的创造力，培养宝宝的自信心和挫折承受能力

方法：妈妈把 4 杯面粉和 1 杯盐充分混合，加半杯冷水和匀，反复揉 10 分钟，以增加面粉的柔韧性。让宝宝发挥自己的想象力，把面团做成各种形状。成形了以后，再让宝宝发挥想象力装饰，用彩笔在作品上画上眼睛、嘴巴等，也可以用枣或葡萄干等做装饰品。等成形的面团彻底风干，再涂上鲜艳的颜色。不管宝宝做出什么样的作品，妈妈都要予以赞扬。

游戏 8：三轮车练习

目的：训练宝宝四肢与躯干的协调能力

方法：准备一辆儿童三轮车，在练习时成人先扶着车把，帮助宝宝坐在座位上，让他把双脚放在踏板上，双手扶着把手。先练习向前行，眼睛要向前看。再练习向右和向左转，手脚和身体要保持协调。练习骑三轮车时，宝宝眼睛要看路，耳朵要听成人的命令，所以也是感觉统合的训练，同时也是为将来学习骑两轮的自行车做准备。

游戏 9：户外跳格子

目的：训练宝宝下肢动作的协调性，培养胆量，增强挫折承受能力

方法：妈妈像自己小时候跳格子那样，在户外的水泥地上，画上方格，让宝宝按照格子来跳，画了一个格子的单脚跳，两个格子的双脚跳，当按顺序跳完以后，可以让宝宝扔小石头，扔到第几个格子，就按规则跳过去，最终单脚或双脚落在格子里。

游戏 10：手指碰碰头

目的：认识手指的名称，训练手指的灵活性

方法：让宝宝伸出双手，掌心相对，两手大拇指先弯曲一下，说"你好"，再将手指尖相碰，说"碰碰头"。然后伸出食指，先弯曲一下，说"你好"，再指尖相碰，说"碰碰头"。接着中指、无名指、小拇指，五个手指头都互相碰头。还可以和爸爸、妈妈一起碰手指，各自伸出相应的手指做"你好""碰碰头"的游戏。

社交和自理能力训练游戏

游戏1：学会自己洗脚

目的：培养宝宝的独立性和自理能力

方法：宝宝在学会洗脸、洗手之后，应该学会自己洗脚。洗脚前找好毛巾、拖鞋等物品，成人协助放上适宜温度的水，然后让宝宝自己脱掉鞋袜洗脚。

游戏2：二人三足走

目的：让宝宝学会合作

方法：用绳绑住你和宝宝的一只脚，喊着口号一起向预定的终点出发。先由成人喊口号"一、二、一"，两人配合一起往前走，熟练后也可让宝宝喊口号，成人配合宝宝走。

游戏3：用手指表达

目的：让宝宝学会了解他人的需要，感知他人的情绪、情感，培养宝宝的同情心

方法：在游戏中妈妈不说话，只用手指来表达自己想要的东西或要表达的意思，让宝宝来猜。宝宝如果猜对了，妈妈可伸出大拇指以示表扬，并在纸盒里放一个乒乓球。一次游戏用3~5个乒乓球。如果其中有宝宝没有理解的动作，两人可以讨论一下，加深印象，还可调换角色来玩此游戏。

游戏4：拍球比赛

目的：培养宝宝的人际交往能力

方法：这个游戏可以两个家庭玩，也可以多人分成两组进行。比如爸爸和宝宝一组，妈妈和表姐一组，先设置一个游戏时间，如5分钟，开始可以由宝宝和表姐先拍，一旦谁把球拍丢了，就要赶紧把球捡回来，传给自己的队友，让队友接着拍，以此类推。到5分钟的时候，两组各计算一下拍球的次数，看哪一组拍球的次数多，多者为胜。也可以采用花样拍球的方法来丰富游戏的内容。

游戏5：对不起没关系

目的：让宝宝学会同情和原谅别人

方法：宝宝和妈妈各拿一个玩具熊，让两个玩具熊在床上走来走去，一

边"走",妈妈可以一边唱儿歌,曲调可自选,如《找朋友》:"好朋友,排队走 / 不小心,踩了脚 / 哎呀呀,对不起 / 没关系,你不是故意的 / 我们还是好朋友!"也可以和宝宝分角色唱儿歌。

游戏 6:宝宝讲故事

目的:让宝宝享受当"小大人"的乐趣,增强宝宝的自立能力

方法:让宝宝自己讲故事,有些宝宝会煞有介事地拿着一本书,但内容却是自己编的。妈妈要做一名真诚用心的听众,不仅要时时跟着故事情节的发展,更要不遗余力地发挥想象以完善其故事情节。而且,要不时地问宝宝:"真的呀?那小猪后来怎么样了呢?它没有被大灰狼吃掉吧?"在妈妈的提示下,宝宝的想象力会发挥得更加充分。故事讲完后,妈妈要对宝宝加以赞赏:"宝宝,你讲的故事真棒!"

游戏 7:击鼓传球

目的:锻炼宝宝与他人合作、处理人际关系的能力

方法:可由几个小朋友或家人共同参与。参与者站成一个圆圈,每两个人中间相距 60~80 厘米,其中一个人拿着球准备。由妈妈来敲鼓,大家跟着敲鼓的节奏来传球。开始节奏比较缓慢,逐渐加快速度。在传球过程中,传球和接球的人要做好配合,以保证球不能落地,球一旦落地,妈妈暂停敲鼓,游戏重新开始。大家可以轮流敲鼓。

游戏 8:生日之前

目的:通过游戏,延迟满足宝宝的要求,锻炼宝宝的耐心,提升宝宝的挫折承受力

方法:妈妈在宝宝生日快到来的前一周或两三天,告诉宝宝:"你的生日快到了,你想要什么礼物呢?"在和宝宝确定了要买什么礼物后,在白板上写上日期,如还有 5 天就写上 1~5 五个数字,每天划掉一个数字,等到只剩下 5 这个数字的时候,宝宝就会收到礼物喽!

游戏 9:请客人聚会

目的:让宝宝掌握更多与人沟通的技巧和礼仪,使宝宝的人际交往能力得到锻炼

方法:宝宝邀请他的玩具动物、玩具娃娃到家里来聚会,每个人都身着漂亮衣服。宝宝在门口迎接,并且把客人迎入客厅。把之前准备的食品,如

切好的水果、饼干及切好的蛋糕和果汁等分给小客人们吃。当小客人要离开的时候,宝宝礼貌地将它们送到门口,并且欢迎它们下次再来。还可以借机教给宝宝"请""谢谢""您好"等礼貌用语。

游戏10:谁是好朋友

目的:让宝宝进一步了解好朋友的意义,学会正确地表达自己对对方的喜爱

方法:爸爸、妈妈先跟宝宝说明,大家来谈谈好朋友,问问宝宝有几个好朋友,如果宝宝不了解朋友的定义,你可以加以解释:"你喜欢和谁在一起玩,谁就是你的好朋友。"爸爸、妈妈可以先告诉宝宝自己的好朋友是谁,有什么特点及优点。然后,引导宝宝说出自己的好朋友是谁,宝宝喜欢好朋友的哪些方面,比如好朋友穿花裙子好看,还会跳舞等,还可以给宝宝更多的提示。

CHAPTER 20

2岁10~12个月宝宝早教方案

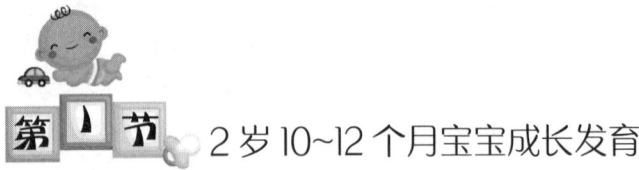

第1节 2岁10~12个月宝宝成长发育

宝宝身体发育对照表

发育指标		男童			女童		
		下限值	平均值	上限值	下限值	平均值	上限值
3岁	体重（千克）	11.10	13.98	17.01	10.91	13.34	16.10
	身高（厘米）	88.7	93.5	102.2	87.9	92.3	101.5
	头围（厘米）	47.0	49.4	51.6	46.1	48.2	50.4

宝宝成长小信号

1.牙齿：宝宝从6个月左右开始出牙，到2岁半左右乳牙基本出齐，长出20颗乳牙。

2.生长发育：这个阶段的宝宝，脑的重量约为1000克，整个幼儿期脑容量只增加100克左右。但脑内的神经纤维迅速发展，在脑的各部分之间形成了复杂的联系，为宝宝的动作发展和心理发育提供了生理前提。神经系统的抑制过程明显发展，但兴奋过程仍占优势，因此宝宝易兴奋。3岁的宝宝好奇心强，喜欢提问；自主性和运动能力也很强，由于运动量大，宝宝的肌肉开始变得很结实、有弹性。身体从总体看上去比以前苗条很多，手和脚开始变得细长。

宝宝心理发育

1.3岁的宝宝有独立的要求，喜欢自己脱穿衣服、叠被子。乐于助人，喜欢劳动，妈妈刚扫地，他就会去拿簸箕。喜欢听到别人夸奖，一旦被夸，会很开心，受到批评时也会知道认错。

2.有浓厚的求知欲，对任何东西都感兴趣。喜欢问为什么，记忆力和思考力有了飞速提高，这时应尽量回答他的问题。

3.能表达自己的各种感觉，如疼痛感、饥饿感等，但有时语言表述还不太连贯，成人要耐心示范，渐渐地他就会讲好了。

宝宝敏感期提示

1. 敏感期开始：玩水、玩沙敏感期，两头可延伸到1~12岁。儿童对水的兴趣是极大的，可以从出生一直延续到12岁左右，每天玩都不厌烦。因为水是流动的，无形无色，对孩子来说充满了诱惑。沙和水是完美的结合，具有流动感和空间感，孩子喜欢在沙坑里玩水，喜欢手脚与沙子接触的感觉，水和沙是孩子的最爱。玩水、玩沙能发展孩子的感知觉，练习手部大小肌肉的控制，发展创造力，使孩子得到情绪上的满足。

2. 敏感期延续：继续手的敏感期、空间敏感期、细小事物敏感期、秩序敏感期、模仿敏感期、语言敏感期、音乐敏感期、绘画敏感期、自我意识敏感期和阅读、学习的敏感期等。

 宝宝智能发育特点

1. 大动作：能自由地骑小三轮脚踏车，还会向前、后退、转弯等。能把球掷过头顶，会拍球1~3下，一手拍球，有的会连拍3~5下，球不掉。经示范练习，宝宝能独立完成前后翻滚动作。

2. 精细动作：能执笔画画，会动手捏泥、折纸等。会将纸对折成三角形，也可用手掌将泥捏成圆形的球。会使用剪刀剪纸，粘贴图形，折纸飞镖。可端着盛了水的玻璃杯或瓷碗从一个房间走到另一个房间，不会把它们摔破。

3. 感觉：在智力和情感方面成长迅速，同时有着事事都要自己干的独立欲望和缠着妈妈撒娇的强烈依赖性。这一时期是宝宝自己能够形成各种习惯的时期，如独自上厕所、自己穿衣脱衣、帮忙收拾家务等，应尽量让他自己做事。

4. 语言：可以背稍长的儿歌，能随着儿歌做动作，能讲简单的故事，会猜简单的谜语，会讲若干个英语或其他语言的单词，会用比较复杂的句子表达自己的感受。

5. 社会性发育：能做两人游戏，初步懂得遵守规则。会自己洗脚，用毛巾拧干擦脸，自己刷牙，会在饭前洗手，饭后擦脸。经提醒会注意衣服整洁。

宝宝智能发育评价

1. 大动作能力：能按照音乐的节拍踏步，能分别用两只脚连续跳过相隔20厘米的3个格子。两脚交替上楼梯；能在距离两个小凳子（相距1米左右）

做的球门 1 米处踢球入门。经练习能独立走平衡木（离地 25 厘米左右，有成人在旁监护）。

2. 精细动作能力：在白纸上画一幅女孩脸能按要求粘贴好头发、头绳。听指令，凭印象能画出圆形、三角形、正方形，而且圆形封口，三角形、正方形有角。

3. 认知能力：知道父母的职业，能记住父母姓名和家庭电话、住址，能分清冬天、夏天的衣服和食物。懂得"冷了、累了、饿了"怎么办。

4. 语言能力：能连续讲 4~5 句话，可简要复述自己的新经历，讲故事能讲 7~8 个。记得经常读的故事书的内容，读错了会生气。

5. 社交行为：能通过一问一答的形式，完整介绍自己，和小朋友玩游戏懂得遵守规则。

宝宝教养要点

1. 教宝宝认识日常用品。培养宝宝的观察力和辨别力。

2. 学用剪刀，按画线剪，画人脸 2 处以上。

3. 3 岁的宝宝会表现出明显的个性和兴趣，要因势利导。

4. 不要束缚宝宝的想象力，学会尊重宝宝的意见。

5. 让宝宝讲述故事中发生的事情，激发他的阅读兴趣。

6. 复述经历，学习较复杂的用语表达。

7. 教宝宝交往用语和交往技巧，让他了解一些行为规则。

8. 及时做入幼儿园前的心理准备，以免入园后宝宝不适应。

9. 加强宝宝自理能力的培养，切莫过度保护、包办代替。

10. 宝宝吃饭要细嚼慢咽，不宜狼吞虎咽。

第 2 节　2 岁 10~12 个月宝宝能力训练

1. 找到自己的家：让宝宝记住家在什么地方，门牌号码是多少，还可以让宝宝记住电话号码，学习同家人打电话。带宝宝出去，让他熟记出去走的路，然后让他"带"着你一起回家，他会很乐意，也会很有成就感。

2. 个性形成的关键时期：1岁以前个性特征就较为明显地表现出来了，虽说没有定型，但很容易沿着最初的倾向发展下去。因此，要抓住3岁这个关键时期，对宝宝个性上的优点有意识地进行培养，而对宝宝个性中的缺陷和弱点则进行有意识的矫正，从而使宝宝形成良好的个性。

3. 给宝宝一些选择的自由：3岁左右的宝宝已有逆反心理，单方面的发号施令常常成为他们发脾气的原因。如换种方式提出两种对等的项目让他选择（如吃饭或洗澡），因为他还不会考虑这两者以外的事情，所以大部分都会在其中选一项，这种自由选择的方式足以让他感到兴奋和满足，不失为应对宝宝的一个策略。

4. 情商的培养：这段时期对宝宝情商的培养可以通过分角色表演来进行，找一篇关于小动物请客吃饭的故事，也可以自己编一个类似的故事，通过和宝宝一起扮演故事中的小动物来让他明白各种小动物都喜欢吃什么，还可以培养宝宝礼貌待人的好习惯。

5. 和宝宝说话的艺术：宝宝和成人接触，除了观察成人的表情、动作以外，主要还是通过语言来沟通，和宝宝讲话语速要慢、口齿清楚、声调温和，要根据他的年龄让他理解自己的意思。另外，不要说让他妒忌的话，如夸别人、说喜欢别人等。

6. 宝宝爱撒谎怎么办：宝宝撒谎的原因不同，并不是所有的撒谎行为都是恶劣的。宝宝撒谎的原因：一是为了逃避责任，如做错了事怕被训斥或惩罚，当他拒不认错时，可直接告诉他你已经知道真相了，并给他讲道理，说清楚他为什么错了，怎样做是对的，让他保证不再犯同样的错误，千万不可体罚和大声训斥宝宝；二是幻想和现实交织的结果，宝宝眼里的世界和成人是不同的，他的表达里掺杂了幻想的成分，这时要正确引导他。此外，有些宝宝是因为成人撒谎而效仿学会的，这时成人要从自身找原因，给他树立诚实的榜样。

7. 提高宝宝的辨别能力：这个阶段的宝宝辨别是非的能力弱，所以他的模仿没有道德标准，不是专门模仿好的或坏的行为，而是从兴趣出发。要引导他明白什么是好的值得模仿，什么是不好的不应该模仿，并讲清不良行为所带来的危害，让宝宝在未形成习惯时就及时纠正。

8.训练宝宝学会初步的推理：成人与宝宝面对面坐下讲故事或看动画片，不断提问并引导宝宝回答"如果"后面的话。例如，"龟兔赛跑时，如果小兔子不睡觉会怎样？""小兔子乖乖如果以为是妈妈回来把门打开就会怎么样？"通过这样的训练使宝宝学会初步的推理。

9.宝宝行为霸道的处理方法：（1）不予理睬：如果婉言相劝仍然无效，不妨对他进行不理不睬的措施，在不致使他太难堪的情况下坚决采取这个方法。（2）设法使他发泄过剩精力：平时多让他从事体力方面的活动，并给予适当指导，使他的过剩精力得以发泄。还可通过读书、听音乐陶冶他的情操。（3）让宝宝饲养小动物：在养小动物的过程中可以培养他爱怜弱小之心。（4）引导宝宝良好的行为：如他在有些方面表现出良好行为时，要鼓励他、称赞他，以强化宝宝的良好行为。（5）鼓励他建立良好的人际关系：孤单的环境会使宝宝的霸道行为更加强烈，要多带他参加社交活动，在欢愉的氛围中产生建立良好人际关系的欲望。

10.带宝宝一起去参观幼儿园：宝宝3岁以后要上幼儿园，在正式入园之前，要带他到幼儿园外面看看，或得到许可到里面看看，这样会引起他入园的欲望。

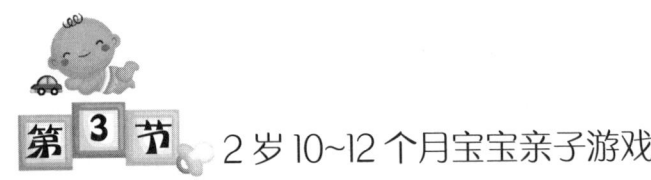

第3节 2岁10~12个月宝宝亲子游戏

认知能力训练游戏

游戏1：找手帕

目的：培养宝宝的记忆能力

方法：为宝宝准备4~5条漂亮的小手帕，先展示给他看并告诉他手帕上图形的名称和颜色，让他感觉一下，在其中一条手帕中做上记号并混入另外几条中，让他找出有标记的手帕。

游戏 2：背唐诗

目的：锻炼宝宝的听力和记忆能力

方法：先在宝宝快要睡觉或在床上玩的时候，给他放一些唐诗的录音或读给他听。开始时可背每句诗的前几个字，由他来补充剩下的字，慢慢地他自己也会背了。

游戏 3：兔宝宝吃萝卜

目的：锻炼宝宝排序和配对的技能，让他知道不同图案、形状和大小的概念

方法：在纸板上画 5 只大小不等的兔宝宝然后剪下，让宝宝将它们从小到大排成一排，按顺序粘在另一张纸上，再画 5 个大小不等的胡萝卜然后剪下，要求宝宝按胡萝卜的大小分给兔宝宝，并粘贴上。

游戏 4：乘校车

目的：锻炼宝宝配对、整理归类能力，激发想象力

方法：将一个盒子做成一个校车，让各种颜色的瓶盖乘校车去进行一次实地考察。让宝宝把一种颜色的瓶盖放在一起，坐到动物园去，另一种颜色的瓶盖坐到公园去。

游戏 5：帽子下找玩具

目的：增强宝宝的记忆技能，增加词汇量

方法：在宝宝的注视下，将三个帽子排成一排，在其中的一顶帽子下放一个玩具，然后变换帽子的顺序，让宝宝找出玩具。要鼓励他用序数词第一、第二和第三来描述帽子的位置，等他学会这个游戏后，再试着用更复杂的方法。

游戏 6：地图上找家

目的：锻炼宝宝的注意力和记忆力

方法：找出一张本地地图，在地图上标上家庭的位置，每天抽出一定时间给宝宝讲解这张地图，让他熟悉家所在的街道名称、方位以及周围的标志性建筑物，也可在地图上找出爷爷家、外公家所居住的地方，告诉他坐什么交通工具就可以去他们家。

游戏 7：认识四季

目的：发展宝宝的认知能力

方法：引导宝宝从图片上认识四季的各种不同。从风景到游玩，从穿衣到吃东西等，春夏秋冬四季各有特点，引导他用自己的语言描述出来。

游戏8：学写数字

目的：训练宝宝对数字的确认能力和书写能力

方法：先让宝宝练习写1和8，然后学写2、3和5，会画直角后，可以学写4和7，最后练习6和9，这两个字的区别在6的头上有"小辫"，9下面有"一只脚"。让宝宝自己练习写数字，熟练后成人读数字，让宝宝写下来，开始只读一个数字，让宝宝习惯听写，以后按宝宝的能力逐渐增加。宝宝书写有一定的难度，不能要求太高。

游戏9：分辨颜色深浅

目的：测试宝宝的视觉敏锐程度

方法：准备一些白色的卡片和水彩颜料，挤出红色的水彩颜料放入调色盘中，调出深浅不同的4种红色分别涂在白色的卡片上，制成4种深浅不同的红色卡片。再用绿色和蓝色制作4种不同深浅的卡片，把所有涂色的卡片混合放，让宝宝先把3种不同颜色的卡片分开，然后逐一按颜色深浅排列，培养宝宝分辨颜色深浅的能力。

游戏10：用英语数手指

目的：使宝宝在游戏和日常生活中不知不觉受到启发和教育

方法：在宝宝数数有一定能力的时候，妈妈可以教宝宝用英语数手指，用右手食指点着左手每一个手指数，第一次从拇指数到小指，第二次从食指开始，第三次从中指开始数，目的在于让宝宝感知到"one, two, three, four, five"并不代表某个具体的手指，而是用来记数的。

语言能力训练游戏

游戏1：看图讲故事

目的：进一步培养宝宝的想象力和表达能力

方法：让宝宝选择一幅漂亮的图画，讲出这幅画中的事物或者有关的故事，宝宝常挑出自己听过的故事图画讲出两三句有关的情节，如"兔子妈妈让小兔子关门""为什么？""因为狼来了会吃掉小兔子"。3岁前后只能你问他讲，到4岁以后才能从头到尾讲故事。

游戏 2：自己编谜语

目的：提高宝宝的语言能力和认知能力

方法：先编谜语给宝宝猜，比如，"圆的，吃饭用的""打开像朵花，关上像根棍，下雨用的"，他会很高兴地猜是什么。然后再启发宝宝自己编个谜语来猜。

游戏 3：听故事找错

目的：锻炼语言表达能力，提高宝宝对语言及字词的掌握与运用能力

方法：选一本经常给宝宝讲的图画书给他讲故事，读几页后开始改编故事，看一看宝宝的反应，如果他指出你讲错了再改过来。如果他没反应要给他提示，直到他想起为止。

游戏 4：谁的家

目的：让宝宝知道物体所代表的意思，锻炼配对与推理能力

方法：画一些或从杂志上剪一些动物和它们的屋舍，如小鸡的鸡舍、熊的洞穴、猫头鹰和树，包括人和房子等，将不同动物的房子摊在桌上，让他配对，可给他提示。

游戏 5：宝宝讲故事

目的：提高宝宝的记忆能力

方法：挑一个宝宝喜欢听的睡前故事，你先读一遍，然后让宝宝也"读"给你听，不需要他读得很对，只要他能利用图画作为线索或复述一下故事就很好了。

游戏 6：街头认字

目的：提高宝宝对汉字的辨认和记忆能力

方法：与宝宝一起逛街时，看见醒目的路牌、商店标牌等，要教宝宝认识。经常经过的地方有文字和数字的标志，都教给宝宝认识，慢慢地宝宝就会记住这些数字和汉字了。

游戏 7：用代词回答

目的：训练宝宝的语言表达能力和理解能力

方法：和宝宝讲话时，尽量多使用"我""你""他"这样的代词："这是我的衣服""那是你的玩具"等，让他分清这三个代词的内涵，能用它们来回答问题。

游戏 8：猜故事结尾

目的：训练宝宝看图推测意义的能力

方法：让宝宝边看一本新的图书，边听成人讲故事。讲到最后 1~2 页，把书递给宝宝，让他自己看图来猜测图意，把故事讲完。宝宝已经听完前面的部分，知道故事的大概意思了，而且对图上的人物也已经熟悉，宝宝能用自己的话讲出结尾。如果宝宝还未看懂，成人可以用提问的方式，帮助宝宝推导出结局。

游戏 9：编一个故事

目的：提高宝宝识字前技能，激发想象力

方法：当宝宝自编一个与玩具一起去旅行的故事时，写下他讲的故事，或用录音机录下来，然后将故事读给他听，问他是否想做一些改动，并写个新的故事。

游戏 10：手偶表演

目的：训练宝宝与人对话的能力

方法：妈妈和宝宝各戴一个手偶，两人分别扮演不同的角色，如表演一个熟悉的故事"龟兔赛跑"，一个人做乌龟，一个人做兔子，两个人一起表演故事的情节。开始可以稍微简单一点儿，让宝宝先记住故事的主要情节。表演过几次后，鼓励宝宝在其中插入一些新的情节，使故事的内容丰富一些。妈妈同宝宝用手偶对话，如同话剧创作，随时变化，可以培养宝宝的语言能力和想象力。开始先温习故事内容，角色还可以互换。

动作能力训练游戏

游戏 1：用手叠罗汉

目的：刺激宝宝精细动作能力的发展

方法：先一只手手掌朝下放在膝盖上，然后让宝宝将他的小手摞在你的手上，你再将另一只手轻轻压在宝宝手上，如此反复，不断抽出最下面一只手盖在上面。

游戏 2：猴子摘桃

目的：培养宝宝大动作技能和协调能力，激发想象力

方法：在过道上宝宝够得着的高度以上 10~15 厘米处系一根毛线，在毛

线上每隔 5 厘米挂上用纸画出的桃、香蕉等水果，让宝宝扮成猴子跳着摘树上的水果。

游戏 3：单足保持平衡

目的：训练宝宝能够将体重集中到单足和用单足保持平衡的能力

方法：妈妈与宝宝面对面相互牵着双手，然后同时抬起左腿，待宝宝站稳后，先放开他的一只手，两人互相牵着另一只手使身体站稳，妈妈再放开宝宝的另一只手，两人都单足站立，然后开始数数，看谁能维持的时间长一些。如果宝宝能单足站稳 10 秒，可以做"金鸡独立"的游戏。看谁能用单足站立得更久。

游戏 4：沿设计路线跑

目的：锻炼宝宝大动作技能

方法：按一定的形式（"8"字形、波浪形、圆形、直线等）跑步，让宝宝试着按照你那样跑，看他是否可以。还可让宝宝自行设计路线，成人跟着宝宝跑。

游戏 5：跳起来够球

目的：训练宝宝的弹跳能力

方法：用绳子把红球吊起，离宝宝头顶约 20 厘米，大约比举起的手指尖高出 5~6 厘米，使宝宝略微跳起就能够着。逐渐把红球升高 3~5 厘米，让宝宝再加一点儿劲，就能够着。经过练习，可以记录宝宝能够跳起的高度，作为以后比较来用。3 岁宝宝的身高不同，弹跳力也不同，不必做横向比较，只与自己过去的记录做比较。

游戏 6：漂亮的链条

目的：训练宝宝精细动作和用工具的能力

方法：取边长约 20 厘米的正方形的纸，红色和白色各一张，折成 4~6 条，让宝宝用剪刀剪成纸条，先拿白色的纸条两头粘住制成环，然后用红色的纸条穿过白色的纸环，把两端用胶水粘上，再用白色的纸条穿过红色的纸环，将两端粘上，出现红白相间的链条。鼓励宝宝自己操作，把链条接长，把做好的链条挂在宝宝容易看到的地方，使宝宝有成就感。

游戏 7：抓尾巴

目的：体验被动变向，能绕弯，使宝宝学会主动变向方法：用彩纸当成小尾巴分别装在妈妈与宝宝的屁股后面，然后与宝宝玩捉尾巴的游戏。妈妈绕弯跑，让宝宝抓妈妈身后的尾巴，妈妈也去抓宝宝的尾巴。在宝宝3岁半之后，可增加活动的难度，让宝宝躲避妈妈，不让妈妈抓到。

游戏8：单脚跳格子

目的：练习宝宝单脚跳的动作

方法：画一个田字格，每格长宽30厘米左右，教宝宝单脚从上下、左右跳格子。熟练后可加一个田字格，就成为上下4格，左右还是2格，就可以玩跳房子游戏了。

游戏9：听指令做表情

目的：使宝宝能听指令做动作，活动面部，增进亲子感情

方法：爸爸带着宝宝做动作，妈妈当解说员，爸爸与宝宝面对面坐着，爸爸做"操"，让宝宝跟着模仿，妈妈来解说动作和表情。妈妈说"眼睛不动，嘴巴张开"，爸爸和宝宝就这样做。妈妈接着说"嘴巴不动，眼睛瞪着斜向一边"，爸爸和宝宝也这样做。妈妈再说"嘴巴不动，眼睛向上看"，爸爸和宝宝这样做。宝宝渐渐熟悉后，可以让他当解说员，让宝宝自己来编各种眼睛、嘴巴的有趣动作，这样既发展动作，又获得快乐。

游戏10：转圈抬脚

目的：学习动作和节拍一致，协调身体平衡能力，使宝宝享受群体快乐

方法：家庭所有成员一起拉成大圈，按录音机的音乐做节律活动。可轮流让一人喊口号"1、2、3，左右左"，脚在地上踏步，第四拍时拍手转一圈，然后面向圈内，左脚站立，右脚抬起、放下。再喊口号"1、2、3，右左右"，脚在地上踏步，第四拍时拍手转一圈后面向圈内，右脚站立，左脚抬起。

 社交和自理能力训练游戏

游戏1：学洗碗

目的：锻炼宝宝做家务的能力

方法：把宝宝的餐具放到小盆中，放上水，给他一块布，鼓励他自己动手洗碗。教他先将餐具上的油污洗掉，再用清水冲洗干净。

游戏 2：音乐之声

目的：增强宝宝听力与声音辨别能力

方法：一边播放古典音乐，一边与宝宝一起躺下，闭上眼睛听音乐，还可以将他抱在腿上，引导他想象音乐像什么（雨、风、流水等），两人轮流描述音乐。

游戏 3：跳跳摇摆舞

目的：让宝宝正确区分左右，提高大动作和精细动作的技能，更好地认识节奏

方法：播放一些音乐，随着音乐的节奏，一边喊"晃手臂"或"扭屁股"，一边摇动身体部位，如果宝宝擅长于此，让他试着做单侧的动作，如"动左脚或右手"。

游戏 4：办个生日 party

目的：训练宝宝的语言能力和情感交流能力，进而培养社交能力

方法：宝宝生日时，让他邀请想要招待的人。打电话邀请外公、外婆、表哥、表姐和小朋友们，一起想想有没有遗漏的人，生日那天让他招呼客人，并教他说一些感谢的话。

游戏 5：今天的故事

目的：锻炼宝宝的记忆和语言能力

方法：每天晚上和宝宝聊天，问他今天做了什么、吃了什么、看了什么或碰到了谁等，也可让其他人都说一下他们今天各做了什么。

游戏 6：自己画人

目的：训练宝宝的观察力、记忆力和画写能力

方法：准备一张白纸和一支画笔，先让宝宝随心所欲地自己画人，成人可给宝宝做一点提示性的示范，如给宝宝画的人添上头发、眼睛、耳朵等，一次不可添太多，大约 1~3 处就够了。宝宝会记住 1~2 个部位。过 2~3 周再让宝宝画人，看是否增加了这 1~2 处。每过 2~3 周让宝宝再凭记忆画人，完全未经提示和修改的画才可以留档，作为宝宝进步的依据。

游戏 7：玩猫捉老鼠

目的：训练宝宝的分辨能力和想象力

方法：在音乐的伴奏下，妈妈做"猫"，宝宝做"老鼠"。游戏开始，

"猫"坐在椅子上假装睡觉，"老鼠"听着音乐，模仿老鼠的行为举止自由走动。当音乐一停，"猫"醒来，"老鼠"就赶快躲起来，让"猫"抓不着。待宝宝熟练游戏后，可以调换角色重新开始。

游戏8：练习穿鞋

目的：训练宝宝分辨左右的能力和自理能力

方法：引导宝宝如何把鞋子套在脚上，并将鞋子整理好，两只鞋子穿好后，再脱下来重新让宝宝自己穿上。反复练习，宝宝会发现鞋的内侧较长，因为大脚趾在内侧，看惯了就不会穿反。如果穿反了，会很不舒服，让宝宝自己感受，提醒宝宝鞋子有左右脚的差异，使宝宝学会穿鞋，为入幼儿园做好准备。

游戏9：练习结扣

目的：练习宝宝手的灵活性和动手能力

方法：先让宝宝在布娃娃身上练习穿衣结扣，反复练习后，学会自己穿前面开口有扣子的衣服，先分别套上两只袖子，让衣服下方两边对齐，从下往上逐个扣好。

游戏10：寻找宝藏

目的：消除宝宝对黑暗的恐惧，增长宝宝的勇气

方法：妈妈将一些小物品如娃娃、球、衣服、盒子等分别藏在房间各处，藏好了，就关上这间屋子的灯。让当侦察兵的宝宝打开手电进来，寻找被藏起来的小物品，找到了小物品能得到奖励。初玩时，藏的东西要比较好找，以后逐渐藏得隐蔽一些，增加寻找的难度。

参考文献

[1] 蒙台梭利. 蒙台梭利早期教育法[M]. 北京：中国发展出版社，2002.

[2] 蒙台梭利. 蒙台梭利儿童教育手册[M]. 北京：北京理工大学出版社，2015.

[3] 蒙台梭利. 蒙台梭利儿童敏感期手册[M]. 北京：中国妇女出版社，2016.

[4] 蒙台梭利. 蒙台梭利早教全书[M]. 北京：中国妇女出版社，2018.

[5] 蒙台梭利. 蒙台梭利儿童教育精华[M]. 北京：中华工商联合出版社，2014.

[6] 蒙台梭利. 蒙台梭利家庭教育全书[M]. 北京：中国商业出版社，2013.

[7] 蒙台梭利. 蒙台梭利早教方案：0~3岁感官系统训练全书[M]. 北京：北京理工大学出版社，2013.

[8] 蒙台梭利丛书编委会. 家庭中的蒙台梭利早教游戏套装：0~5岁儿童感觉能力开发[M]. 北京：中国妇女出版社，2016.

[9] 蒙台梭利. 蒙台梭利敏感期早教手册：0~6岁感官系统训练全书[M]. 北京：北京理工大学出版社，2017.

[10] 蒙台梭利. 蒙台梭利养育3岁孩子[M]. 北京：中国妇女出版社，2016.

[11] 朱智贤. 儿童心理学[M]. 北京：人民教育出版社，2009.

[12] 王惠萍，孙宏伟. 儿童发展心理学[M]. 北京：科学出版社，2018.

[13] 彭小虎，王国锋，朱丹. 儿童教育与发展心理学[M]. 上海：华东师范大学出版社，2014.

[14] 周念丽. 学前儿童发展心理学[M]. 上海：华东师范大学出版社，2014.

[15] 狄荣科. 0~3岁婴幼儿早期发展与教养手册[M]. 镇江：江苏大学出版社，2015.

[16] 邱宇清. 宝宝早教启智一点通[M]. 北京：电子工业出版社，2012.

[17] 万梦萍，匡仲潇. 早教师[M]. 北京：中国劳动社会保障出版社，2012.

[18] 刘颖. 0~3岁宝宝完美早教方案[M]. 北京：中国言实出版社，2009.

[19] 李淑璋. 0~3岁宝宝最爱玩的益智游戏[M]. 上海：文汇出版社，2009.

[20] 高钰彬. 1~3岁宝宝早教十大关键[M]. 长春：吉林科学技术出版社，2012.

[21] 吴光弛，汉竹. 0~3岁宝宝潜能开发全书[M]. 北京：化学工业出版社，2009.

[22] 南亚华. 0~3岁宝宝智能测评宝典[M]. 上海：文汇出版社，2009.

[23] 刘佳 . 0~3 岁宝宝应该这样带 [M]. 北京：中国纺织出版社，2015.

[24] 严超英 . 0~1 岁宝宝早教十大关键 [M]. 长春：吉林科学技术出版社，2011.

[25] 张雅莲 . 0~6 岁宝宝早教大百科 [M]. 长春：吉林科学技术出版社，2010.

[26] 高振敏 . 1~3 岁宝宝生长发育监测全书 [M]. 广州：广东科技出版社，2015.

[27] 李京 . 0~3 岁宝宝成长百科 [M]. 长春：吉林科学技术出版社，2017.

[28] 高振敏 . 0~3 岁聪明宝宝怎么养怎么教 [M]. 北京：科学技术文献出版社，2012.

[29] 童笑梅 . 专家推荐的 0~3 岁宝宝亲子游戏方案 [M]. 北京：中国旅游出版社，2010.

[30] 孙瑞玲 . 0~3 岁，妈妈是最好的早教老师 [M]. 北京：外语教学与研究出版社，2017.

[31] 郑小兰 . 3 秒钟读懂孩子的心 [M]. 北京：清华大学出版社，2013.

[32] 陶红亮 . 读懂 1~3 岁宝宝心理 [M]. 长春：吉林科学技术出版社，2012.

[33] 高润 . 让宝宝越玩越聪明的益智游戏大全 [M]. 北京：中国画报出版社，2011.

[34] 熊津出版社编辑部 . 0~3 岁提升宝宝智力的 300 种亲子游戏 [M]. 长春：吉林科学技术出版社，2009.

[35] 梁卫兰 . 0~3 岁宝宝生长发育监测卡 [M]. 北京：人民邮电出版社，2011.

[36] 吴光驰 . 0~3 岁宝宝益智亲子游戏 [M]. 北京：中国纺织出版社，2013.

[37] 万理 . 宝宝 0~3 岁成长监测与达标训练 [M]. 北京：中国人口出版社，2013.

[38] 张雅莲 . 0~3 岁聪明宝宝怎么教 [M]. 长春：吉林科学技术出版社，2010.

[39] 何锋 . 和宝宝一起玩游戏（0~3 岁）[M]. 南京：江苏科学技术出版社，2014.

[40] 高振敏 . 越玩越聪明：0~3 岁宝宝最爱玩的经典益智游戏 [M]. 北京：北京联合出版公司，2014.

[41] 冯德全 . 冯德全早教方案 6：0~3 岁婴幼儿家长指导手册 [M]. 北京：中国妇女出版社，2007.

[42] 安涛 . 婴幼儿早教与潜能开发（0~3 岁）[M]. 北京：中国纺织出版社，2012.

[43] 张雅莲 . 0~3 岁亲子助长游戏 [M]. 长春：吉林科学技术出版社，2009.

[44] 高钰彬 . 0~3 岁婴幼儿智力方案 [M]. 长春：吉林科学技术出版社，2010.

[45] 陶红亮 . 0~3 岁婴幼儿游戏方案 [M]. 长春：吉林科学技术出版社，2010.